www.ingramcontent.com/pod-product-compliance
Lightning Source LLC
Chambersburg PA
CBHW080542230426
43663CB00015B/2674

من می‌توانم، تو هم می‌توانی

محمد حیدری و شهناز محلوجیان

Mohammad Heydari and Shahnaz Mahlujian © 2016

All Rights Reserved

All rights reserved. No part of this book may be reproduced or transmitted in any form or by any means, electronic or mechanical, including photocopying and recording, or by any information storage and retrieval system, without permission in writing from the author.

Title: I can, you can too (Persian and English Edition)
Author: Mohammad Heydari and Shahnaz Mahlujian
ISBN-13: 978-1942912217
ISBN-10: 1942912218
LCCN (Library Congress Control Number): 2016920146
Publisher: Supreme Art, RESEDA, CALIFORNIA, USA

در مورد نویسندگان:

۱. محمد حیدری

محمد حیدری پژوهشگر و نویسنده ایرانی در تاریخ ۱۳۷۱/۰۵/۲۳ در تهران به دنیا آمد.

محمد در تاریخ ۱۳۹۰/۰۷/۰۱ در مقطع کارشناسی وارد دانشگاه پیام نور شد و توانست در تاریخ ۱۳۹۳/۰٤/۳۰ با ارائه پایان نامه خود با عنوان (رابطه بین تعهد کاری کارمندان و سیاست‌های سازمانی) در رشته مدیریت بازرگانی با رتبه عالی پایان نامه فارغ التحصیل شود. او سپس در تاریخ ۱۳۹۳/۰۷/۰۱ در مقطع کارشناسی ارشد وارد دانشگاه پیام نور شد و توانست در تاریخ ۱۳۹٤/۱۲/۲۲ با ارائه پایان نامه خود با عنوان (تأثیر تعهد کاری بر کیفیت خدمات از طریق نقش میانجی رفتار شهروندی سازمانی «مورد مطالعه سازمان استاندارد و تحقیقات صنعتی ایران») در رشته مدیریت بازرگانی گرایش بازرگانی بین الملل با رتبه عالی از پایان نامه خود دفاع کرد و فارغ التحصیل شد.

در دوران تحصیل از جمله دانشجویان بسیار فعال و سختکوش و با استعداد بود به طوری که پژوهش‌ها و مقالات او در کشورهای مختلف و همایش‌های ملی و بین الملل ارائه گردید و دانشگاه پیام نور او را به عنوان دانشجویان نخبه (پژوهشگر) معرفی کرد. او تا کنون توانسته است بیش از ۳۷ مقاله را به چاپ برساند و موفق به دریافت گواهی‌های متعددی از آکادمی‌های معتبر بین الملل نظیر:

“Euro Science Certificate from England, eQual assurance Certificate from Australia, DNW international certification from Austria, Oxford Cert Universal Academy, Georgian International Academy of Science from Georgia, Business Transformation Intl (BTI) certification from Canada, Australian Universal Academy certification from Australia, Educational Course for 16 hours in knowledge and research areas certification from Istanbul university and et cetera…”

او کار نویسندگی را با انتشار کتابی با عنوان (نگاهی تحلیلی به وضعیت تعهد کاری و کیفیت خدمات در سازمان‌های ایرانی، انتشارات آرنا، تهران، ایران. ISBN: 978-600-356-408-4) در سال ۱۳۹٤ آغاز کرد و در حال حاضر مشغول تالیف کتاب‌های مختلف می‌باشد.

محمد تا الان ۲ کتاب دیگر با عنوان‌های زیر منتشر کرده است:

۱. نگاهی تحلیلی به وضعیت تعهد کاری و کیفیت خدمات در سازمان‌های ایرانی
۲. روش تدوین مقالات علمی

در سال ۱۳۹٤ به عنوان کوچکترین دانشجوی متقاضی در کنکور مقطع دکتری دانشگاه سراسری پذیرفته شد ولی به دلایل شخصی تصمیم به ترک ایران گرفت و برای ادامه تحصیل در مقطع دکتری و دوره پژوهشی فوق دکتری به کشور چین مهاجرت کرد. محمد حیدری هم اکنون دانشجوی دکتری بوده و در کشور چین مشغول به تحصیل می‌باشد.

در مورد نویسندگان:

۲. شهناز محلوجیان

شهناز محلوجیان نویسنده ایرانی در تاریخ ۱۳٤۰/۰٦/۲۸ در تهران به دنیا آمد.

شهناز در سن ۳ سالگی ایران را ترک کرد و در خارج از ایران بزرگ شد و تحصیلات خود را در آمریکا به پایان رسانید.

پدر او وکیل بوده است و مادر وی دکتری شیمی می‌باشد. شهناز تا الان ۱۲ کتاب با عنوان‌های زیر به چاپ رسانده است:

۱. خیانت دوست
۲. فصل شکوه و دلبستگی
۳. سحر
۴. شادی
۵. عشق تا ابد ۱
۶. عشق تا ابد ۲
۷. طلوع عشق
۸. سی (سرگذشت زنده یاد مرتضی پاشایی)
۹. رسوای عشق
۱۰. من عاشقم
۱۱. آژیر سفید
۱۲. مدیریت و سازمان زهرآگین

شهناز در مقطع کارشناسی وارد دانشگاه بوستون شد و توانست در رشته روانشناسی بالینی فارغ التحصیل شود. او سپس در مقطع کارشناسی ارشد وارد دانشگاه بوستون شد و توانست در رشته روانشناسی بالینی فارغ التحصیل شد.

فهرست مطالب

پیشگفتار نویسنده ۱۷
مقدمه ۲۵
کسل بودن ۳۰
خودت را بشناس ۳۸
هیچ وقت نترسید ۴۳
معنی عشق چیست ۴۸
اراده کردن و خواستن ۵۸
یک متن جالب از کتاب فارسی ۶۲
رابطه پدر با دختر در دوران بلوغ ۶۴
وقتی یک جنین را می‌بینم ۷۰
استاد و دانشجو ۷۵
پرهیزکاری ۷۷
هدف و انگیزه ۸۰
آمار پرستار استرالیایی ۸۱
نگاه تعجب ۸۲
مشاوره ۸۵
زندگی ۸۹

تربیت اصولی	۹۳
دوستی	۹۷
کنجکاوی	۱۰۱
نتیجه سلام دادن	۱۰۲
دنیایی شگفت انگیز	۱۰۵
پاکت نامه	۱۱۰
خواستن و توانستن	۱۳۹
دروغ	۱۵۰
رابطه زن و شوهر	۱۵۷
اندیشه‌های خود را بیاموزید	۱۶۷
درسی که از یک کودک آموختم	۱۷۵
تصویر ذهنی چه می‌گوید	۱۸۱
دنیای خود را تغییر دهید	۱۸۳
شب‌های تاریک من	۱۹۸
نبردی در زندگی (کشف حقیقت)	۲۰۹
چرا عقب مانده‌ایم	۲۱۴
جدول زندگی	۲۱۶
تفاوت نگاه	۲۱۹

هزار سال زیستن	۲۲۱
تنبیه خلاقانه	۲۲۳
قطار ساعت ده و بیست و هفت	۲۲۸
اصل قورباغه (قانون زوال)	۲۳۳
جهش انسان	۲۳۵
من و دیگری	۲۳۶
وفور ساده	۲۴۵
کیک شکلاتی	۲۵۰
آزادی بیان اندیشه و احساسات	۲۵۴
کینتسوگی	۲۶۰
عروسک مسافر	۲۶۷
گل و بلبل	۲۶۹
محکوم به نیستی	۲۷۷
آرزوها	۲۷۸
انسان کامل	۲۸۲
اعجاز زندگی	۲۸۳
به کجا می‌رویم	۲۸۴
خوشبختی	۲۸۷

آغاز مرگ	۲۹۴
من از خدا خواستم	۲۹۷
می‌گویند مرا آفریدی	۳۰۰
شما دو انتخاب دارید	۳۰۲
شکل‌گیری یک پارادایم	۳۰۷
گروه ۹۹	۳۰۹
رئیس دنیا	۳۱۲
گزیده‌ای از بوف کور (صادق هدایت)	۳۱۵
شب‌های چهارشنبه	۳۲۲
Men and Mountains	۳۲۴
New year's wishes	۳۲۶
A young lady	۳۲۷
The search for peace	۳۲۹
The wonder of Christmas	۳۳۱
The Wise Way	۳۳۲
Enjoy	۳۳۳

پیشگفتار نویسندگان:

«بخوانید تا به دست آورید!»

به نظرتان این جکله یک کلیشه است؟ یا یک باور مذهبی؟ نه. این کتاب معنی حقیقی آن را به شما نشان می‌دهد. معنای این جمله آن است که من و شما هر روز و تمام روز همه آن چیزی را به دست می‌آوریم که درخواست آن را داریم. چون ما هرگز در طول ۲۴ ساعت دست از خواستن برنمی‌داریم. شاید از این موضوع آگاه نباشیم، شاید هم فراموش می‌کنیم که درخواستی داریم. اما عملکرد این مکانیسم وسیع ناخودآگاه است که کیفیت زندگی روزانه ما را توصیف می‌کند.

عصر ما دوران اضطراب است. تقریبا همگی ما در جامعه خود به تلویزیون دسترسی داریم و از آن طریق تصاویر پر زرق و برقی از امکانات زندگی را شاهد هستیم. این تصاویر به شدت با آنچه که افراد در زندگی روزانه خود تجربه می‌کنند در تضاد است.

تصویری که در ذهن همگان است یک کودک فقیر و گرسنه است که صورت خود را به شیشه مغازه شیرینی فروشی چسبانده است. رقت آور است؟ او بیچاره به نظر می‌رسد این تصویر رقت آور است بله، اما این کودک بیچاره نیست. او می‌تواند آن شیرینی را درخواست کند. اگر چنین جمله‌ای شما را دچار خشم و غضب می‌کند، کمی صبر کنید. پیش از آنکه با چنین عکس العملی در را به روی ارضای خواسته‌تان قفل کنید نویسندگان این کتاب یعنی محمد حیدری و شهناز محلوجیان وعده خود را ثابت کنند. نویسندگان تضمین می‌کنند که روش آنها موثر است و اگر از شکل جدید زندگی‌تان راضی نبودید آن را به حالت قبلی برگردانید.

آیا شما فردی هستید که همه چیز در زندگی دارد به جز احساس رضایت، یا شخصی که هر روشی را امتحان کرده است به روش‌های مذهبی، روانشناسی، سمینارهای هیپنوتیزم[۱]، کارگاه‌ها، کارهای گروهی، احساس حساسیت و موقعیت با نتیجه‌ای که همراه موفقیت نبوده است و به شکست یا رکود منتهی شده است؟ پیامی که در این کتاب آمده است مناسب خود شماست.

از آنجایی که تجربیات هر فرد او را به زمان کنونی متصل می‌سازد تصادفی نیست که از اصطلاح یونگ[۲] استفاده کرده و بگوییم که این موضوع پدیده هم زمانی هست که باعث شده شما این کتاب را به دست گیرید. شما اکنون در بهترین لحظه عمر خود برای شروع بهترین ماجراهای ممکن هستید شاید هم گاهی حسد ورزیدن را به انتخاب خود اختیار کنید.

اخطار: «خریدار آگاهی باشد»

با مطالعه این کتاب و به کاربردن آن با تمام آن بهانه‌هایی که تحت عنوان شانس می‌خوانیم یا تصادف و کار ما می‌نامیم پایان می‌دهیم با بازی رولت روسی[۳] خداحافظی می‌کنیم با سرزنش کردن. قضاوت کردن، خجالت کشیدن، آزردگی خاطر خداحافظی می‌کنیم و راهی برای بهتر زیستن را در پیش می‌گیریم.

آن عواملی که در زندگی اکثر افراد وجود دارد. اینها آلودگی‌های اجتناب ناپذیرند که همراه آنان در زندگی است و باعث حس ناخرسندی، تضاد و انتقام می‌شود و

---

[1] Hypnosis

[2] Carl Gustav Jung

[۳] یک نوع بازی که با شانس سر و کار دارد Russian Roulette

زندگی و پیشرفت را برای تمام ما که روی این سیاره زندگی می‌کنیم به خطر می‌اندازد. از طرف دیگر حس عاقل تر شدن، احساس خشنودی و رضایت خاطر احساساتی هستند که انعکاس رفتار همه کسانی‌اند که در زندگی با آنها تماس داریم و از آنها به ما سرایت می‌کنند.

با هر کس که ارتباط داشته باشیم تا اندازه‌ای و به طریقی تاثیر گذارند. این افراد باعث می‌شوند در مورد خود چه احساسی داشته باشید؟ اگر پاسخی که می‌دهید حاکی از آن است که این تاثیر صمیمانه و خوب است، کافی است، دیگر بس است. من از شما دعوت می‌کنم تا مطابق با تحریکات فکری خود عمل کنید تا این کتاب و اسرار آن را کشف نمایید. اولین رازی که آشکار می‌سازد این است که توضیح می‌دهد احساسی که اکنون دارید با شیوه رفتاری که با آن برخورد دارید دو چندان می‌شود. این راز بزرگ در ابتدا توسط توچ و توچ[1] کشف شد که اطلاعات فراموش شده‌ای را با شما در میان می‌گذارند که در مورد خودتان هستند و چند تکنیک ساده و اثربخش نیز ارائه می‌دهند.

«جیمز جی. جولیان مدیر بخش پزشکی مرکز پزشکی کل نگر و بنیاد تحقیقاتی جولیان[2]»

---

[1] Teutsch, Joel Marie and Teutsch, Champion (Ph.D.)

[2] James J. Julian, Director of the Holistic Health Medical Department and Julian Research Foundation

تقدیم به شهناز محلوجیان

این کتاب به یک اندازه به هر دوی ما تعلق دارد. من آن را نوشتم اما او به هر صفحه و دقیق‌تر بگویم. به هر کلمه آن افزوده است. بسیار دوستش دارم و ای کاش می‌توانستم برای توصیف همکاری‌مان واژه مناسبی بیابم.

وقتی راه اشتباهی را در پیش گرفته بودم شهناز محلوجیان با چاره اندیشی‌های زیاد کمکم کرد در مسیر درست قرار بگیرم. شاید خودم هم سرانجام به این راه می‌رسیدم اما از لطفی که در حقم کرد سپاسگزارم. همچنین پیشنهادهای بسیار مفیدی ارائه داده است.

احترام و محبت من نسبت به شهناز محلوجیان، از آنجا نیرو گرفت که با کتاب‌های او آشنا شدم و دیدم که چقدر جالب و سلیس می‌نویسد.

من در زندگی خود، از نعمت استادانی بزرگ و حتی قدیسان و شاید آواتارها[۱] نیز بهره‌مند بوده‌ام. با این حال، شهناز آموزگاری بزرگ است که به دلیل ظرفیت‌های عظیمی که برای گوش فرا دادن و محبت بی‌قید و شرط دارد، می‌توان همراه او غذا پخت و با او سخن گفت.

من هم بسیار خوشحالم و برایم افتخاری است که با محمد حیدری آشنا شدم و این همکاری کتاب را قبول کردند.

---

[۱] Avatar هندوها معتقدند هر گاه راستی کاستی گیرد و بی عداتی جهان را تهدید به نیستی کند، خداوند از روی مرحمت به هیبت انسان به زمین می‌آید.

وقتی که برای ارائه مقالات در سفر بودند به من پیشنهاد همکاری در نوشتن کتاب دادند بسیار خوشحال شدم... باورش کمی هم برایم غیر ممکن بود... وقتی که از این سفر تحقیقاتی برگشت و یک میتینگ گذاشتیم و اوکی همکاری گرفتیم برایم یک غرور خاصی بود... که سیزدهمین کتابم را با همکاری محمد جان نوشتم... به امید همکاری‌های بیشتر و کتاب‌های بهتر.

مفتخرم از اینکه شما را دعوت می‌کنم تا این کتاب را جزئی از زندگی خود سازید، زیرا شما و این کتاب، لیاقت این پیوند را دارید!

هم چنان که نسل‌ها می‌گذرد نسل‌ها فاسدتر می‌شوند. زمانی فرا می‌رسد تا چنان شرور شوند که قدرت را پرستش کنند. قهر برایشان قهر باشد و حرمت تمایل به نیکو، از بودن باز ایستد. سرانجام، هنگامی که دیگر هیچ انسانی از بدکاری خشمگین نشود یا از وجود شرم احساس شرم نکند، زئوس آنان را نیز نابود سازد. و با این همه حتی آن زمان هم، تنها مردم عادی به پا خیزند و فرمانروایانی را که بر آنان ستم می‌کنند به زیر کشند، ممکن است بتوان چاره‌ای کرد.

اسطوره‌ای یونانی درباره‌ی عصر آهنین[1]

هر زمان تاریخ را می‌نگرم،
بد بینم... لیکن هر گاه
به پیش از تاریخ نظر می‌کنم، خوش بینم.

ی. ک. سموتز[2]

[1] Greek mythology about the Iron Age

[2] Jan Christiaan Smuts

از سویی، انسان به لحاظ اینکه با همنوعان خود می‌جنگد شبیه به انواع بیماری از جانوران است. لیکن از سویی دیگر، در میان هزاران نوعی که می‌جنگند، تنها موجودی است که جنگیدنش خانمان سوز است... انسان تنها نوعی است که توده وار کشتار می‌کند، تنها وصله‌ی ناجور در جامعه خویش.

ن. تینبرگن[1]

«با آرزوی بهترین‌ها و یک جهان گل سرخ -
محمد حیدری، شهناز محلوجیان ۲۰۱۶»

---

[1] Jan Tinbergen

مقدمه:

سورن کی‌یر کگور[1] فیلسوف و متفکر دانمارکی می‌گوید «کتاب خوب شما را می‌خواند».

شما در حال حاضر چنین کتابی به دست دارید که نه تنها در زمینه خودیاری کتابی بدیع و کم نظیر است بلکه ضمن تماس با مسائل شما در مقام همدردی ظاهر می‌شود و چنان دوستی مدبر شما را در یافتن راه حل یاری می‌کند.

کتاب حاضر به خودی خود و به تنهایی کاری صورت نمی‌دهد. اگر به راستی طالب باشید باید برای رسیدن به آن وقت بگذارید و به قدر کافی بیندیشید. در این صورت بدانید که جوهری بس گرانبها به دست گرفته‌اید. نقشه راهنمایی دارید که شما را به آینده‌ای بهتر رهنمون می‌سازد. پیش طرح گرانبها در اختیار دارید که به کمک آن می‌توانید زندگی خود را بازسازی کنید.

من به شهامت تجربه با شما سخن می‌گویم. سال‌ها پیش از روی تقصیر دار و ندارم را از دست دادم. نه خانواده‌ای داشتم، نه سر پناهی و نه شغلی. تقریبا هیچ پولی برایم باقی نماند. راهنما هم نداشتم. در اقصی نقاط کشور سرگردان شدم. باید جواب‌هایی می‌یافتم که زندگی‌ام را قابل تحمل کند.

به کتابخانه‌های عمومی می‌رفتم و به خواندن می‌نشستم، زیرا هم مجانی و هم گرم و راحت بود. از افلاطون تا نویسندگان بزرگ زمانه را خواندم. باید می‌فهمیدم کجا به خطا رفته‌ام و چه می‌توانم بکنم، تا به عافیت برسم.

---

[1] Søren Aabye Kierkegaard

در دنیایی حیرت انگیز زندگی می‌کنیم. همه چیز به سرعت در حال تغییر است. هر روز کسی پیدا می شود که از خوشبختی و موفقیت‌های خود حرف می‌زند. اما بسیاری از اینان و ابداعاتشان به همان سرعت که به وجود می‌آیند ناپدید می‌شوند و وقتی مه و ابر بالا می‌رود می‌بینیم که زندگی هزاران مورد هنوز متولد نشده را دگرگون می‌سازد.

آیا به راستی خواهان زندگی بهتر هستید؟ اگر هستید این کتاب را به دقت بخوانید. کتاب «من می‌توانم، تو هم می‌توانی» گرانبهاترین چیزی است که در اختیار دارید، آن را بخوانید. مطالعه کنید و از نو بخوانید و آنگاه آموخته‌های خود را به مرحله عمل در آورید. بسیار ساده است، همه چیز بستگی به شما دارد.

آبراهام لینکلن[1] از روی عادت از کتاب‌هایی که می‌خواند، از اشخاصی که با آنها ملاقات می‌کرد و از حوادث زندگی‌اش نکته می‌آموخت. اینها به او ایده و امید می‌دادند.

شما هم می‌توانید از اندیشه و قدرت تفکر خود استفاده کنید. می‌توانید از هوش و استعداد و دانش و شخصیت و نیرویتان برای موفق شدن، ثروتمند شدن و شاد زیستن استفاده کنید. این کتاب این راه را برای موفق شدن و فائق آمدن بر مشکلات به شما نشان می‌دهد.

اوگی ماندینو[2] شخصیت برجسته علمی متخصص در امر انگیزه و نویسنده کتاب «بزرگ‌ترین فروشنده جهان[3]» که پر فروش‌ترین کتاب در زمینه فروش و

---

[1] Abraham Lincoln

[2] Augustine "Og" Mandino

[3] The Greatest Salesman in the World

فروشندگی است. این کتاب به چهارده زبان زنده دنیا ترجمه شده و سه میلیون نسخه از آن به فروش رفته است و چند کتاب پر فروش دیگر، از جمله کسانی بود که زندگی من با خواندن کتاب‌هایش متحول شد و مقدمه این کتاب شرح مفصلی یکی از نوشته‌های خود اوست.

از جمله سرشناس‌ترین متخصصان در امر ایجاد انگیزه دنیس ویتلی[1] نویسنده دو کتاب ارزشمند «بذرهای عظمت[2]» و «روانشناسی موفقیت: افزایش خود باوری[3]» است کتاب‌های بدیع و همیشه زنده او زندگی مرا تغییر داد. مرا به صف مقدم آورد و ناپلئون هیل مرا به حرمت وا داشت. شما منبع دائم الهام در این روزگار هستید. بزرگ‌ترین «رمز» این است که رمزی در کار نیست.

کلمنت استون[4] می‌گوید «پیام‌های مناسب زندگی خود را بیابید و به آنها توجه کنید. دست به کار شوید. برای هدایت خود به مسیرهای دلخواه به همه سوالات ذهن خود پاسخ دهید.»

برای استناد دقیق، نقل قول‌هایی که در کتاب آمده است همراه با نام نویسنده و سال انتشار اثر است. این امر برای توانا ساختن خواننده به یافتن مآخذ کامل‌تر در کتابشناسی است. بنابراین، تاریخ‌ها همیشه به زمان نوشته مربوط نمی‌شود و همان طور که در ادامه مشاهده خواهید کرد.

---

[1] Denis E. Waitley
[2] The Seeds of Greatness Treasury
[3] Psychology of Success: Developing Your Self-esteem
[4] W. Clement Stone

این را بدانید شما برای یک زندگی مقدس ساخته شده‌اید، یک زندگی هدفمند، دارای معنا و جهت. شما برای هدفی به دنیا فرستاده شده‌اید. این هدف ایجاب می‌کند که به تجربه‌ی جدیدی از زندگی قدم بگذارید، یک حالت متفاوت ذهنی، یک آگاهی متفاوت از خودتان و اطرافیان‌تان و رابطه‌ای متفاوت با خودِ دنیا.

خداوند نمودی از اراده و عشق خود را درون شما، در عمق وجودتان، و در ژرفنای زیر عقل‌تان قرار داده است؛ اراده و عشقی که نه می‌توانید مهارش کنید و نه بر آن سلطه پیدا کنید. نمی‌توانید از آن برای کسب مال و جاه و قدرت استفاده کنید. تنها می‌توانید در برابرش تسلیم باشید. تنها می‌توانید دنبالش کنید، از آن یاد بگیرید و آنچه را به شما می‌دهد انجام دهید تا دوباره زندگی‌تان را تثبیت کنید، دوباره ذهن‌تان را بسازید، دوباره سلامتی‌تان را به وجود آورید، دوباره در زندگی‌تان تمرکز برقرار کنید و دوباره مجموعه‌ای از اولویت‌های برتری را برای خود برقرار کنید، و با آنها فرصتی بزرگ‌تر را برای ارتباط با دیگران به وجود آورید.

اوگی ماندینو نویسنده آمریکایی می‌گوید اتفاقات حیرت انگیزی می‌افتد، من دست کم این را خوب می‌دانم.

کسل بودن

می‌گویی که کسل و دل مرده شده‌ای... این کشفی بزرگ است. بله، جدی می‌گویم...

چون روش زندگی‌ات غلط است. به همین دلیل است که احساس کسل بودن می‌کنی. به خودت آمدی، که در کسل بودن غرق شدی و باید یک دگرگونی در زندگی‌ات به وجود بیاوری... خوشحال باش و خدا را شکر کن متوجه شدی، و باید این اتفاق را جشن بگیری چون داری شروعی تازه را تجربه می‌کنی، ولی به همین بسنده نکن...

آدم‌هایی که ظاهر و باطن‌شان یکی است هیچ وقت کسل نمی‌شوند. در مقابل آدم‌های متظاهر محکوم به کسلی هستند، برای اینکه زندگی خود را به دو بخش تقسیم کرده‌اند. خود واقعی‌شان را سرکوب می‌کنند و تظاهر به زندگی‌ای می‌کنند که دروغین است. منشاء کسلی همین زندگی دروغین است.

باید با خودمان رو راست باشیم... اول توانایی خود و علاقه در حرفه‌ای که می‌خواهیم انتخاب کنیم را با روحیات خود بسنجیم، بعد انتخاب کنیم.

عده‌ای بودند که دوست داشتند خلبان باشند، این رویای زندگیشان بود اما پدر و مادر دوست نداشتند، چون یک ترس کاذب داشتند که اگر خلبان بشوی هواپیما در آسمان نقص فنی پیدا می‌کند و منفجر می‌شود ووو... تو باید پزشک بشوی، من باید پز بدهم... بگویم دخترم... پسرم دکتر شدند.

برایشان مهم نیست که آیا فرزندان این توانایی و استعداد و علاقه را در پزشکی دارد؟

هیچ وقت نخواستیم این اعتماد به نفس را در خود پیدا کنیم، توانایی و استعداد و عشق به حرفه‌ای که داریم. همیشه در مقابل بایدهای دیگران ایستاده‌ایم و هیچ وقت توانایی «چرا» گفتن را نداشتیم.

و این باعث کسل بودن می‌شود و این جای تاسف است.

سرگذشت واقعی یک زن جوان

زن جوان، چنان آه سوزناکی از اعماق وجودش کشید و گفت:

من از زمانی که خودم را شناختم احساس کردم با خانواده‌ام که پدر و مادر و خواهران و برادرانم بودند، تفاوت دارم. من ایده‌های خاصی داشتم، عاضق پرواز بودم، عاضق اوج گرفتن. دوست نداشتم یک حصار دورم باشد و ی مثل یک عروسک کوکی در اختیار پدر و مادر... که هر جور دوست داشتند من را حرکت بدهند... اما کوچکترین مشوقی نداشتم.

تا می‌توانستند ترس را در وجودم تقویت می‌کردند... قدرت هر نوع تصمیم گیری را از من گرفته بودند... طوری که از یک خیابان که عرض آن ۸ متر بود نمی‌توانستم رد بشوم، پلی آهنی که راه راه بود، مابین جوبی کوچک بود می‌ترسیدم رد شوم که یک وقت پاشنه کفشم گیر نکند... وقتی می‌ترسیدم از جوب هم بپرم... برایم یک درد بود یک غم بود که هر روز صبح این خیابان و این جوب را با دلهره رد بشوم...

بهترین لباس‌ها و مسافرت‌ها و امکانات را داشتم، یک خانه ویلایی با لوکس‌ترین اثاث‌ها که برای بعضی از دوستان و اقوام حسرت بود که یک شب خانه‌مان باشند... تا ساعتی که کنار من بودند از هر زاویه خانه عکس می‌گرفتند با ژست‌های مختلف.

وقتی نبود آمدم، احساس خفگی می‌کردم، دیگ طاقت نداشتم توی پیله بمانم دیگر از خزیدن بیزار بودم، باید از پیله بیرون می‌آمدم پروانه می‌شدم و پرواز می‌کردم. با زحمت فراوان و با توکل به خدا... قدرت پیدا کردم که ترس را از خود دور کردم.

وقتی از خیابان‌های عریض که چهارراه هست و جوب‌های بزرگ رد می شوم، و دیگر مثل سابق وقتی با کسی حرف می‌زدم و صدایم نمی‌لرزید و باعث خنده نمی‌شدم و پر پرواز پیدا کردم... با بی‌رحمی خانواده‌ام و شوهری که آنها برایم انتخاب کرده بودند روبه‌رو شدم، به سختی چالش‌ها را پشت سر گذاشتم، اما تاوان سنگینی پرداخت کردم.

من را با گزارش خیالی که به قول خودشان، جلوی آبروریزی را بگیرند، با پزشکی که قسم خورده فارغ‌التحصیلی‌اش بود، من را به تیمارستان بردند، بستری کردند و یک پرونده روانی برایم درست کردند... و یکی از اعضای فامیل از طرف پدر و یکی از طرف مادر که معروف به بی بی سی بودند را به ملاقاتم آورند که بگویند با زبان عامیانه خود چندین بار تکرار کردند... دکترش گفته عده ای هستند که در رویای ناشناخته پا می‌گذارند و اون لحظه مغز از کار می‌افتد، بدون هماهنگی به سفر می‌روند و طرز حرف زدن و در مقابل بایدهای پدر و مادر و شوهر قرار

می‌گیرند و می‌گویند «چرا» و نیم نگاه زهرآگین به من می‌کردند و ادامه می‌دادند، عده ای دچار توهمات می‌شوند، اگر مدت بستری خوب نشود، باید چند بار زیر شوک برود.

زن با اشک و آه ادامه داد، هیچ وقت خانواده‌ام با من حرف نزده‌اند و هیچ وقت به عقاید و ایده های من احترام نگذاشته‌اند. وقتی از تیمارستان بیرون آمدم اگر می‌خندیدم و یا در جشن عروسی می‌رقصیدم و یا در سوگواری یکی از بستگان در مساجد می‌رفتم این دو شخص که معروف به بی بی سی بودند می‌امدند زیر گوشم می‌گفتند:

حالت خوبه؟ دچار هیجان نشوی برایت خوب نیست، دارویت را خوردی!؟ این برچسب ماند روی پیشانی‌ام... هر کاری یا حرکتی می‌کردم در خانواده اقوام با نگاه و لبخند تمسخر یاداوری می‌کردند که تو در تیمارستان بستری بودی و پرونده داری، یادت نرود...

دیدم دیگر تحمل این قضاوت تند و بی رحمانه را ندارم و هر روز کسل‌تر از روز قبل می‌شدم، تا کی باید لحظه شماری می‌کردم زودتر شب بشود که در دل تاریکی بالش را روی صورتم بگیرم و آرام اشک بریزم، و تنها خوشحالی من این بود صدای کسانی که ادعا می‌کردند دوستم دارند و نگرانم هستند را چند ساعتی نمی‌شنوم. وقتی طلوع صبح را دیدم روح و قلبم مثل شب در تاریکی فرو می‌رفت، با قرص‌ها بی‌حس و کسل روی تخت افتاده بودم ساعت‌ها را تحمل می‌کردم تا رنگ آسمان هم رنگ روح و روانم تبدیل شود... تاریکی... شب... سکوت مرگبار... و صدای جیرجیرک‌ها که آوازشان برایم حکم درد بود و مرگ بود، در خواب و

بیداری و بی حس و کسلی یکباره تصمیم گرفتم که با توکل به خدا با صدای بلندگویم توکل به تو خدای بزرگ دست روی زانو گذاشتم و یک اتاق تکانی روح کردم، باشگاه رفتم، تمام غم‌ها، دردها، غصه‌ها و ناامیدی و کسل بودن‌ها را از وجودم دور کردم و یک فصل جدید در زندگی باز کردم... و الان یک شاعر و یک نقاش موفق هستم و چند کتاب شعر چاپ کردم و یک حصار کشیدم به دور خودم که آدم‌های منفی که باعث سقوط من می‌شدند دیگر اجازه ندارند به حریم خصوصی‌ام پا بگذارند... دوستان جدید، خانواده جدید، و پیشرفت و موفقیت و سربلند اجتماع شدم که در آن زندگی می‌کنم.

انسان موفق در زندگی باید ریسک کند. اگر آماده ریسک کردن باشید کسلی و دلمردگی سراغ شما نمی‌آید. دیگر نمی‌گویی از خودم خسته شده‌ام، از دنیا، از اطرافیان خسته شدم. از خودت خسته شده‌ای به خاطر اینکه با خودت رو راست و صادق نبوده‌ای، برای وجودت احترام قائل نبوده‌ای... انرژی، حس، توانایی از تو دور شده بودند و با آنها بیگانه شده بودی.

پس بلند شو... و دست روی زانوی خود بگذار و با توکل به خدا فصل جدید زندگی خود را باز کن... شاد باش و با تمام وجود به زندگی‌ات لبخند بزن.

شادی مانند موج دریاست که بر روی سطح آب روان است. در حالی که اندوه، عمیق همچون اقیانوس است.

بله عزیزانم، شادی شلوغ و پر سر و صداست. ولی غم دارای سکوتی خاص است. شادی مانند روز است، همچون نور می‌ماند... اما اندوه مانند تاریکی است. نور می‌آید و می‌رود ولی تاریکی می‌ماند.

از امروز سعی کنید که منفی بافی و ناامیدی را از خود دور کنید و افکار نا هماهنگ و نامطلوب خود را تغییر دهید. برای رسیدن به این هدف، شما باید با تمام وجودتان و با اعتقاد و با باورهای خود بگویید و آنقدر تکرار کنید تا بخشی از هویت شما شود....

خداوند از روح خود در درون من دمیده است، فطرت من خداگونه است، من شایستگی و استحقاق رسیدن به تمام خواسته‌ها و تمام آرزوهای خود را دارم و من تمام باورها و اعتقادهای غلطی که باعث کمبود و شکست در زندگی‌ام می‌شود را تغییر خواهم داد.

استعدادها و توانایی‌ها در وجودم کم نشده و نخواهد شد و این اجازه را نمی‌دهم که تمام شود.

ارنست هولمز[1] خیلی زیبا گفته:

خداوند می‌خواهد که ما از همه نعمت‌ها بهره ببریم. زمانی که چشم به جهان می‌گشاییم، قانون فراوانی خداوند متعال را در عمل به کار می‌بریم اما تنها لازم است که به این موضوع اعتقاد داشته باشیم که تمام نعمت‌های خداوند همچون هوا، نور خورشید و ... به اندازه کافی و به صورت رایگان در دسترس همه ما قرار گرفته است.

انسان به طور فطری تمایل به برتری و رسیدن به موفقیت و تعالی دارد.

---

[1] Ernest Shurtleff Holmes

شما در زندگی به کمتر کسی برخورده‌اید که علاقه‌ای به کسب پیروزی و موفقیت نداشته باشد، و اگر چنین بوده به طور حتم فرد مورد نظر در تکامل شخصیت اجتماعی خود با مشکلی مواجه بوده است، به عبارتی ابعاد روانی این شخص به طور صحیح و کامل به رشد و شکوفایی نرسیده... برای کسب اعتماد به نفس باید قبل از هر چیز خودتان استعدادها و ظریفیت‌ها، نقاط مثبت و ویژگی‌های شخصیتی خود را بشناسید. هر یک از ما بر حسب امکانات و شرایطی که در زندگی اجتماعی خود داشته‌ایم، به یک سری مهارت‌ها دست می‌یابیم اما این واقعا آن چیزی نیست که ما می‌توانیم داشته باشیم و در واقع با شناخت توانایی‌ها و خصوصیات مثبت و با ارزشی که داریم می‌توانیم امکان دسترسی به شرایط بهتر را نیز فراهم کنیم.

به این منظور بایستی اهداف مورد نظر را به دو دسته دراز مدت و کوتاه مدت تقسیم کنیم و برای رسیدن به آنها با برنامه‌ریزی و تصمیم قاطع تلاش کنیم.

توجه داشته باشید که تمام انسان‌ها با یک سری توانایی‌ها و قابلیت‌های بالقوه خلق شده‌اند که می‌تواند آنها را به متعالی‌ترین اهداف برساند. اما از آنجا که افراد عادی به خیر و صلاح تمام مسیرهای زندگی واقف نیستند همواره احتمال خطا و اشتباه برای آنها وجود دارد.

در عین حال نکته مهم این است که هرگز خود را مورد سرزنش و شماتت قرار ندهید و هیچ گونه احساس و نگرش منفی نسبت به شخصیت خودتان نداشته باشید.

احساسات منفی و مزاحم مانع از رسیدن شما به موفقیت خواهند شد به هر حال گذشته شما قابل تغییر نیست ولی می‌توان آینده را با امید اندیشه و تلاش بهتر از

گذشته ساخت و به جای افسوس خورد بر آنچه که نباید اتفاق می‌افتاد با تفکر و بینش صحیح از تکرار آن جلوگیری کرد.

بنابراین ذهنتان را از خاطرات و تجارب ناخوشایند در روابط شخصی و ناکامی‌های اجتماعی پاک کنید و در عوض به تجربیات خوب در واقع علایق و قابلیت‌هایی از وجود شما را نمایان می‌کنند که اگر به آنها بپردازید حتما به رضایت و آرامش دست می‌یابید.

خودت را بشناس

مرد جوان با لبخند گرمی گفت:

من چهل بهار را پشت سر گذاشتم و خوشحال بودم در کارخانه‌ای که عمویم وکیل‌اش است تا بازنشستگی خواهم ماند. هیچ دغدغه‌ای نداشتم و شاد و بدون استرس می‌رفتم سرکار و راحت هم هر وقت می‌خواستم مرخصی می‌گرفتم، یهویی در یک روز گرم تابستان مرداد پسر صاحب کارخانه مثل رعد و برق تغییرات کلی داد... سه کارخانه تمام پرسنل را جابه‌جا کرد... چرا، هنوز هم متوجه نشدم، برایم سخت بود... ده سال یک جای ثابت با دوستان خوب و خاطرات تلخ و شیرین یهویی همه از هم جدا شدیم هر کدام در یک کارخانه جدید... برایم سخت بود، محیط جدید، همکارها و قانون جدید ووو....

اون شب تا صبح حتی نتوانستم به ظاهر چشمانم را ببندم، صبح شد و باید می‌رفتم اداره... زیر دوش آب سرد رفتم و فقط نفس عمیق کشیدم تا سرحال بشوم... اما کامل سرحال نشدم، یک استرس عجیبی داشتم بدون صبحانه سریع لباس پوشیدم و رفتم... گرما، ترافیک عصبی‌ام می‌کرد حتی موزیکی که هر روزصبح در مسیر کارخانه گوش می‌کردم عصبی‌ام می‌کرد، به کارخانه رسیدم... خدای جای پارک کجاست!؟ آیا ما پارکینگ داریم؟ فکر می‌کردم دوام نیاورم و نتوانم بمانم... جلوی کارخانه ایستادم، نگهبان سوال کرد، با بی‌میلی و اخم جوابش را دادم... نگاهی به لیست کرد و با لحجه گرم خوزستانی گفت:

– خوش آمدی

راهنمایی کرد، ماشین را توی محوطه بردم، به ساختمان نگاهی کردم، کارخانه بزرگی بود و به ظاهر شیک... یک نفس عمیقی کشیدم و کت و شلوارم را مرتب کردم. داخل ساختمان شدم و در دل گفتم:

- خدایا، آقای رضایی کجاست؟

الان توی اطلاعات یک مرد چاق و بی مو نشسته، اما چشمانش گرم و هوشیار بود، لبخند مهربانی زد و گفت:

- سلام، بفرمایید آقای محترم... من رستمی هستم، حتما شما کارمند جدید هستید؟
- بله، من کارمند جدید هستم...

از نگهبان و اطلاعات و طبقه دوم یکی یکی کارمندها با گرمی با من برخورد کردند و میزم را نشان دادند. این استرس و حالت عصبی که داشتم از من دور شد.... اما ساعت‌ها عضلات گردنم درد داشت... هنوز با خودم می‌گویم آیا هم چنین چیزی ممکن است که زود عادت می‌کنیم به اتفاقات جدید یا محیط جدید!!؟

پس خودت را بشناس، خودشناسی به این معنی نیست که در سکوت بنشینی و مرتب تکرار کنی، من روح جاودانی هستم... من این هستم و من آن هستم... همه‌اش بیهوده است. خودشناسی به این معنی است که تو با کلیه صورت‌های حال و هوای مزاجی خود آشنا بشوی.

از قدیس و فاضل گرفته تا قاتل و گناهکار و جنایتکار، از خدا گرفته تا شیطان. تمام گستره حال و هوای درونی است را بشناس، با شناخت آن کلید گشایش رمز و رازهای درونت را به دست می‌آوری.

انسان موجودی پایبند عادت است، بیشتر مردم به صورت مرتب به مغازه‌های خاصی می‌روند و در جاهای مشخصی غذا، عصرانه، چای یا قهوه می‌خورند.

زندگی بسیار پیچیده است، ما نباید در مورد صدها تصمیم روزانه خود به همه راه‌های امکان پذیر برویم. برای حل این مساله بسیار پیچیده، یا به عبارت دیگر برای این که بتوانیم با این پدیده کنار بیاییم و با آن سازش کنیم همه ما دارای نوعی عادت می‌شویم، این نوع تمایل که بر آن اساس بر حسب عادت عمل کنیم به صورت منبعی در می‌آید که در برابر پدیده تغییر ایستادگی می‌کند.

مثال: اگر کارمندی به نقطه دیگری منتقل شود او باید بسیاری از عادت‌های خود را تغییر دهد.

ده دقیقه بیشتر پیاده روی کردن، از چند خیابان جدید گذشتن، پیدا کردن یک توقفگاه جدید، عادت کردن به نمایی از ساختمانی جدید، تغییر دادن محل غذا خوری و احتمالا زمان صرف ناهار.

افزایش دامنه ارتباطات و گسترش روابط اجتماعی انسان را با نگرش‌ها و دیدگاه‌های گوناگون آشنا می‌کند. بنابراین یکی از اصول مهم و اساسی برای کسب موفقیت داشتن روابط سالم و قوی اجتماعی است.

لازم نیست حتما شرایط خاص رسمی و آداب و رسوم را برای برقراری روابط به کار گیرید. اتفاقا برعکس روابط اجتماعی موفق بیشتر روابطی هستند که بدون تعارف و تکلف برقرار می‌شوند.

به عبارت دیگر ضمن حفظ احترام و شخصیت متقابل با ظاهر ساده و با رعایت صداقت و همدلی نظریات و دیدگاه‌های خود را برای دوستانتان مطرح کنید و انتقادهای منطقی و سازنده آنها را بپذیرید و به کار بندید.

از دوستان و افراد مورد اعتمادتان بخواهید که شما را در رسیدن به هدفتان یاری کنند و از کمک به آنها در حدی که در توان و شرایط شما هست دریغ نکنید. گاهی دلسوزی و مهربانی بیش از حد شما به زیانتان خواهد بود.

بنابراین از حقوق خودتان در کنار مسئولیتی که در روابط با دیگران دارید آگاه شوید و استفاده کنید.

این حق شماست که اگر بیش از توان محدودیت‌هایتان از شما توقع داشتند بدون احساس گناه «بگویید نه».

به خاطر داشته باشید که شما مسئول خطاهای دیگران نیستید و نمی‌توانید تمام مشکلات آنها را برطرف کنید.

بنابراین برای روابط با دیگران حد و مرز تعیین کنید. علاوه بر آن مسئولیت اصلی در انجام موفقیت آمیز فعالیت‌هایتان تنها به عهده شماست.

پس، فراموش نکنید که نباید از دیگران توقع بیش از حد و نا به جایی داشته باشید، کمک‌های آنان تنها حاکی از محبت نسبت به شماست پس آنها را دوست داشته باشید و از آنها قدردانی کنید.

آنچه که گفته شد، گوشه‌ای از راهنمایی است که روانشناسان برای کسب موفقیت به آن اشاره کرده‌اند.

اما در حقیقت رمز موفقیت هرکسی در درون اوست که با کشف آن به آرامش و رضایت روح و روان دست می‌یابد و این تکیه بر توکل به خدا اعتماد به نفس و پشتکار حاصل خواهد شد.

پرواز، رسیدن به مرتفع‌ترین قله‌ها، کشف مکان‌های ناشناخته، سفر به کرات آسمانی و مانند این‌ها از دیر باز آرزوی بشر در طول تاریخ بوده است. واقعیت این است که هر یک از ما رسیدن به موفقیت را به تعریف خاص خودمان مطرح می‌کنیم و احتمالا برای آنها راه‌هایی در نظر می‌گیریم. اما آنچه مهم است این است که در تمام تعاریف کارشناسان روانشناسی اصل مهم برای دستیابی به موفقیت داشتن اعتماد به نفس است.

هیچ وقت نترسید

بهترین راه مقابله با ترس اقدام است، درست همان جایی که می‌ترسید اقدام کنید اگر از آب می‌ترسید بهتر است به درون آب بروید و این کار را آنقدر انجام دهید تا برایتان عادی شود. مثال:

اگر از کنفرانس دادن می‌ترسید بهتر است که کنفرانس را انجام دهید شاید برای بار اول صدایتان بلرزد و نفس کم بیاورید ولی ایرادی ندارد. آنقدر انجام دهید تا خودتان دیگر مشتاق انجام آن شوید و برایتان عادی و طبیعی گردد. پس هر جا که از موضوع یا موردی ترس داشتید فورا اقدام کنید، خود را به درون آب بیندازید.

داستان واقعی یک زن جوان

زمان مجردی‌ام و تا ازدواج و دارای دو فرزند، از همه چیز وحشت داشتم، هیچ وقت اعتماد به نفس را نتوانستم در وجودم زنده کنم، قوی کنم... این عذابم می‌داد... خانواده‌ام که پدر و مادر بود طوری با نگاه سرد و بی روح خود به من خیره می‌شدند که حرف زدن را فراموش می‌کردم... صورتم سرخ می‌شد و گلویم خشک و چشمانم خیس می‌شد. یک بغض پنهان همیشه در گلویم بود داشت خفه‌ام می‌کرد... مادرم با تمام خواهران و برادرانم همین برخورد را داشت، آنها هم همین مشکل را داشتند. در یک جمع بی روح به نام خانواده... که فقط جراتمان تخریب یکدیگر بود در جامعه و در اجتماعی که زندگی می‌کردم بسیار ضعیف و ترسو بودیم. اگر اتفاقی با خواهر و برادرانم حرف می‌زدم و یک کلمه اشتباهی می‌گفتم خیلی سریع با پوزخند ایراد حرفم را می‌گرفتند و ادعا می‌کردند ما کلمه

را درست می‌گوییم تو بلد نیستی، و جای بسیار تاسف بود که هیچ معنی کلمه را متوجه نمی‌شدند. فقط دنبال واژه‌ها بودند این عذابم می‌داد.

همسرم فوت کرد و من باید روی پایم بایستم و مسئولیت خانه را به عهده بگیرم. از طرفی خانواده بد جوری فشار روحی به من وارد می‌کردند، باید کارهایی که ما برایت برنامه ریزی کردیم را اجرا کنی، باید قبول کنی که بیشتر در محدودیت قرار گرفتی چون بیوه شده‌ای... اما من دیگر نمی‌خواستم در محدودیت‌ها باشم. گفتم من هم در این سرزمین حق و حقوقی دارم، سهمی دارم، حق زندگی به شیوه خودم دارم... این باعث شد طرد خانواده شدم و یک سال بچه‌هایم را ندیدم. از بچه‌هایم، خانواده و اقوام به طور کل طرد شدم و ترس باز وجودم را گرفت. یک روز اتفاقی کتاب اریک امانوئل اشمیت[1] را خواندم و این باعث شد ترس را از خودم دور کنم و جلوی آینه رفتم به مینای آینه خیره شدم گفتم تو می‌توانی، خواستن، توانستن است... داستان کتاب این بود.

تعدادی حشره کوچولو در یک برکه زیر آب زندگی می‌کردند. آنها تمام مدت می‌ترسیدند از آب بیرون بروند و بمیرند. یک روز یکی از آنها بر اساس ندای درونی از ساقه یک علف شروع به بالا رفتن کرد، همه فریاد می‌زدند که مرگ تنها چیزی است که عاید او می‌شود، چون هر حشره‌ای که بیرون رفته بود بر نگشته بود. وقتی حشره به سطح آب رسید نور آفتاب تن خسته او را نوازش داد و او که از فرط خستگی دیگر رمقی نداشت روی برگ آن گیاه خوابید. وقتی از خواب بیدار شد به یک سنجاقک تبدیل شده بود. حس پرواز پاداش بالا آمدنش بود.

---

[1] Eric-Emmanuel Schmitt

سنجاقک بر فراز برکه شروع به پرواز کرد و پرواز چنان لذتی به او داد که با زندگی محصور در آب قابل مقایسه نبود. تصمیم داشت برگردد و به دوستانش هم بگوید که بالای آن ساقه‌ها کسی نمی‌میرد، ولی نمی‌توانست وارد آب شود چون به موجود دیگری تبدیل شده بود.

شاید بیرون رفتن از شرایط فعلی ترسناک باشد، اما مطمئن باشید در خارج از پیله تنهایی غم و ترس تلاش برای رفتن به سوی کمال عالی است.

ادامه حرف زدن جوان

شغلی بر اساس رشته تحصیلی‌ام پیدا کردم و الان در بزرگ‌ترین کنفرانس در جلسه‌ها و میتینگ[1] صحبت می‌کنم بدون هیچ استرس و بدون اشتباه کلامی و بسیار هم موفق هستم. اما بعد از مدتی طولانی که خانواده‌ام را دیدم در مقابل نگاه سرد و بی روح آن‌ها در صحبت کردن استرس می‌گیرم و گاهی اشتباه کلامی دارم، و دیگر برای همیشه با کسانی که باعث استرس من می‌شدند فاصله عمیقی ایجاد کردم تا قدرت «نه» گفتن را آموختم. و الان راضی و موفق هستم.

بله، هر چه پاسخ منفی شما به انتظارها و درخواست های نامعقول دیگران برایتان آسان‌تر شود احساس عزت نفستان افزایش خواهد یافت. زمانی هم که به تقاضای

---

[1] در لغتنامه دهخدا به معنای گرد آمدن دسته‌ها از مردم برای ابراز نظری. اجتماع گروه بسیار برای گفتگو یا اظهار نظر در مسائل اجتماعی. (بهم آمدن گروه‌ها و دسته‌های سیاسی و غیر سیاسی برای ابراز نظری و پیشبرد مقصودی).

معقول پاسخ مثبت می‌دهید هم در مورد خودتان و هم در مورد طرف مقابل احساس بهتری خواهید داشت.

پس از شناخت کامل توانایی‌ها و احیانا محدودیت‌هایی که دارید می‌توانید با روش‌هایی قابلیت‌های گوناگون خود را پرورش دهید و آنچه را که محدودیت می‌دانید به قابلیت تبدیل کنید.

خوب فکر کنید، افکار آدمی سازنده اوست. قبل از انجام هر کاری به تمام جوانب آن بیندیشید. انسان بدون اندیشه و تفکر به ماده‌ای بی روح می‌ماند بنابراین با اندیشه به اهدافتان نگاه کنید.

دیگر اینکه تا می‌توانید مطالعه کنید. شما به وسیله مطالعه می‌توانید از تجارب و اندیشه‌های دیگران هم استفاده کنید. مطالعه کتاب‌های مختلف و مطالبی که به خصوص توسط نویسندگان مجرب و ماهر نوشته شده به شما کمک می‌کند که ذهنی وسیع و بینشی عمیق پیدا کنید. ضمن اینکه دامنه اطلاعاتتان افزایش می‌یابد و به این طریق هم به خودتان اعتماد بیشتری پیدا می‌کنید و هم به دیگران کمک می‌کنید.

مطالعه زیاد شما را به دنیایی فراتر از دنیای کوچک مادی وارد می‌کند که در آن امکان دسترسی به تمام خواسته‌هایتان را خواهید داشت.

یک نکته مهم دیگر این است که شما می‌توانید مشورت کنید. مشورت با دیگران و استفاده از تجربیات آنها می‌تواند فرصت بیشتری برای دستیابی به اهدافتان برای شما فراهم کند. چرا که با دانستن آن گام‌هایتان را محکم‌تر و مطمئن‌تر بر می‌دارید

و احتمال لغزش و اشتباه کمتر خواهد بود. علاوه بر این مشورت با افراد دانا،خوش بین و شجاع به ما در پیمودن آگاهانه مسیر دستیابی به موفقیت کمک می‌کند.

با دوستانتان از شکست صحبت نکنید. تردید منجر به ضعف شما می‌شود و موفقیت شما را به تاخیر می‌اندازد. همیشه تصمیم نهایی را خودتان بگیرید، رای ثابت داشته باشید و از مشورت با افراد پر گو، رویایی و متزلزل بپرهیزید.

معنی عشق چیست؟

می‌توانی به فرهنگ واژگان مراجعه کنی و معانی بسیاری را برای عشق پیدا کنی، عشق به خدا، عشق مادری، عشق به زناشویی، عشق مرید به مراد ووو... تمام این معانی در فرهنگ نامه هست.

ولی تا زمانی که طعم عشق را خودت نچشیده باشی، تا زمانی که در عشق غرق نشوی و خودت عاشق نشده باشی، تا زمانی که قلبت از عشق نتپد و آواز عشق سر ندهد و تا زمانی که رقص عشق در درونت رخ ندهد، معنی واقعی عشق را نخواهی دانست.

معنی باید تجربه‌ای وجودی باشد. یک عشق یک راز است و یک مشکل نیست. تو نمی‌توانی عشق را از راه منطق و ریاضیات حل کنی. می‌توانی وارد عشق شوی، می‌توانی دیوانه وار عاشق شوی، می‌توانی طعم عش را بچشی. عشق می‌تواند تو را دگرگون کند، ولی مشکل نیست که بتواند حل شود، بلکه رازی است که باید زندگی شود.

چقدر عاشق شدن دوباره برایش غیر قابل تصور می‌نمود. فکر این که دوباره به چشم‌های کسی نگاه کند و از خوشحالی لبریز بشود و یا دست کسی را بگیرد و از گرمای آن دست لذت ببرد، برایش خیلی دور و ناممکن می‌نمود. آنقدر از این زندگی فاصله گرفته بود که حتی تصور آن هم برایش سخت بود. فکر کرد آیا قلبا دوباره مایل به تجربه‌ی چنین احساساتی است یا نه؟

مایا آنجلو[1] بیان می‌کند «بزرگترین امید زندگیم این است که همانقدر خندیدم، گریه کنم وکارهایم را انجام دهم، سعی کنم عاشق باشم و صبوری و شکیبایی در قبول عشق داشته باشم[2]».

هادی می‌گفت: ده سال عاشق زنی بودم، وقتی دیدمش بیمار بود. من فوق العاده مجذوب او شدم، او بلند بالا، لاغر بود و پوست روشنی داشت و همه خطوط چهره‌اش ملایم بود.

چشمانی گرم و هوشیار داشت. همیشه در این چشم‌ها یک لطیفه و یک جواب آنی و غش غش خنده نمودار بود. و اما... با تمام وجود می‌شد حس کرد که این زن همیشه برای جدی بودن آماده است.

اما به او نزدیک نمی‌شدم... اصلا نمی‌دانست چه احساسی نسبت به او دارم... تا مدت‌ها انگار سرنوشتمان این بود که دائم سر راه یکدیگر قرار بگیریم. در هر میهمانی یا جشنی که همکارانمان می‌گرفتند....

من همین طور در برابر این وسوسه مقاومت می‌کردم تا این سرطان او را به بیمارستان و شیمی درمانی کشاند... وقتی متوجه شدم، یک لحظه احساس خفگی کردم، نفس کم آورده بودم... به سختی چند نفس عمیق کشیدم، سرم را زیر شیر آب در محوطه اداره گرفتم، یکی از دوستانم من را از شیر آب جدا کرد... او

---

[1] Maya Angelou (Marguerite Ann Johnson)
[2] My great hope is to laugh as much as I cry; to get my work done and try to love somebody and have the courage to accept the love in return.

می‌دانست احساس من نسبت به این دختر چیست. اسمش نفس بود، واقعا نفس من شده بود...

بلافاصله به بیمارستان رفتم، ضعیف و رنگ پریده به نقطه‌ای از اتاقش خیره شده بود و پدر و مادرش آرام اشک می‌ریختند، کنار تختش نشسته بودند با یک سبد گل بسیار زیبا رفتم، بدون هیچ ملاحظه‌ای و مقدمه‌ای گل را روی میز روبه‌روی نفس گذاشتم چشمکی زدم و به پدرش گفتم:

- خوشحالم، با پدر و مادر نفس آشنا شدم... من نفس را شش ماه کامل می‌شناسم و شده برایم نفس در وجودم، می‌خواهم او را از شما خواستگاری کنم... الان خانواده منتظر هستند که شما قبول کنید، بلافاصله تماس می‌گیرم و می‌آیند برای خواستگاری، نفس از تعجب چشمانش گرد شده بود، گفت:

- می‌دانی چه می‌گویی!؟ می‌دانی اینجا کجاست!؟ من چه مشکلی دارم!!

- من مشکلی نمی‌بینم... هیچ مشکلی...

- من سرطان دارم، و باید از هفته دیگر شیمی درمانی را شروع کنم... خیلی زنده بمانم شاید کمتر از یک سال...

- ما تا زنده هستیم... باید زندگی کنیم و از زندگی لذت ببریم، به دنیا نیامدیم که با غم و درد و زجر هم مونس بشویم... باید از لحظاتش لذت برد....

- نه من، من یک بیماری لاعلاج دارم!!

- لاعلاج!!؟ چه حرف بی مفهومی... من این کلمه را هیچ وقت نگذاشتم توی ذهنم سیو شود...

- مسخره بازی نکن... من نمی‌توانم... من زیاد در این دنیا نیستم، تو داری به من ترحم می‌کنی!؟

- مسخره بازی نمی‌کنم و به تو ترحم نمی‌کنم... می‌خواهی آمار بگیری، که در طول ماه چه کسانی در چه سن‌هایی از کودک تا کهن سال‌ها، هر کدام به دلایل مختلفی از دنیا می‌روند... با تصادف، یا سکته، یا ترور شدن، یا اعدامی و یایایا... دیگر...
- اما نگفتی سرطان!!؟ خیلی نادر و وحشتناک و لاعلاج ووو... مسری...!
- مسری!؟ می‌شود بگویی کدام پزشک... نه... نه... کدام پروفسوری موفق شده و ثابت کرده که سرطان مسری است!؟ این فکر اشتباه تو است... انقدر علم پیشرفت کرده که بیشتر سرطان‌ها قابل علاج است... اما مسری نیست! پس بهانه نیار، بگو که من را دوست نداری!؟
- من بهانه نمی‌آورم، من از هفته دیگر شیم درمانی می‌شوم و بلافاصله تمام موهای سر و ابرو و مژه‌هایم می‌ریزد... میِ‌شوم یک روح... یک مرده متحرک خیلی وحشتناک!!
- اگر من جای تو بودم و موهایم می‌ریخت، آیا از من گریزان می‌شدی؟ آیا دیگر من حق زندگی ندارم!؟ آیا زمین کلافه می‌شود قدم‌های، من سرطانی را... شیمی درمانی را... دیگر تحمل نخواهد کرد!؟ و باید، بدون هیچ امید و تلاشی، نفس کشیدن را قطع کنم و سریع به زیر خاک بروم که نه زمین و نه تو و نه دیگران کلافه نشوید!؟
- حرفت منطقی نیست... تو متوجه نمی‌شوی چه می‌گویم...
- من انقدر، ساده حرف زدم که هر سنی متوجه می‌شود... و خوب هم متوجه شدی... می‌خواهی غیر منطقی و با تاکید بی خود قانع‌ام کنی... اصلا یک سوال، آیا من را دوست داری؟ منظور عاشقم هست؟

نفس سکوت کرد و چشمان معصوماش پر از اشک شد و نفس عمیقی کشید و معلوم بود، سینه‌اش سوخت، دست‌های ظریف رنگ پریده‌اش را به سینه فشرد، فقط سکوت کرد... و من گفتم:

- سکوت، یعنی عاشقم... یعنی امید به زندگی... یعنی تو نفس من و من نفس تو هستم... فقط بگو، بله... خانواده‌ام جلوی بیمارستان توی ماشین منتظر هستند که بگویم بیایید، نفس من... زندگیم، قبول کرد که عروس شماها بشود....

- آخه... اگر تو... یک روزی...

حرفش را قطع کرد، گفتم:

- ای کاش، می‌توانستم دست روی لبت می‌گذاشتم که این حرف را نمی‌زدی، اما الان می‌گویم من عاشقم، عشق واقعی مقدس است و من به این عشق مقدس تا زنده هستم وفادارم...

- اگر خوب نشوم؟ اگر معجزه خداوند شامل حال من نشود؟!

- خوب شدن تو و خوب نشدن تو، هر دو آنها معجزه است و من و تو، هر کدام از این معجزه را بدون گلایه قبول می‌کنیم...

- باشد... قبول می‌کنم و تسلیم به رضای خداوند می‌شوم...

بلافاصله، موبایلم را از جیب برداشتم به خانواده‌ام گفتم بیایید داخل و آنها با گل و شیرینی آمدند... اون لحظه را تا زنده هستم فراموش نمی کنم... دو خانواده، چنان با گرمی گفتگو می‌کردند گویا سال‌هاست یکدیگر را می‌شناسند و من و نفس را در دوران کودکی به نام هم کردند... و مادرم بلافاصله، گردنبندی را که از سه نسل مادر بزرگش به او رسیده بود از گردنش در آورد به گردن نفس انداخت

حتی من را غافلگیر کرد... از خوشحالی مادرم را به آغوش کشیدم و چرخی زدم... شیرینی را به تمام بخش بیمارستان دادم، پزشک معالج نفس و پرستارها از شوق چشمانشان پر از اشک شد...

در عرض دو هفته عقد و عروسی انجام شد و من و نفس یک روح شدیم در دو بدن... هر روز آب شدن نفس را می‌دیدم، درونم غوغایی بود، آشوبی بود... گریه‌های پنهانی بود... اما لب‌هایم همکاری خوبی با من داشت، همیشه در حال خنده بود...

اما سرطان بی رحمانه تمام وجودش را گرفته بود، دیگر شیمی درمانی و پرتو درمانی تاثیری نداشت، لحظه‌ای از او جدا نشدم، مرخصی یک ساله از شرکت پدرم گرفته بودم... تا اینکه در بیهوشی چشمانش را برای همیشه بست... او هنوز برایم یک فرشته زیبا و دوست داشتنی بود که نظیرش را ندیده بودم... وقتی ملافه را روی صورت معصوم و پاکش کشیدند، دیگر هیچ نفهمیدم وقتی چشمانم را باز کردم گریه‌ی تلخی کردم و نفسم سنگینی می‌کرد در سینه‌ام و باید مجازات زنده بودن را تحمل می‌کردم با خاطرات نفسم روزها و ماه‌ها را به سال می‌رساندم تا یک روزی برم پیش نفسم.

باید واقعیت را تحمل می‌کردم. چون عاشق غروب بود، از صبح تا غروب سر مزار او بودم و شعرها از غروب می‌گفتم... به یاد دست‌های ظریفش و آن نگاه‌های محبت آمیزش و با حرکت‌هایش من را به خنده وا می‌داشت. از ته دل نالید و گریست.

آسمان نیز رنگ خون گرفته، تاریکی و ظلمت با روشنایی روز در ستیز بود و مرحله پیروزی شب بر روز با فرا رسیدن تاریکی رخ نشان می‌داد.

هادی بار دیگر نالید:

- لعنت بر تو، بر تو ای روزگار... چرا من را به چنین حالی نشاندی؟ آخر چرا؟ چگونه توانستی او را از من بگیری؟

مدتی بر سر مزارش نشست. زمانی که آسمان تیره شد و نور ستارگان در لابه‌لای اشک‌هایش منعکس شدند. فاتحه‌ای خواند و با صدای لرزان ادامه داد:

- هیچ وقت فراموشت نمی‌کنم... دوستت دارم...

اما عده‌ای می‌گویند که عاشق شدیم، عشق را حس کردیم، باید با کسی که با اولین نگاهش قلبم را لرزاند ازدواج کنم به هر طریقی شده. قبل از اینکه وارد میدان جنگ بشود و بجنگد با خانواده‌اش با کسانی که مخالف ازدواجش هستند و بدون حضور خانواده ازدواج می‌کنند، یک تحقیق کند نه اینکه برود از بقال، قصاب سوال کند... نه منظورم این نیست.

مدتی با هم ارتباط سالم داشته باشند... و با عقل نه با احساس نه با قلب، خوب و با صداقت، از ایده‌ها، آرمان‌ها، معاشرت‌ها، ضعف‌هایی که از دوران کودکی تا الان همراه دارند، سلیقه‌ها، توقع‌ها و اختلاف نظرهای یکدیگر را بفهمند و بعد خوب فکر کنند. می‌توانند در وجود هم حل بشوند؟ و به هم تکیه کنند؟ مثل یک سخره محکم برای هم باشند؟ آیا در سختی،گرفتاری، مریضی و ورشکستگی به هم وفادار هستند؟ یا اینکه یکی از آنها به مشکل برخورد کرد، زیباییش را، سلامتی‌اش

را از دست داد یا ورشکست، اول طلاق عاطفی می‌گیرند و بعد از مدتی با بی رحمی زندگی که می‌گفتند با عشق ساختند را کات می‌کنند. و تنها کسی که قربانی این بی عدالتی میِ‌شود بچه‌هایشان هستند که یک روزی می‌گفتند ثمره عشقمان است.

وقتی سوال کنید چرا طلاق!؟

می‌گویند، با سختی به این عشق رسیدیم اوایل حرف‌های عاشقانه بود، لحظه‌ای از هم دور نبودیم، در ساعت اداری با تلفن حرف‌های عاشقانه می‌زدیم... اما... حالا... با بودن یک فرزند عشق نیست.

فشار اقتصاد، چالش‌ها که باید پشت سر بگذارند... کمی حرف‌های عاشقانه کمتر شده، کمی خستگی بین نگاه‌ها تاثیر گذاشته... و دیگر عشق وجود ندارد، قسم‌ها، عهدها، قول‌ها... تبدیل به دشمنی شده و هر کدام ساز خودشان را می‌زنند این هم ساز ناکوک که به روح و روان و قلب‌شان خط خطی عمیق می‌خورد.

این عشق نیست، عشق را خراب نکنید، واژه عشق مقدس است، خداوند به عشق بها داده و در قلب‌ها جاری کرده است. عشق شکوفا شدن دل آدمی و هر شکوفه‌ای از دل آدمی همگی سفید هستند. رنگ سفید تمامی رنگ‌ها را در خود دارد و زیبایی آن هم در همین است. عشق عادی‌ترین تجربه‌ای است که در زندگی آدمی اتفاق می‌افتد، زیرا همه انسان‌ها با عشق زاده می‌شوند، در صورتی که انسان بتواند همراه عشق صعود کند و به ماوراء برود شگفت انگیزترین و غیر معمول‌ترین اتفاق در زندگی‌اش رخ می‌دهد. هنگامی که عشق راستید در قلب انسان پدیدار شود لطف الهی خود به خود شامل حال او می‌شود. انسانی که هرگز از عشق

واقعی بویی نبرده خشک و بی روح است و انسان عاشق همیشه هاله‌ای از شادی و آرامش گرداگرد خویش دارد.

باربارا دی آنجلیس[1] (روانشناس، مشاور روابط، سخنران و نویسنده در زمینه رشد شخصی) در کتاب عشق و شور زندگی توصیفی جالب از عشق دارد که من آن را در اینجا بازگو می‌کنم:

در آغاز تنها عشق بود. حتی زندگی و پیدایش شما بر روی این کره خاکی نیز برخاسته از عشق است. این عشق بوده است که در یک لحظه مرد و زنی را آنچنان به سوی هم جذب کرده است تا از تلفیق و اتحاد عاشقانه بدن آنها بذر شما متولد گردد. عشق مغناطیسی است که ما را به مبدا خود جذب می‌کند. آنان که از خود عشق ساطع می‌کنند با عشق زندگی می‌کنند و با عشق نیز نفس می‌کشند، دیگران را به سمت خود می‌کشانند و باید گفت عشق یگانه منبع نیرو و قدرت شماست.

توصیفی زیبا از عشق که من آن را بیان می‌کنم:

گفتند ستاره‌ها را نمی‌توان چید...

و آنان که باور کردند. برای چیدن ستاره حتی دستی دراز نکردند.

اما باور کن که من به سوی زیباترین ستاره دست یازییدم...

و هر چند دستانم تهی ماند. اما چشمانم لبریز از ستاره شد...

ستاره‌های درونت را در شب چشمانت رها ساز

[1] Barbara De Angelis

و باور کن

عشق را هدفی نیست

آن چنان که به دست آید

در آغوش جای گیرد

و یا در آیینه چشمانت به تصویر نشیند

باور کن که

عشق

خود همه چیز است

اراده کردن و خواستن

اراده کردن و خواستن یک میل درونی است که عمل به آن موفقیت را به بار خواهد آورد.

شما به شرط داشتن اراده قوی و مقاومت و شکیبایی موفق به انجام هر کاری خواهید بود. البته ممکن است بارها با مانع مواجه شوید و یا راه نادرستی انتخاب کرده باشید که موفقیت شما را به تاخیر بیندازد.

ولی اراده قوی که از آن یاد شده در نهایت شما را به مقصد می‌رساند. به شرط آنکه نمی‌توانم و نمی‌شود را از ذهنتان بیرون کنید.

قبل از هر چیز امید و توکل به خداوند و پس از آن ایمان به توانایی خودتان اساس پیروزی شماست.

بنابراین موانع کوچک و گاه بزرگی که در مسیر با ان مواجه می‌شوید به منزله سنگ‌ریزه‌هایی است که روح شما را صیقل می‌دهد و از شما انسان کامل و سرد و گرم چشیده‌ای می‌سازد که توان حل مشکلات خود و دیگران را دارد و هرگز ناامید نمی‌شود.

از تمام نیروهای خود برای رسیدن به موفقیت استفاده کنید.

برای آن وقت بگذارید، فکر کنید، مطالعه کنید و با اطمینان تصمیم بگیرید. تمرکز تمامی نیروهای مثبت و مفید شما، به مراتب احتمال موفقیت شما را بالاتر می‌برد.

این خصوصیت طبیعی مغز انسان است که آن قدر به هدف مورد نظر تمرکز می‌کند تا سرانجام به پاسخ مطلوب برسد.

این یک دلیل دیگر برای حذف اندیشه‌های منفی و نا موفق است که نه تنها سودی ندارد بلکه با یک سیر قهقرایی شما را از مسیر اصلی و صحیح منحرف می‌کند.

احساس و تفکر مثبت به شما نشاط، امید، تحرک، تلاش و نیروی فوق العاده‌ای می‌بخشد که ناخود آگاه شما را در مسیر موفقیت قرار می‌دهد.

بنابراین تمامی افکار و احساسات منفی از قبیل ترس، حسادت، تنفر، انتقام، حرص و طمع، خرافات و خشم را از خود دور کنید.

احساسات منفی بی آنکه شما نقشی داشته باشید بر تکانه‌های فکری تاثیر می‌گذارند و اعمال شما را تغییر می‌دهند و از مسیر واقعی منحرف می‌شوید.

به فرصت‌ها فکر کنید، شانس به معنای توانایی درک موقعیت‌ها و انتخاب بهترین‌هاست.

بنابراین اگر از فرصت‌های پیش آمده به طور صحیح و به جا استفاده کنید قطعا فرد خوش شانسی هستید.

نظم و دقت در انجام کارها به شما کمک می‌کند تا خطاها و انحراف‌های احتمالی را بهتر و سریع‌تر بشناسید و برنامه‌های خود را در مسیر درست پیگیری کنید. ضمن این که می‌توانید اهداف خود را به هدف‌های کوچکتر و دست یافتنی‌تر تبدیل کنید. آنها را یادداشت کنید و اهداف خود را طرح ریزی و برنامه‌ریزی کنید.

به اصل مهم زمان اهمیت دهید و از وقت خودتان و از فرصتی که برای استفاده از کمک و تجربیات دیگران در اختیار دارید به خوبی استفاده کنید. ضمن این که

بخشی از اوقات خود را برای استراحت، تفکر، تنش زدایی، تمرین آرامش روانی و عضلانی اختصاص می‌دهید.

یک داستان جالب و واقعی...

خواستن و توانستن

از دیوید راکفلر[1] میلیاردر پرسیدند:

چگونه به این ثروت و شوکت رسیدی؟

گفت: از خدا خواستم و خودم به دست آوردم.

گفتند چگونه؟

گفت من بیکار بودم. گفتم خدایا کاری برایم پیدا کن تا درآمد کافی برای پرداخت اجاره یک منزل نقلی را داشته باشم.

چون از طرف خدا اقدامی انجام نشد، خودم دست به کار شدم و به خدا گفتم خدایا تو به این نیازهای کوچک رسیدگی نکن، من خودم کار پیدا می‌کنم. تو فقط حقوقم را افزایش بده. کاری در راه آهن پیدا کردم، کارگری در کوره لوکوموتیو، زغال سنگ می‌ریختم، اما حقوقش اندک بود.

به خدا گفتم تو سرت شلوغ است و کارهای مهم‌تری داری. تو خانه نقلی برایم پیدا کن و من تلاش‌ام را بیشتر می‌کنم و بیشتر کار می‌کنم تا درآمد بیشتری کسب

---

[1] David Rockefeller

کنم. پس از پیاده شدن از قطار به ذغال فروشی پرداختم اندکی درآمدم اضافه شد ولی از خانه نقلی خبری نشد.

گفتم خدایا می‌دانم خانه نقلی پیدا کردن در مقام و شان تو نیست. من خودم آن را پیدا می‌کنم. در عوض تو شریک زندگی مرا پیدا کن...

اگر می‌خواستم منتظر خدا بشوم هنوز هم مجرد بودم. پس دختر مناسبی پیدا کردم و با او دوست و سپس نامزد شدیم و ازدواج کردیم.

هر چه را از خدا خواستم، به نوعی به من گفت، خودت می‌توانی، پس زحمت آن را به دوش من نینداز و روی پای خودت بایست.

رابطه من و خدا هنوز به همین صورت پیش می‌رود و او هنوز به من اعتماد کافی دارد که می‌توانم قدم بعدی را هم خودم بردارم.

همین اعتماد او به من قوت قلب می‌دهد و من با پای خویش جلو می‌روم. خدا متشکرم به جای گدا، مرا همچون خودت کردی تا متکی به کسی یا چیزی نشوم.

یک متن جالب از کتاب فارسی

یک متن خیلی جالب پیدا کردم از کتاب فارسی دبستان سال ۱۳۲٤. دو برادر مادر بیماری داشتند، با خود قرار گذاشتند که یکی خدمت خدا کند و دیگری در خدمت مادر باشد. یکی به صومعه[1] رفت و به عبادت مشغول شد و دیگری در خانه ماند و به پرستاری مادر مشغول شد.

چیزی نگذشت برادر صومعه نشین مشهور عام و خاص شد و به خود غره شد که خدمت من ارزشمندتر از برادرم است، چرا که او در اختیار مخلوق است و من در خدمت خالق.

همان شب پروردگار را در خواب دید که وی را خطاب کرد: به حرمت برادرت تو را بخشیدم.

برادر صومعه نشین اشک در چشمانش آمد و گفت: یا رب من در خدمت تو بودم و او در خدمت مادر، چگونه است مرا به حرمت او می‌بخشی؟ آیا آنچه کرده‌ام مایه رضای تو نیست!؟

ندا رسید: آنچه تو می‌کنی، من از آن بی‌نیازم ولی مادرت از آنچه او می‌کند بی‌نیاز نیست.

یک ناشناس این نامه را به من داد وقتی باز کردم، این نوشته را خواندم.

یه روز داخل مترو، صندلی‌ام را به یک پیر زن دادم. در حقم دعا کرد و گفت:

---

[1] Monastery

- جوان دعا می‌کنم پیر شی اما هیچ وقت نوبتی نشی.

سوال کردم، حاج خانم نوبتی دیگه چیه!؟ گفت:

- فردا که از کار افتاده شدی و قدرت انجام کارهای عادی روزانه‌ات را نداشتی، بین بچه‌هات به خاطر نگهداریت دعوا نشه که امروز نوبت توست.

از خداوند درخواست دارم که به تمامی ما انسان‌ها عمر با عزت عطا کند و هیچ وقت نوبتی و محتاج نشیم.

رابطه پدر با دختر در دوران بلوغ

رابطه پدر با دختر در دوران بلوغ، ارتباط با فرزندان دختر در دوران بلوغ، مواجهه صحیح والدین و نوجوانان و جوانان با این نیاز نیرومند در فاصله زمانی بین بلوغ و ازدواج نقش به سزایی در نهادینه کردن بهداشت روانی و اخلاقی در افراد، خانواده و نهایتا جامعه دارد و به عکس بی‌توجهی، سوء تدبیر تربیتی و گاهی موضع‌گیری‌های به اصطلاح روشنفکرانه گروهی از والدین موجب می‌شود که عده‌ای از دختران و پسران در تامین چنین نیازی به بیراعه رفته، تسلیم هیجانات عاطفی خود شوند.

این گروه دختران و پسران با ایجاد ارتباط پنهان و آشکار با یکدیگر به استقبال سرنوشت شومی می‌روند که گاهی حتی سرتاسر فضای زندگی آینده آنها را تحت تاثیرات شوم خود قرار می‌دهد.

لغزش دختران از معیارهای اخلاقی معمول عوامل بی‌شماری است که یکی از مهم ترین این عوامل ناآگاهی بعضی از پدران از لطایف و وظایف مربوط به شناخت و تامین نیازهای عاطفی، عقلانی دختران می‌باشد.

نتایج برخی از تحقیقات در این زمینه حاکی از آن است که بسیاری از دختران معصومی که در دام روابط غیر اخلاقی گرفتار شده‌اند، همواره روابط سرد و معیوبی با پدران خود داشته و نه تنها توجه محبت آمیزی از جانب آنان دریافت نکرده‌اند که به اشکال مختلف مورد تحقیر و سرزنش، تنبیه و سخت‌گیری‌های افراطی یا تبعیض یا بی‌تفاوتی آنها واقع شده‌اند. برای درمان یا پیشگیری از بروز

پیامدهای ناگوار در زندگی دختران و خانواده ها توصیه‌هایی هر چند اجمالی گفته می‌شود.

باید بیشتر پدرها قدم‌های موثری در تربیت صحیح دختران که مادران و آینده سازان جامعه‌اند بردارند.

بیشتر به حرف‌های او گوش دهید نه این که برایش سخنرانی کنید و مطمئن باشید خود این گوش کردن بهتر از هر روش دیگری او را به تفکر وادار کرده، نظرات او را اصلاح کرده و او را با واقعیت‌های زندگی آشنا می‌سازد.

نکات مهم در رابطه پدر با دختر در دوران بلوغ

رابطه‌ای هدفمند و در چارچوب در دوره بلوغ به دخترتان توضیح دهید که ممکن است در این سن، در اجتماع کم‌کم توجه‌هایی را از جنس مخالف دریافت کند. اما این توجه‌ها لزوما نشان دهنده علاقه فرد مقابل به او نیست. پس بهتر است که خیلی روی این موارد حساب باز نکند. در عین حال این توجه‌ها گاهی به مزاحمت‌هایی منجر می‌شوند که هر دختری باید راه‌های مقابله با آن را فرا گیرد. در درجه اول راه‌های پیشگیری از این موارد را به او یاد دهید. مواردی چون مشخص ساختن حد رابطه خود با پسرها از همان اولین برخورد. در مرحله بعدی راه‌هایی را معرفی کنید که اگر مزاحمتی برایش ایجاد شد چگونه از خودش دفاع کند و یا مزاحمت را به حداقل برساند. این اطمینان را در او ایجاد کنید که اگر هر مشکلی برایش پیش آمد شما و مادرش پشتیبان او خواهید بود.

اهمیت این نکات زمانی مشخص می‌شود که دخترها مشکلات کوچک را از ترس برخوردهای خشن، از خانواده مخفی می‌کنند و خود این پنهان کاری باعث سوء استفاده از جانب دیگران و بروز مشکلات شدیدتر می‌گردد.

با توجه به پایین امدن سن بلوغ روانی[1] در طی سال‌های اخیر بهتر است این مسائل را در شروع دوره راهنمایی با دخترتان در میان بگذارید. یعنی قبل از اینکه تجارب ناخوشایندی برایش روی داده باشد.

نیازهای دخترها با توجه به رشد دخترتان درباره مسائل مربوط به دوستی بین دختر و پسر در این سن و مشکلات و خطرات دوستی‌های ناسالم و به دور از اطلاع خانواده را برایش توضیح دهید. اما توجه داشته باشید که نباید میل به جنس مخالف را آنقدر طبیعی جلوه دهید که دختر شما اگر هم تا به امروز توجه زیادی را صرف این موضوع نمی‌کرده از فردا درگیری ذهنی زیادی پیدا کند.

در مورد عقیده خودتان و همسرتان با او در این رابطه صحبت کنید.

از عبارت‌های باید و نباید استفاده نکنید. چرا که در این مرحله هدف آگاه کردن او از عقاید شماست. این توضیحات باعث می‌شود دخترتان متوجه شود که شما در مورد او و تغییراتی که برایش رخ داده بی‌اطلاع نیستید. این اقدامات بر اعتبار شما نزد دخترتان می‌افزاید و به او این امکان را می‌دهد که در زمان لازم با شما یا همسرتان صحبت کند.

---

[1] Psychological maturity

در سال‌های پایانی دبیرستان و یا دوران دانشجویی توضیح دهید هدف از رابطه با جنس مخالف پیدا کردن همسری مناسب است و نه خوش گذرانی‌های موقت. در این دوره کم‌کم با او وارد صحبت درباره ملاک‌های انتخاب همسر شوید و نظر او را جویا شوید.

دخترها عاشق آرایش هستند. قبل از اینکه اختلاف و یا مشکلی پیش بیاید محدودیت‌های خانواده را برایش توضیح دهید. محدودیت‌هایی که شما و همسرتان از او انتظار دارید رعایت کند.

اگر دوست دارید دخترتان را در محیطی آزاد بار بیاورید، باز محدودیت‌هایی را برایش در نظر بگیرید. چرا که این موضوع به ویژه در سنین پایین در درجه اول باعث حفظ ایمنی او می‌گردد.

هر چند وقت یک بار وقتی را برای دخترتان در نظر بگیرید. مثلا یک ساعت در ماه و در این زمان با او به صورت دو نفری به پارک بروید و در طی پیاده روی از حال و روزش خبردار شوید. البته توجه داشته باشید که افزایش این زمان به شکلی کنترل نشده خود می‌تواند شما را از زمانی که او می‌خواهد ازدواج کند با مشکل روبه‌رو سازد و به نوعی باعث عدم تمایل به ازدواج در او گردد.

داشتن رابطه عاطفی مناسب با شما باعث کاهش توجه زودرس دخترتان به جنس مخالف شده و می‌تواند این میل را تا زمانی که معقولانه‌تر با موضوع برخورد کند به تعویق بیندازد.

والدین می‌بایست نوجوان خود را تشویق کنند که در جریان زندگی روزمره با جنس مخالف خود مواجه شده، برای انجام امور جاری خود با آنها گفتگو کنند،

به خصوص گفتگوی دختران و پسران در جمع خانواده‌ها درباره مسائلی چون مسائل خانوادگی، تحصیلی، شغلی، ... نوجوانان اینگونه در می‌یابند که جنس مخالف آنها یک موجود عادی است.

از جمله اقداماتی که می‌توانند در رشد متعادل عقلانی، عاطفی دختران موثر باشند به طور خلاصه عبارت‌اند از:

۱. تشویق دختران به عضویت در گروه‌های علمی،مذهبی، سیاسی، ورزشی، تحصیلی و ...

۲. ترغیب دختران به پذیرش مسئولیت در خانواده و پیروی از اصول و روش‌های عقلانی در جریان زندگی و انجام این مسئولیت‌ها.

۳. شرکت دادن آنها در تصمیم‌گیری‌های خانوادگی و مشورت با آنها.

۴. ارائه استقلال و آزادی‌های مشروع در تصمیم‌گیری‌های مربوط به خود.

۵. پرهیز از تحقیر و سرزنش, و انتقادهای غیر سازنده.

به تقویت همه جانبه عواطف دختران بپردازیم.

دوران بلوغ و نوجوانی دوران شکفتگی عواطف و احساسات است و به غیر از تمایل به جنس مخالف تمایلات عاطفی دیگری نیز وجود دارند که می‌توانند حوزه اندیشه و رفتار دختران را سخت تحت تاثیر خود قرار دهند. تمایلاتی همچون نوع دوستی، ایثار و فداکاری، تمایلات و گرایش‌های هنری در زمینه‌های مختلف، گرایش‌های مذهبی و نیاز به نجوا و نیایش، علاقمندی به شهر و محیط زندگی و ...

دختران خود را به شرکت در گفتگوهای عادی و روزمره تشویق کنیم. گاهی مشاهده می‌شود که برخی از دختران و پسران در جریان گفتگوهای معمولی و روزمره با جنس مخالف، دچار اضطراب شده علائمی همچون تپش قلب، لرزش دست‌ها، خشکی لب‌ها و دهان و تغییر چهره از خود نشان می‌دهند. باز برای تاکید بیان می‌کنیم که در این دوران والدین می‌بایست نوجوان خود را تشویق کنند که در جریان زندگی روزمره با جنس مخالف خود مواجه شده، برای انجام امور جاری خود با آنها گفتگو کنند، به خصوص گفتگوی دختران و پسران در جمع خانواده‌ها درباره مسائلی چون مسائل خانوادگی، تحصیلی، شغلی، ... نوجوانان اینگونه در می‌یابند که جنس مخالف آنها یک موجود عادی است.

وقتی یک جنین را می‌بینم

وقتی یک جنین را می‌بینم انگار خودم را می‌بینم. ناگهان نازنین پشت سرم قرار می‌گیرد، بدون هیچ معطلی می‌گوید:

تو یک جنین بودی و کامل شدی، از دنیای کوچک و تاریک بیرون آمدی. اما پا توی دنیای بزرگ‌تر که گذاشتی، دیدی که اونجا هم تاریک است. چون تقدیر تو اینگونه است. اما... تو با همه ضربه‌ها و شلاق روزگار و اطرافیانت به تنهایی بدون هیچ حامی خودت را به روشنایی رساندی.

اما اینجا هیچی نداری از خودت، هیچ... حتی اندازه یک فندق... تو گدایی... تو با گدایی از این و اون زندگی‌ات را می‌گذرانی...

آره... خودم قبول کردم که گدایم... اما می‌گفتم، موقتی است، یک بحران اقتصادی است، کار بیشتر می‌کنم... چهل سال جنگیدم که گدا زاده نشدم... منم بنده خدایم... خدا هیچ کس را بیهوده، بدون برنامه نمی‌آفریند... منم در این کره خاکی حقی دارم، حقوقی دارم، سهمی دارم...

اما نازنین به من می‌خندد... آره، این عنوان دوستم بود که به من داده بود... تو گدایی... گدا...! هر چه سعی کردم فانوسی از کسی قرض بگیرم یا گدایی کنم، توی دل شب، فانوس را به طرف آسمان نگه دارم ببینم، منم ستاره‌ای دارم... هیچ کسی فانوس‌اش را نداد... آخه، جایی که من بودم خیابانش تاریک بود و هیچ تیر برقی نبود که کوچه پس کوچه و بعد خیابان را روشن کند... خودم پولی نداشتم فانوس کرایه کنم... اون وقت فهمیدم که خیلی گدایم...

یک شب دلم بد جوری شکست، خیلی سخت شکست، سرم را به آسمان بلند کردم، چشمان پر از اشکم را آرام باز کردم یک ستاره دیدم، یک ستاره کوچولو... لبخند زدم گفتم:

– خدایا شکرت... این ستاره کوچولو را دادی به من، خوشحال بودم... دل خوش بودم... الان یک سال می‌گذرد، دیدم این ستاره از من نیست، چون امروزم مثل دیروز، مثل یک هفته پیش، ماه پیش، سال پیش، چهل سال پیش است. تاریکی باز تاریکی باز تاریکی... تنهایی در این کره خاکی، بدون هم زبون، هم درد، هم نفس، سخته... خیلی سخته... بسیار بسیار بسیار سخته... و خوب که چشمانم را باز کردم به اطرافیانم نگاه کردم دیدم، خیلی‌ها به من می‌خندند و نازنین هم جلوی آنها ایستاده و او هم می‌خندد... و با صدای بلند گفت:

– دیدی تو تنهایی... هیچ ستاره‌ای نداری... بدون برنامه توی این دنیا پا گذاشتی... و چهل سال یک اتفاق خوب یک موفقیت یک پیروزی... حتی یک فندق به نامت نشده... باز توکل کن به خدا... باز او را صدا کن... هی... هی... بگو، حتما ماه دیگر... یا در ماه رمضان که همه مهمان خدا هستند و خداوند میزبان همه، من را هم دعوت می‌کند، هدیه‌ای، برنامه‌ای، حق و حقوقی به من هم می‌دهد... ماه رمضان تمام شد، باز از رو نرفتی، گفتی حتما ماه محرم در این ماه خدا به دل زینب (س) و حسین (ع) نگاه می‌کند به اشکم به ناله‌هایم جواب می‌دهد...

ای زن، چقدر تو پررویی!!! چقدر پوستت کلفت است، شلاق‌های روزگار... نگاه‌های سرد... اما تو باز وابسته می‌شوی با گرگ‌های انسان نما... تو را خوب وابسته می‌کنند، توی اوج وابسته بودن، ترکت می‌کنند، له‌ات می‌کنند... باز خدا را شکر می‌کنی!!؟ تا حالا دقت کردی درست در همه سال، در ماه بهمن این ضربه‌ها

را می‌خوری!!؟ درست چهل سال در همین ماه این ضربه‌ها را خوردی... می‌دانی چرا؟ چون در ماه بهمن خدا تصمیم گرفت یک بنده دختر بیافریند، که هیچ به او ندهد، هیچ نه برنامه‌ای نه ستاره‌ای نه دوستی نه خانواده‌ای نه موفقیت و نه سربلندی... هیچ، هیچ، هیچ... لخت به دنیا آمدی و بی کس و تنها مثل اینکه در کویر لخت بدون هیچ درختی و گلی و بنده‌ای... زندگی می‌کنی و مورد خنده، تمسخر، پوزخند، له شدن، بی عدالتی، تنهایی، شدی سوژه شب آدم‌های خوشبخت، اما...

اما... تو انقدر لجباز هستی... هی با نام خدا خودت را سینه خیز به اینجا کشاندی، ای بدبخت به دورت نگاه کن چی داری؟ چی داری که به او بنازی؟ چرا خودت را با یک طناب دار یا یک گلوله یا زیر ماشین نمی‌روی و خودت را خلاص کنی از این تنهایی؟ که راحت بشوی. هنوز هم می‌خواهی حقارت و بی عدالتی را ببینی؟ هنوز می‌خواهی بشکنی؟ تا کی!؟ عجب پوست کلفتی داری تو...

چند ماه دیگر همه بهار را جشن می‌گیرند و شاد هستند و پر پول، پر انرژی، موفق و سربلند و دیگران تا کمر برای ما خم می‌شوند. اما تو فقط نگاه می‌کنی، آه سوزناک می‌کشی و اشک پر سوز می‌ریزی... در آخر حرف‌هایم... خدا تو را افرید که هیچ وقت در آرامش نباشی، عشقش بود، که فقط تحقیر بشوی،بدبخت، تحقیر... فقط همین، تو هیچ وقت نمی‌توانی مثل شیر دنبال شکار زنده بروی پاره‌اش کنی، یک دل سیر بخوری و بقیه‌اش را بدهی به لاشخورها... روحت مثلشیر مغرور است این روح و این غرورت را در آخر خودم می‌گیرم و له‌اش می‌کنم... تو آفریده شدی که مثل یک لاشخور شکار مرده، باقی مانده آشغالش را

بخوری تا زنده بمانی و مورد بازی و خنده و مسخره و تفریح دیگران باشی... این هم سرگذشت من و آینده‌ام...!!

باید قبول کنم و کردم... اما نمی‌دانم چرا باز به رحمت و لطف خدا امید دارم... نمی دانم چرا!!! هنوزم امیدم به خداوند است و بس...! «جواب»

- به نام خدا، به نام مرگ نیست، به نام زندگی است.

به اسم زنده و زنده کننده است. اگر انسان دست به ویرانی زد کار او نمی‌تواند به اسم پروردگار باشد. پس اگر کسی به واقع گفت به نام خدا، او باید به زندگی دامن زده و حیات را گسترش دهد. اگر نتیجه تلاش او نابودی باشد، شروع تلاشش به نام خدا نبوده. از طریق اسم خداوند می‌توانید به او متوسل شوید و به توسل برسید و این بهترین طریقه پیوند با خدا و ارتباط با اوست. پس وقتی گفت به اسم خدا دیگر نباید از کسی یا چیزی بترسد. نباید برای کسی جز ربش تلاش کند، نباید از نتایجی که در پی عملش حاصل می‌شود زیادی تحت تاثیر قرار گیرد. چون او کارگزار الهی‌ست، کارش هم کار خداست. پس نتیجه هم هر چه که باشد، چه به ظاهر موفقیت و چه شکست، هر دو توفیق الهی است...

دیدی نانوا چطور خمیر نان سنگک را پهن می‌کند و درون تنور می‌گذارد؟ چه اتفاقی می‌افتد؟ خمیر به سنگ‌ها می‌چسبد، اما نان هر چه پخته تر می‌شود از سنگ‌ها جدا می‌شود... حکایت ادم‌ها همین است، سختی‌های این دنیا، حرارت تنور است و این سختی‌هاست که انسان را پخته‌تر می‌کنند و هر چه انسان پخته‌تر می‌شود سنگ کمتری به خود می‌گیرد. سنگ‌ها تعلقات دنیایی هستند، ماشین من،

خانه من، کارخانه من... خوشا به حال آنکه در تنور دنیا آنقدر پخته می‌شود که به هیچ سنگی نمی‌چسبد.

این دعا را خیلی دوست دارم.

خداوندا تقدیرم را زیبا بنویس، کمکم کن آنچه را تو زود خواهی من دیر نخواهم و آنچه را تو دیر خواهی من زود نخواهم.

استاد و دانشجو

روز یک استاد دانشگاه تصمیم گرفت تا میزان ایمان دانشجویان‌اش را بسنجد. او پرسید:

- آیا خداوند، هر چیزی را که وجود دارد آفریده است؟

دانشجویی، شجاعانه پاسخ داد بله...

استاد پرسید: هر چیزی را؟

- بله هر چیزی را. استاد گفت:
- در این حالت خداوند شر را آفریده است. درست است؟ زیرا شر وجود دارد.

برای این سوال دانشجو پاسخی نداشت و ساکت ماند، ناگهان دانشجوی دیگری دستش را بلند کرد و گفت:

- استاد، ممکن است از شما یک سوال کنم؟
- بله... البته...
- آیا سرما وجود دارد؟
- البته، آیا شما هرگز احساس سرما نکرده‌اید؟
- البته استاد، اما سرما وجود ندارد. طبق مطالعات علم فیزیک، سرما عدم تمام و کمال هم گرماست و شی را تنها در صورتی می‌توان مطالعه کرد که انرژی داشته باشد و انرژی را انتقال دهد و این گرمای یک شی است که انرژی آن را انتقال می‌دهد. بدون گرما اشیاء بی حرکت هستند، قابلیت واکنشی ندارند، پس سرما

وجود ندارد. ما لفظ سرما را ساخته‌ایم تا فقدان گرما را توضیح دهیم... دانشجو ادامه داد:

— و تاریکی؟

— تاریکی وجود دارد.

— شما باز هم در اشتباه هستید استاد! تاریکی، فقدان کامل نور است. شما می‌توانید نور و روشنایی را مطالعه کنید اما تاریکی را نمی‌توانید مطالعه کنید. منشور نیکولز، تنوع رنگ‌های مختلف را نشان می‌دهد که در آن طبق طول امواج نور، نور می‌تواند تجزیه شود. تاریکی، لفظی‌ست که ما ایجاد کرده‌ایم تا فقدان کامل نور را توضیح دهیم.

و سرانجام دانشجو ادامه داد:

خداوند شر را نیافریده است. شر، فقدان خدا در قلب افراد است. شر فقدان عشق، انسانیت و ایمان است. عشق و ایمان مانند گرما و نور هستند. آنها وجود دارند و فقدان منجر به شر می‌شود و حالا نوبت استاد بود که ساکت بماند...

نام این دانشجو آلبرت انیشتین[1]

---
[1] Albert Einstein

پرهیزکاری

هر پرهیزکاری گذشته‌ای دارد، و هر گناه‌کاری آینده‌ای! پس قضاوت نکن می‌دانم اگر قضاوت نادرستی در مورد کسی بکنم... دنیا تمام تلاشش را می‌کند تا مرا در شرایط او قرار دهد... تا به من ثابت کند. در تاریکی همه ما شبیه یکدیگریم. محتاط باشیم، در سرزنش و قضاوت کردن دیگران، وقتی نه از دیروز او خبر داریم و نه از فردای خودمان.

دوستی گفت من رژیم دارم. گفتم:

- شما وزن متعادلی دارید. نیاز به رژیم نیست. او گفت:
- رژیم در تغذیه نیست رژیم تفکر و رفتار است. در این رژیم اجتناب می‌کنم از:

۱. افکار منفی

۲. آدم‌های منفی و مخرب و غیر سازنده

۳. کسانی که لبخند را از من می‌گیرند

۴. آنهایی که باعث می‌شوند سایه غم و حسرت بر نگاهم چیره شود

۵. آنها که باعث می‌شوند اعتماد به نفسم را از دست بدهم

۶. آنهایی که چوب لای چرخ زندگیم می‌گذارند. او گفت:

- اگر یک ماه این رژیم را رعایت کنم، سه کیلو از بیماری‌های تفکر و رفتارم کم می‌شود و سه کیلو کیفیت زندگیم بالا می‌رود... به نظر من رژیم خوبی است.

داستانی خواندنی در مورد قضاوت کردن:

کشیشی در اتوبوسی نشسته بود یه یک ولگرد مست و لایعقل سوار شد و کنار او نشست.

مردک روزنامه‌ای باز کرد و مشغول خواندن شد و بعد از مدتی از کشیش پرسید؟

پدر روحانی روماتیسم از چی ایجاد می‌شود؟

کشیش هم موعظه را شروع کرد و گفت روماتیسم حاصل مستی و می گساری و بی بندوباری است.

مردک با حال منفعل دوباره سرش گرم خواندن روزنامه خودش شد.

بعد کشیش از او پرسید تو حالا چند وقت است که روماتیسم داری؟

مردک گفت من روماتیسم ندارم!

اینجا نوشته است پاپ اعظم دچار روماتیسم بدی است.

نکته:

پیش از پاسخ دادن مطمئن شوید سوال را به خوبی متوجه شده‌اید و جواب آن را می‌دانید.

توصیفی جالب از قضاوت کردن که من آن را در اینجا بازگو می‌کنم:

قبل از اینکه بخواهی در مورد من و زندگی من قضاوت کنی

کفش‌های من را بپوش و در راه من قدم بزن

از خیابان‌ها «دشت‌ها» کوه‌هایی گذر کن که من کردم

اشک‌هایی را بریز که من ریختم

دردهای من را به روی شانه‌هایت بریز و با خود حمل کن

و خوشی‌هایی که در زندگی داشتم را تجربه کن...

سال‌هایی را بگذران که من گذراندم

روی سنگ‌هایی بلغز که من لغزیدم

دوباره و دوباره

برپاخیز و مجددا در همان راه سخت قدم بزن

همان طور که من انجام دادم

بعد از آن می‌توانی در مورد من قضاوت کنی

آنتوان دو سنت‌اگزوپری[۱] (نویسنده و خلبان اهل فرانسه) در مورد قضاوت کردن و محاکمه دیگران جمله قشنگی دارد که من آرا بازگو می‌کنم:

محاکمه کردن خود از محاکمه کردن دیگران خیلی مشکل‌تر است. اگر توانستی در مورد خودت قضاوت درستی کنی، معلوم می‌شود یک فرزانه تمام عیاری.[۲]

---

[1] Antoine de Saint-Exupéry

[2] That is the hardest thing of all. It is much harder to judge yourself than to judge others. If you succeed in judging yourself, it's because you're truly a wise man.

هدف و انگیزه

اگر تخته‌ای را روی زمین بگذاریم و از شما بخواهیم در ازای ۲۰ هزار تومان روی ان راه بروید، حتما این کار را انجام خواهید داد، چون کار بسیار آسان است. اما اگر همان تخته را به عنوان پلی میان دو ساختمان صد طبقه قرار دهیم و بخواهیم که همان کار را در ازای ۲۰ هزار تومان انجام دهید آیا این کار را انجام می‌دهید؟ واضح است که چنین کاری نمی‌کنید. زیرا دریافت آن ۲۰ هزار تومان دیگر مطلوب یا حتی ممکن به نظر نمی‌آید.

حالا اگر فرزندتان در ساختمان روبه‌رو در آتش گرفتار شده باشد آیا برای نجات او از روی تخته عبور می‌کنید؟ بدون تردید این کار را انجام خواهید داد، چه ۲۰ هزار تومان بگیرید چه نگیرید.

چرا بار نخست گفتید به هیچ وجه از آن تخته میان دو آسمان خراش نمی‌گذرید و بار دوم اصلا تردید نکردید؟ خطر در هر دو شرایط یکسان است. پس چه چیزی در این میان تغییر کرده است؟ هدفتان تغییر کرده است.

همان طور که می‌بینید وقتی دلیلی به اندازه کافی بزرگ داشته باشیم، راه هر کاری را پیدا خواهیم کرد. پس اینکه خواستار موفقیت باشید کافی نیست. باید لایه‌های عمیق‌تر آن را بشکافید تا انگیزه اصلی خود را پیدا کرده و قدرت فوق العاده‌تان را فعال کنید. یعنی همان نیروی هدف را.

آمار پرستار استرالیایی

یک پرستار استرالیایی بعد از ۵ سال تحقیقاتش بزرگ‌ترین حسرت‌های آدم‌های در حال مرگ را جمع کرد و ۵ حسرت را که در بین بیشتر آدم‌ها مشترک بوده منتشر کرده است این‌ها عبارت‌اند از:

۱. کاش به خانواده‌ام بیشتر محبت می‌کردم مخصوصا پدر و مادرم

۲. کاش اینقدر سخت کار نمی‌کردم

۳. کاش شجاعتش را داشتم که احساساتم را با صدای بلند بیان کنم

۴. کاش رابطه‌هایم با دوستانم را حفظ می‌کردم

۵. کاش شادتر می‌بودم و لحظات بیشتری می‌خندیدم

عمر ما کوتاه‌تر از اونی‌ست که فکرشو کنیم، زمان مثل برق می‌گذرد.

نگاه تعجب

آیا تا به حال دقت کرده‌اید که وقتی تعجب می‌کنید چشمانتان بازتر از حالت معمولی می‌شود؟

انگار که در خواب بوده و ناگهان بیدار شده‌اید و یا در خیال به سر می‌برید و یک دفعه به خودتان آمده‌اید.

به نظر می‌رسد بیشتر وقت‌ها حتی در طول روز هم در خوابیم، که ناگهان دیوار دوستی قدیمی، دریافت هدیه‌ای غیر منتظره و یا پیغامی هیجان انگیز ما را شگفت زده و بیدار می‌کند. البته موضوعات پیش بینی ناپذیر و شگفتی ساز می‌تواند شامل اخبار ناخوشایند هم بشود که در این حالت معمولا با شوک کوچکی همراه است.

شاید کسی به این چیزها اعتنا نکند ولی اگر کمی منصف باشیم باید از شگفتی سازها «خوب یا بد» قدردانی کنیم و آنها را مانند هدایای ارزشمند زندگی به شمار آوریم. چرا که شگفتی سازها زندگی را از حالت یک نواختی و سکون خارج می‌کنند و باعث حرکت و جریان یافتنش می‌شوند. یک نواختی و سکون مثل مرگ است.

اما شگفتی می‌تواند در ما احساس زنده بودن را جاری کند و از خواب بیدارمان سازد. با اینکه شگفتی‌ها در جهان کم نیستند و رویدادهای بیدار کننده و هوشیار کننده زیاد دیده و شنیده می‌شوند.

اما چرا تعداد کسانی که هوشیارند تا این حد کم است و چرا نادرند؟

افرادی که بعد از رویارویی با شگفتی‌ها دوباره بی‌توجهی نمی‌کنند؟

شاید یکی از دلایلش این باشد که این اتفاقات مثلا یک حادثه پیش بینی ناپذیر و یا خبری شگفت انگیز به خودی خود بیدار کننده نیست و تنها یک تلنگر محسوب می‌شود.

در اینجا معادله‌ای دو طرفه وجود دارد که یک سوی آن ما هستیم و بیداری. پاسخ ما به این تلنگر زندگی است، البته تلنگرهایی که زندگی به ما می‌زند می‌تواند شامل موارد بسیار ساده‌ای هم باشد که خیلی وقت‌ها به سادگی از کنارشان عبور می‌کنیم بدون آنکه چشم‌هایمان را به سویشان بچرخانیم و نگاهشان کنیم.

یکی از چیزهایی که همیشه برای من شگفتی ساز بوده است بدن خودم است!

وقتی می‌بینم که ۱۵ میلیون گلبول قرمز در هر ثانیه در حال ایجاد شدن و از بین رفتن هستند شگفت زده می‌شویم. یا وقتی می‌فهمم اگر رگ‌های بدنم را در امتداد هم بگسترانند مانند کمربندی دور کره زمین را می‌گیرد. در حالی که قلبم تنها به یک دقیقه وقت نیاز دارد تا خون را به درون این مسیر پر پیچ و خم رگ‌ها بفرستد.

بله، چشم‌هایم از تعجب باز می‌شود اما قلب من بی‌توجه به این جهل و نادانی‌ام چه متعجب شوم و چه نشوم. دقیقه به دقیقه، ساعت به ساعت و روز به روز همین کار را انجام می‌دهد.

صد هزار تپش در هر ۲۴ ساعت باورش سخت است نه!؟

راستش من نمی‌دانم چطور ۳۵ میلیون غده در شکمم فعالیت می‌کنند تا تنها یک توت فرنگی کوچک به راحتی خورده و جذب شود.

اما وقتی می‌شنوم، شگفت زده می‌شوم و چشم‌هایم دوباره باز و بازتر می‌شوند.

اکنون با مرور دوباره همه آنچه برای شما و خودم گفتم، فکر می‌کنم دیگر زمان آن فرا رسیده است که از این پس بهتر ببینیم، دقیق‌تر بشنویم و با اشتیاق پذیرای همه آن معجزات کوچک و بزرگی باشیم که آنها را شگفتی ساز نام نهاده‌ام.

مشاوره

این را همیشه به خاطر بسپار و باید ارزش دریافت چیز بهتر را داشته باشی. اگر نیاز به مشاور پیدا کردی بدان مشاور همیشه عادل است. او اماده است هر چه که تو در توان داری به تو بدهد، ولی نمی‌تواند بیشتر از طرفیت تو به تو بدهد، تو قادر نخواهی بود آن را درک کنی.

مشاور کسی است که خودش را آماده می‌کند که بیشتر دریافت کند. اگر از او تقاضا کنی نباید تقاضای تو را قبول کند، چون تقاضا را نمی‌توان برآورده کرد. شاید تو چیزی را تقاضا کنی که ربطی به وجود تو نداشته باشد و کشی که به تقاضاهای تو پاسخ بگوید مشاور نیست. او خطرناک است و باید مراقب او باشی، زیرا خواسته‌های واقعی تو را نمی‌شناسد و اصرار می‌کند، تاکید می‌کند مشاوره من سعی است من تقاضای تو را درک می‌کنم. اما این طور نیست او نمی‌تواند به رشد تو هیچ کمکی بکند.

مثال: سفری طولانی در پیش داری، یک سفر پر مخاطره و جاده سربالایی است و کوهستانی، تو پا روی گاز می‌گذاری هر امکانی وجود دارد، یک خطای کوچک کافی است تا به عمق دره پرتاب شوی و از بین بروی یا جاده بسیار باریک است اگر بی‌احتیاط باشی چه اتفاقی می‌افتد؟ و زندگیت به آن بستگی دارد.

مشاور باید، بسیار مراقب باشد که فقط چیزی را به تو بدهد که تو ظرفیت جذب ان را داشته باشی. اگر آن را جذب کردی، بیشتر به تو داده خواهد شد و هرگز نباید اضافه بار داشته باشی. مشاور مواد غذایی می‌دهد نه وزن اضافی، زیرا وزن اضافی مانع رشد تو است.

مشاور به تو دانش نمی‌دهد، او تنها به تو راهنمایی‌هایی می‌دهد، آنگاه تو روی ان راهنمایی‌ها کار می‌کنی که نیاز داری نه کمتر و نه بیشتر.

اگر تو کور باشی مشاور هرگز درباره نور با تو حرف نخواهد زد، این به تو کمکی نخواهد کرد. اگر تو ناشنوا باشی، هرگز درباره موسیقی با تو حرف نخواهد زد و هیچ وقت سازی را به تو پیشنهاد نمی‌کند.

اول، چشمان تو باید باز شوند و یادت باشد هیچ کس کور نیست، همه چشم بسته هستند. پس می‌توان چشم بندها را از روی چشم‌ها برداشت. مشاور واقعی درباره نور حرف نمی‌زند، بلکه از هر راه می‌کوشد تا پارچه را از روی چشم تو بردارد. ولی مشکل اینجاست که تو مقاومت می‌کنی که شاید این پارچه که چشمانت را پوشانده محافظ چشمان تو است.

گوش‌های تو مسدود شده، ولی تو فکر می‌کنی چیزی که آن را مسدود کرده جنبه‌ای حفاظتی دارد و نمی‌گذارد صداهای غیر لازم به گوش تو برسد. تو شاید چنین ایده‌ای داشته باشی که صداها مضر هستند و یا نور خطرناک است.

مردم با سوء تفاهم‌های زیاد و بدآموزی‌های بسیار زندگی می‌کنند و می‌روند پیش کسانی که فکر می‌کنند مشاوران خوبی هستند.

مثال: دوستان یا اقوام بی‌تجربه آنها کسانی هستند که احساسی و برای دل خودشان با تو حرف می‌زنند و تاکید دارند که تو قبول کنی، و آرمان‌های کاذب دارند چون این‌ها عقاید آنان است و به آنها وابسته هستند اینها چشم بندهای تو هستند وگر نه کار او نواختن برای انسان ناشنوا و آوردن نور برای انسان کور است. بسیار احمقانه خواهد بود و هیچ مشاوری هرگز دست به کارهای احمقانه نمی‌زند.

یک مشاور با وجدان و پر تجربه، باید تمام بدآموزی‌ها، نظریات و سوء تفاهم‌ها را از تو دور کند.

مثال: دختر جوانی در میهمانی شام نامزدی نزدیک یک هنرمند معروف نشست. دختر کم رو و خجالتی بود و از حضور مرد هنرمند احساس شگفتی و حیرت داشت. مدتی دختر از صحبت با مرد هنرمند خودداری کرد و منتظر بود تا فرصتی مطلوب دست بدهد. عاقبت وقتی که ظرف موز از جلوی آنان می‌گذشت به خودش جرات داد و گفت:

- ببخشید، آیا شما موز دوست دارید؟

مرد میانسال قدری ناشنوا بود و سرش را جلو اورد و گفت:

- چه گفتید؟

دختر جوان که از خجالت سرخ شده بود گفت:

- موز دوست دارید؟

مرد لحظه‌ای فکر کرد و گفت:

- اگر نظر واقعی مرا بخواهید من بیشتر دوست دارم در استخر شنا کنم تا در حوض!

اگر با شخصی ناشنوا صحبت می‌کنی بهتر است از لغاتی مانند موز صحبت نکنی، زیرا او فکر می‌کند که راجع به حوض صحبت می کنی.

تو باید مراقب باشی، با کی صحبت می‌کنی، چه می‌گویی و گفته تو در او به چه چیزی تبدیل می‌شود. زیرا آنچه تو بگویی اهمیت ندارد، چیزی که او می‌شنود

مهم است. آنچه می‌دهی مهم نیست، آنچه دریافت می‌شود مهم است و الزامی نیست انچه داده می‌شود دریافت شود. در همین داد و ستد چیزهایی عوض می‌شوند. چیزی گفته می‌شود و چیزی دیگر شنیده میِ‌شود. چیزی داده می‌شود و چیز دیگری گرفته می‌شود.

مشاور بسیار محتاط است. او تنها چیزی را می‌دهد که بتواند به تو برسد.

زندگی

زندگی پویاست، پویا نه از روی آرزو، بلکه صرف یافتن، پویا نه از روی جاه طلبی برای دستیابی به مقام و منزلت، بلکه جستجو برای یافتن. این که من که هستم، خیلی عجیب است. آدم‌هایی که هنوز خودشان را نشناخته‌اند می‌خواهند برای خود کسی باشند. آنها با وجود خویش بیگانه هستند، ولی هدفشان کسی شدن است. شدن نوعی بیماری است که روح را می‌آزارد. مهم درک بودن است.

زندگی جزیره نیست. همه به هم مرتبط هستند. ما همچون قاره‌ای پهناور حاوی میلیون‌ها راه ارتباطی هستیم.

اگر قلب‌هایمان را کاملا از عشق و صمیمیت آکنده نسازیم به همان نسبت زندگی را از دست می‌دهیم.

هر کاری که می‌کنی باید بیانگر شخصیت، و خاص خودت باشد به اصطلاح باید امضای تو را داشته باشد. آنگاه زندگی زیباست و هر لحظه‌اش برایت جشن است.

سعی کنید گذشته بد را فراموش کنید. طوری وانمود کنید که خاطرات تلخ زندگی اصلا به شما تعلق نداشته است، انگار که شما مطالب مربوط به گذشته خود را در رمانی خوانده‌اید یا در فیلمی دیده‌اید. دوباره کاملتر و تازه آغاز کنید. تمام بارهای منفی گذشته خود را بر زمین بگذارید. آن وقت زندگی طعم مطلوبی خواهد گرفت. آن وقت در میان هزاران گل دیگر شکوفا می‌شوید، این شکوفایی لطف و رحمت است. این شکوفایی به منزل نهایی است.

زندگی کردن در حالت عادی کافی نیست، زندگی را باید جشن گرفت. تنها کسانی واقعا زندگی می‌کنند که هر لحظه از زندگی آنها تبدیل به جشن و سرور شده است. هر آنچه را انجام می‌دهید با روحیه و شادی انجام دهید، انگار که شادی از تمام وجود شما در حال جاری شدن است.

تنها رازی که دانستن آن در زندگی اهمیت دارد راز هماهنگی و همنوایی با خویش و کل هستی و دیگران است.

در حالت عادی مردم دائما در حال برخورد و تصادف با خود، دیگران و هستی می‌باشند. در واقع زندگی آنها از این برخورد در سه جبهه ذکر شده تشکیل شده است. نتیجه این برخوردها چیزی نیست مگر ایجاد بدبختی و مشکلات بیشتر. اصلا برخورد و ناهماهنگی معادل مشکلات و بدبختی‌هاست و هماهنگی به معنای شادی است.

در صورتی که انسان به جای مخالفت با هستی به ان اعتماد کند و عشق بورزد، هماهنگی و همنوایی خود به خود به وجود خواهد آمد. با تمام وجود زندگی کنید، به طوری که هر لحظه از زندگیتان تبدیل به لحظه‌ای طلایی شود و تمامی زندگیتان زنجیره‌ای از این لحظات طلایی فردی که اینگونه زندگی می‌کند هرگز نمی‌میرد.، چرا که وجودش تبدیل به اکسیری شده است که با لمس هر چیز آن را به طلا تبدیل می‌کند.

هر انسانی به صورت یک لارو[1] است. مشکل اساسی این است که انسان فراموش کرده لارو بودن تنها مرحله‌ای گذرا در مسیر رشد و تعالی است، و مقصد نیست. انسان نباید در این مرحله باقی بماند و به آن بچسبد، بلکه باید از آن فراتر رود زیرا زندگی چیزهای زیباتر و بیشتری نیز در خود دارد.

در حقیقت زندگی گنج‌های بی‌پایان دارد که می‌تواند از آن شما باشد. هنگامی که شما با لاروها درباره پروانه شدن صحبت می‌کنید، آنها شما را باور نمی‌کنند که می‌توانند پرواز کنند و این کاملا طبیعی است، زیرا برای پرواز به بال نیاز است. در حالی که لاروها بالی ندارند، آنها تنها می‌توانند به پروانه‌ای اعتماد کنند که به آنها بگوید:

– من هم قبلا مثل شما بودم، من کاملا شما را درک می‌کنم. زیرا خود من نیز روزی مانند شما فکر می‌کردم. من هم روزی تصور می‌کردم که چگونه می‌توانم بدون بال پرواز کنم؟ ولی بال‌ها می‌توانند روی بدن شما رشد کنند. شما می‌توانید از این حالت تغییر شکل داده و به صورت پروانه دوباره متولد شوید. این موضوع برای من اتفاق افتاده است.

حتی در این صورت لاروها با شک و تردید به سخنان پروانه گوش می‌کنند، در صورتی که یکی از لاروها بتواند به پروانه اعتماد کند، همه چیز آرام آرام شروع

---

[1] Ŝafire یا لارو به نوزاد کرمی شکل حیواناتی که دگردیسی کامل دارند (مانند حشرات و دوزیستان) گفته می‌شود. شکل آن هیچ شباهتی به حشره بالغ نداشته و از نظر دگردیسی تغییرات فیزیولوژیکی و ریخت شناسی قابل توجهی را متحمل می‌شود.

به تغییر می‌کند. در این صورت آرزویی بزرگ درون لارو شروع به شکل گرفتن می‌کند، زیرا حالا می‌تواند ماورای آن چیزی که اکنون است برود.

فردریش نیچه[1] گفته است، بزرگ‌ترین تاسف درباره انسان این است که او فراموش کند که می‌تواند به ماورای خودش رشد و تعالی یابد. انسان خود هدف نیست، بلکه پلی است که باید از آن گذر کند. انسان هنگامی حقیقتا انسان است که به ماورای خویش سفر کند و در واقع انسانیت او در همین سفر به ماوراء نهفته است. انسان حرکتی است به سوی دنیای ماوراء. انسان سفری است روحانی.

---

[1] Friedrich Wilhelm Nietzsche

تربیت اصولی

ما تربیت نشدیم، تربیت ما بیش از این نبوده است که به بزرگ‌ترها احترام بگذاریم، کلمات زشت نگوییم، پیش دیگران پای خود را دراز نکنیم، حرف شنو باشیم، صبح‌ها به همه سلام کنیم، لباس تمیز بپوشیم، دست در بینی نبریم و ... اما ساده‌ترین و ضروری‌ترین مسائل زندگی را به ما یاد ندادند.

کجا به ما آموختند که چگونه نفس بکشیم؟ چگونه اضطراب را از خود دور کنیم؟ موفقیت چیست؟ ازدواج برای حل چه مشکلی است؟ در مواجهه با مخالف چونه رفتار کنیم؟ متاسفانه شیوه‌های نقد را به ما نیاموختند.

داگلاس سیسیل نورث[1] اقتصاد دان آمریکایی و برنده جایزه نوبل اقتصاد در سال ۱۹۹۳ می‌گوید:

- اگر می‌خواهید بدانید کشوری توسعه می‌یابد یا نه، سراغ صنایع و کارخانه‌های آن کشور نروید. این‌ها را به راحتی می‌توان خرید یا دزدید یا کپی کرد. می‌توان نفت فروخت و همه این‌ها را وارد کرد. برای اینکه بتوانید آینده کشوری را پیش بینی کنید بروید در دبستان‌ها و ببینید چگونه آموزش می‌دهند. اگر کودکانشان را پرسشگر، خلاق، صبور، نظم پذیر، خطر پذیر، اهل گفتگو، تعامل و برخورد از روحیه مشارکت جمعی و همکاری گروهی تربیت می‌کنند مطمئن باشید که آن کشور در چند قدمی توسعه پایدار و گسترده است.

---

[1] Douglass Cecil North

از نفس کشیدن تا سفر کردن تا مهرورزی به آموزش نیاز دارد. بخشی از سلامت روحی و جسمی ما در گرو تنفس صحیح آن چگونه است و چقدر مهم است!؟ به ما حتی نگاه کردن را نیاموختند هیچ چیز به اندازه نگاه نیاز به آموزش و تربیت ندارد. کسی که بلد است چطور ببیند در دنیایی دیگر زندگی می‌کند، دنیایی که بویی از آن به مشام بینندگان ناشی نرسیده است.

هزار کیلومتر، از شهری به شهر دیگر می‌رویم و وقتی به خانه بر می‌گردیم چند خط نمی‌توانیم درباره آنچه دیده‌ایم بنویسیم. چرا!؟ چون در واقع ندیده‌ایم، همه چیز از جلوی چشم ما گذشته است. باید بپذیریم که آدمیت ما به اندازه مهارت ما در نگاه است.

جان راسکین[1] آموزگار بزرگ نگاه در قرن نوزدهم می‌گفت:

- اگر دست من بود، درس طراحی را در همه مدارس جهان اجباری می‌کردم تا بچه‌ها قبل از اینکه به نگاه‌های سرسری عادت کنند درست نگاه کردن به اشیا را بیاموزند. می‌گفت:

- کسی که به کلاس‌های طراحی می‌رود تا مجبور شود به طبیعت و پیرامون خود بهتر و دقیق‌تر نگاه کند هنرمندتر است از کسی که به طبیعت می‌رود تا در طراحی پیشرفت کند.

---

[1] John Ruskin

آلن دوباتن[1]، هند سیر و سفر می‌گوید:

- اگر در خانه یا مدرسه یاد گرفته بودیم چطور نگاه کنیم، چور بشنویم و چطور بیندیشیم انسانی دیگر بودیم، انسانی که نمی‌تواند از چشم و گوش و زبان خود استفاده کند پا از غار بدویت بیرون نگذاشته است، اگر چه نقاشی‌های غار نشینان نشان می‌دهد که آنان با نگاه بیگانه نبوده‌اند.

من پدرانی را می‌شناسم که در آتش محبت فرزندانشان می‌سوزند و برای رفاه و آسایش آنان سر از پا نمی‌شناسند، اما تا دهه هفتاد یا هشتاد عمرشان‌ندانستند که فرزندان بیش از خانه و ماشین به آغوش گرم او نیاز دارند و او باید آنان را لمس می‌کرد و می‌بوسید و دست محبت برسر و روی آنان می‌کشید. بسیار پدرانی که نمی‌دانند اگر همه دنیا را برای دخترشان فراهم کنند به اندازه یک بار در آغوش گرفتن او و بوسیدن روی او، به او آرامش و اعتماد به نفس نمی‌دهد.

در جامعه‌ای که از در و دیوار آن سخن از حق و باطل می‌بارد کسی به ما یاد نداد که چگونه از حق خود دفاع کنیم یا چگونه حق دیگران را مراعات کنیم و مسئله «حق و باطل» را به حقوق افراد گره نزنیم. عجایب را در آسمان‌ها می‌جوییم ولی یک بار به شاخه درختی که جلوی خانه ما مظلومانه قد کشیده است خیره نشده‌ایم.

نگاه کردن، بازی، تفریح، مهرورزی، عاشقی، زناشویی و اعتراض، بیشتر از املا و انشاء نیاز به معلم و آموزش دارند.

---

[1] Alain de Botton

دکتر فرهنگ هلاکویی نائینی (جامعه شناس، روانشناس، اقتصاددان، مشاور خانواده و کودکان)[1] معتقد است:

پدر و مادر دو گوش شنوا می‌خواهند نه زبان گویا. قاعده تعلیم و تربیت ۱۰ جمله بچه هست ۱ جمله پدر و مادر، در شرایط اشکال و تینیجر[2] ۲۰ جمله بچه هست و ۱ جمله پدر و مادر. (برای تربیت اصولی فرزندان خود کنترل و مالکیت و یا به طور کلی فرماندهی و فرمانبرداری را کنار بگذارید)

---

[1] Farhang Holakouee (Sociology, psychology, economics, family and child counselor)

[2] Teenager

دوستی

دوستی، ثمره نهایی عشق است. عشق به علت وجود احساسات و هیجانات در آن به گونه‌ای زمینی است. ولی دوستی پاک، خالص و آسمانی است. در صورتی که عشق در مسیر درست پیشرفت کند، تبدیل به دوستی می‌شود. ولی اگر در مسیر اشتباه پیش رود تبدیل به کینه و دشمنی خواهد شد.

عشق در واقع یک دوراهی است. در صورتی که عاشقکسی باشید، دو حالت ممکن است اتفاق بیفتد یا تبدیل به دوستانی خوب می‌شوید و یا عاقبت عشقتان به دشمنی می‌انجامد.

میلیون‌ها نفر از عاشقان کارشان به کینه و دشمنی می‌انجامد زیرا آنها نمی‌دانند چگونه عشق را تبدیل به دوستی کنند.

تبدیل شدن عشق به دشمنی و کینه بسیار ساده است، در واقع نوعی سقوط است و افتادن به پایین همیشه آسان است.

تبدیل کردن عشق به دوستی تعالی و صعود است، و بالا رفتن همیشه مشکل است.

حسادت، احساس مالکیت و احساس چسبیدن به دیگران باید کاملا از بین برود. تمامی وابستگی‌ها باید ناپدید شود.

دوستی نیاز به ایثاری عظیم می‌شود. در این صورت نه تنها عشق دوستی می‌آورد بلکه باعث رهایی نیز خواهد شد.

سهراب سپهری در کتاب هنوز در سفرم نامه‌ای جالب به دوستش دارد که من آن را در اینجا بازگو می‌کنم:

نازی

دارم نگاه می‌کنم، و چیزها در من می‌روید. در این روز ابری، چه روشنم. همه‌ی رودهای جهان به من می‌ریزند به من که با هیچ پر می‌شوم. خاک انباشته از زیبایی است. دیگر چشم‌های من جا ندارد... چشم‌های ما کوچک نیست، زیبایی کرانه ندارد.

به سایه‌ی تابستان بود که ترا دیدم. و دیروز که نامه‌ات رسید، هنوز شیار دیدارت روی زمین بود. در نیمروز «شمیران» از چه سخن می‌گفتیم؟ دست‌های من از روشنی جهان پر بود و تو در سایه روشن روح خود ایستاده بودی. گاه پرنده وار شگفت زده جای خود می‌ماندی. نازی، تو از آب بهتری، تو از سیب بهتری، تو از ابر بهتری، تو به سپیده دم خواهی رسید. مبادا بلغزی.

من دوست توام، و دست ترا می‌گیرم. روان باش، که پرندگان چنین‌اند، و گیاهان چنین‌اند. چون به درخت رسیدی، به تماشا بمان تماشا ترا به آسمان خواهد برد. در زمانه‌ی ما نگاه کردن نیاموخته‌اند. بلندترند. نی‌ها از اندیشه‌ها راست ترند، برف‌ها از دل‌ها سپید تر نو درخت، جز آرایش خانه نیست. و هیچ کس گل‌های حیاط همسایه را باور ندارد. پیوندها گسسته. کسی در مهتاب راه نمی‌رود. و از پرواز کلاغی هشیار نمی‌شود. و خدا را کنار نرده‌ی ایوان نمی‌بیند و ابدیت را در جام آب خوری نمی‌یابد.

در چشم‌ها شاخه نیست، در رگ‌ها آسمان نیست. در این زمانه درخت‌ها از مردمان خرم‌ترند. کوه‌ها از آرزوها بلندترند، نی‌ها از اندیشه‌ها راست ترند. برف‌ها از دل‌ها سپیدترند

خرده مگیر، روزی خواهد رسید که من بروم خانه‌ی همسایه را آب پاشی کنم. و تو به کاج‌ها سلام کنی. و سارها بر خوان ما بنشینند. و مردمان مهربان تر از درخت‌ها شوند. اینک، رنجه نشو اگر در مغازه‌ها، پای گل‌ها، بهای آن را می‌نویسند. و خروس را پیش از سپیده دم سر می‌برند. و اسب را به گاری می‌بندند... و خوراک مانده را به گدا می‌بخشند. چنین نخواهد ماند...

بر بلندی خود بالا رو، و سپیده دم خود را چشم به راه باش. جهان را نوازش کن.

دریچه را بگشا. و پیچک را ببین. بر روشنی بپیچ. از زباله‌ها رو مگردان که پاره‌های حقیقت است. جوانه بزن

لبریز شو تا سرشاری‌ات به هر سو رو کند. صدایی ترا می‌خواند، روانه شو. سر مشق خودت باش. با چشمان خودت ببین. با یافته‌ی خویش بزی. در خود فرو شو تا به دیگران نزدیک شوی، پیک خود باش. پیام خودت را باز گوی. میوه از باغ درون بچین. شاخه‌ها چنان بارور بینی که سبدها آرزو کنی. و زنبیل ترا گرانباری شاخه‌ای بس خواهد بود

میان این روز ابری، من ترا صدا زدم. من ترا میان جهان صدا خواهم کرد. و چشم به راه صدایت خواهم بود. و در این دره‌ی تنهایی، تو آب روان باش. و زمزمه کن. من خواهم شنید

من دیر یا زود باید برگردم. هوای اینجا با من سازگار نیست. مثلا چند بار بشقاب از دستم افتاد و آن وقت فهمیدم انگشتانم درد می‌کند.

میان هوای کاشان و نیویورک اختلاف زیاد است. مدتی پهلویم درد می‌کرد و این درد مضحک سرانجام از رو رفت. این روزها گرما و رطوبت ما را بیچاره کرد. در آپارتمان مثل حضرت ابوالبشر راه می‌رویم و باز هم کاری از پیش نمی‌رود. گرما و رطوبت هوا و کثافت دست به دست هم داده‌اند. این سوسک‌های... هم که مرا راحت نمی‌گذارند....

دهلی[1] شهر بزرگی است. خیال دارم دوچرخه کرایه کنم و همه جا را بگردم. اینجا همه سحرخیز هستند. حتی گنجشک‌ها. صبح هنوز هوا تاریک بود که گنجشک‌ها جیرجیر می‌کردند. رنگ کلاغ‌ها یک کمی با رنگ کلاغ‌های ما فرق دارد. یعنی سر آن‌ها به بنفشی می‌زند. البته مهم نیست. باید یک کمی گذشت داشت. یک موش الان دارد وسط اتاق راه می‌ رود....

دیدار دوست ما را پرواز می‌دهد و نان و سبزی هم. آن فروغی که ما را در پی خود می‌کشاند در سیمای سنگ هست و در ابر آسمان هست. شاید از آغاز، خدا را و حقیقت را در دشت‌های آفرینش درو کرده‌اند، اما هر سو، خوشه‌ها به جاست. من از همه سخره‌ها بالا نخواهم رفت تا بلندی را دریابم. از دوباره دیدن هیچ رنجی خسته نخواهم شد. نگاه را تازه کرده‌ام.

---

[1] Delhi

کنجکاوی

کنجکاوی خوب است، کنجکاوی یک ژیمناستیک ذهنی است.

همه می‌توانند از یک کنجکاوی به کنجکاوی دیگر بروند، مانند چوب روی آب سرگردان می‌شود، از موجی به موج دیگر می‌رود و هرگز در مکانی لنگر نمی‌اندازد. انسان باید از زندگی یک طلب بسازد و نه فقط یک کنجکاوی. منظورم این است که کنجکاوی تولید پرسش می‌کند.

وقتی یک پرسش برایت آنقدر مهم می‌شود که تمام زندگیت را فدای آن کنی، آن وقت طلب است. برای به کار انداختن یک طلب کنجکاوی شروع خوبی است.

عده‌ای از مردمان هستند که تمام عمرشان فقط کنجکاو هستند و تمام زندگی و عمر خود را هدر داده‌اند. آنان همیشه بچه می‌مانند و هرگز به بلوغ نمی‌رسند. آنان هزار و یک پرسش می‌کنند، ولی واقعا به پاسخ علاقه‌ای ندارد. در واقع وقتی که استاد سوال می‌دهد، اگر دانشجو فقط کنجکاو باشد در فکر پرسش دیگری است که مطرح کند. او ابتدا به پاسخ گوش نمی‌دهد. او علاقه‌ای به پاسخ ندارد، او از طرح پرسش لذت می‌برد و آن وقت است که کنجکاوی تو می‌تواند تو را به چیزهای واقعا بی‌معنی بند کند. این کنجکاوی بی مورد می‌تواند خطرناک هم باشد.

نتیجه سلام دادن

مردی در کارخانه توزیع گوشت کار می‌کرد. یک روز که به تنهایی برای سرکشی به سردخانه رفته بود، در سردخانه بسته شد و او در داخل سردخانه گیر افتاد... آخر وقت کاری بود و هیچ کس متوجه گیر افتادنش در سردخانه نشد، بعد از ۵ ساعت مرد در حال مرگ بود که نگهبان کارخانه در سردخانه را باز کرده و مرد را نجات داد. پس از بهبود حالش از نگهبان پرسید که چطور شد که به سردخانه سر زد. نگهبان جواب داد:

من ۳۵ سال است که در این کارخانه کار می‌کنم و هر روز هزاران کارگر به کارخانه می‌آیند و می‌روند، ولی تو یکی از معدود کارگرهایی هستی که موقع ورود با من سلام و احوال‌پرسی می‌کنی و موقع خروج از من خداحافظی می‌کنی و بعد خارج می‌شوی. اما خیلی از کارگرها با من طوری رفتار می‌کنند که انگار نیستم. امروز هم مانند روزهای قبل به من سلام کردی ولی خداحافظی کردن تو را نشنیدم، برای همین تصمیم گرفتم برای یافتن تو به کارخانه سری بزنم. من منتظر احوال‌پرسی همه روزه تو هستم، چون از نظر تو من هم کسی هستم و وجود دارم. «متواضعانه‌تر و دوستانه‌تر وجود هم را لمس کنیم، بی‌تفاوت بودن خصلت زیبایی نیست.»

روزی سقراط حکیم معروف یونانی، مردی را دید که خیلی ناراحت و متاثر است. علت ناراحتی‌اش را پرسید. پاسخ داد:

- در راه که می‌آمدم یکی از آشنایان را دیدم. سلام کردم جواب نداد و با بی‌اعتنایی و خودخواهی گذشت و رفت و من از این طرز رفتار او خیلی رنجیدم، که چرا اینگونه کرد!؟
- سقراط گفت: چرا رنجیدی؟

مرد با تعجب گفت:

- خب معلوم است، چنین رفتاری ناراحت کننده است.
- سقراط پرسید:
- اگر در راه کسی را می‌دیدی که به زمین افتاده و از درد و بیماری به خود می‌پیچد آیا از دست دلخور و رنج دیده می‌شدی؟
- مرد گفت: هرگز دلخور نمی‌شدم. آدم که از بیمار بودن کسی دلخور نمی‌شود.
- سقراط پرسید: به جای دلخوری چه احساسی می‌یافتی و چه می‌کردی؟
- مرد جواب داد: احساس دلسوزی و شفقت و سعی می‌کردم طبیب یا دارویی به او برسانم.
- سقراط گفت: همه این کارها را به خاطر آن می‌کردی که او را بیمار می‌دانستی، آیا کسی که رفتارش نادرست است روانش بیمار نیست؟ اگر کسی فکر و روانش سالم باشد هرگز رفتار بدی از او دیده نمی‌شود.

بیماری فکر و روان نامش غفلت است و باید به جای دلخوری و رنجش نسبت به کسی که بدی می‌کند و غافل است دل سوزاند و کمک کرد و به او طبیب روح و داروی جان رساند.

پس از دست هیچ کس دلخور مشو و کینه به دل مگیر و آرامش خود را هرگز از دست مده و بدان که هر وقت کسی بدی می‌کند، در آن لحظه بیمار است.

دنیایی شگفت انگیز

در دنیایی شگفت انگیز و پیچیده زندگی می‌کنیم، که متاسفانه اکثر مردم دو رو و زیرک شده‌اند. گاهی بهتر است زبان خود را بسته نگهدارید و با مردمی که با شما صحبت می‌کنند فقط یک لبخند بزنید و در مورد موفقیت‌ها و خوشبختی خود به اندازه کافی زیرکی و زرنگی داشته باشید.

از طرفی دیگر کنجکاوی بشر به سمت و سوی کشف و درک بسیاری از رازها و حقایق زندگی است. همچنین شخصیت‌های منفی هستند که دانش و اطلاعات در مورد سایر افراد را برای نابود کردنشان به افراد دیگر بازگو می‌کنند.

اگر به طور طبیعی آدم پر حرفی باشید بدانید چه چیز را باید بازگو و چه چیز را باید پنهان سازید، در غیر این صورت می‌توان اطمینان داشت که مشکلات زندگی شما به بزرگ‌ترین موضوع خطرناک تبدیل خواهد شد.

مشکلات شما متعلق به شماست و با صحبت کردن درباره شکست‌هایتان به عنوان یک شخص منفی شناخته می‌شوید.

افراد مثبت هیچگاه اشتیاقی برای انتشار مشکلات ندارند و می‌توانند مشکل و درماندگی شما را نزد خود به سمت خوبی بچرخانند.

هر کسی در زندگی ظرفیتی دارد و اگر کسی قصد دخالت در زندگی شما را داشته باشد سعی کنید چشم پوشی کرده و از مطالب طنز و خنده دار استفاده کنید. با خنده می‌توان موقعیت‌ها را کنترل کرد، در ضمن اینکه با افراد منفی می‌توان ادب را حفظ کرد.

باید ۵ مورد را در زندگی خود خوب حفظ کنیدو هرگز نباید درباره آنها با دیگران صحبت کرد. این موارد عبارت‌اند از:

۱. رازهایتان ... راز بخشی از خبر، حقیقت معلوم یا اطلاعات شناخته شده برای تعداد محدودی از افراد است. هر شخصی به نوبه خود در دنیا حداقل یک راز دارد. همه می دانیم که حفظ اسرار از موضوعات چالش برانگیز است. چرا که هر کسی نمی‌تواند بر وسوسه مطرح کردن اطلاعات درباره اشخاص و اتفاقات غلبه کند.

تنها باید، به کسانی که دانا و پر تجربه و رازدار هستند راز خود را بیان کنید و مطمئن باشید که آنها هرگز با این مساله بازی نخواهند کرد. در غیر این صورت فاش شدن رازهایتان شب‌ها خواب راحت نخواهید داشت.

۲. زندگی خصوصی یک موضوع مقدسو با ارزش است. حتی اگر شخصی خرافاتی نباشیم اما باور داریم که قدرت احساسات اشخاص در زندگی خصوصی بی‌تاثیر نیست. هیچ کس دوست ندارد که به واسطه علایق، گفتار و کردارش محکوم شود.

امروزه جوانان به طور ناخودآگاه همدیگر را به بحث و انتقاد درباره زندگی خصوصی‌شان تحریک می‌کنند. اطلاعات شخصی، عکس‌ها، فیلم‌های خود را در وب سایت‌ها و رسانه‌های مختلف اجتماعی منتشر می‌کنند و این فرصت را به میلیون‌ها نفر می‌دهند تا جزئیات زندگی شخصی یکدیگر را مشاهده کنند.

شبکه‌های مجازی بزرگ‌ترین منبع اطلاعات نادرست و دروغ است. دشمنان نیز از این موضوع بیشترین استفاده را خواهند داشت. می‌توانند از این طریق به شما و یا نزدیک‌ترین افراد به شما بهمت و افترا بزنند و این برای روابط شما بسیار خطرناک است.

حذف یا مسدود کردن حساب کاربری نیازی نیست فقط سعی کنید در این شبکه‌ها عکس‌های کمتری که زندگی شخصی شما را برای شخصیت‌های خوب و بد قابل دسترس می‌سازد قرار دهید.

۳. آیا دوست دارید دیگران درباره درآمدتان سوال کنند؟ حتما می‌گویید نه... اگر درآمدتان ثابت است درباره آن کمتر لاف بزنید. مردم اغلب نمی‌توانند بر حس حسادت خود در مورد رفاه دیگران غلبه کنند. حسادت‌ها می‌توانند تاثیر منفی زیادی در تحقق شانس یا بخت شما داشته باشند. اگر در یک سطح مالی خوبی هستید باید یاد بگیرید در مقابل حسادت و غبطه دیگران چگونه ایستادگی و مقاومت کنید.

هنر پولدار شدن فقط به توانایی کسب درآمد نیست بلکه مهارت پس از آن و پنهان کردن درآمدتان از افراد بدخواه نیز شامل می‌شود. در این مواقع باید به طور طبیعی رفتار کنید و کمتر درباره دارایی و ثروت خود صحبت نمایید. این کار همانند یک پوششی در مقابل انرژی‌های منفی و افراد حسود می‌باشد.

۴. قلب بشر موجود بسیار شکننده و آسیب پذیری است. تنها یک واژه یا عمل بی‌دقت می‌تواند آسیب جدی به آن وارد کند. پس باید به هنگام سخن گفتن با دیگران کاملا مراقب باشید. میل و آرزوی هر شخصی آن است که روحش از هر آنچه منفی است رهایی یابد و زندگی با روح و مستحکمی داشته باشد اما هر چیزی و لو جزیی و اندک به شما باز می‌گردد.

دشمنانتان در صدد یافتن نقاط ضعف شما هستند و این مساله اصلا خوب نیست. شکی در این نیست که رقیبان شما فرصت‌های مناسبی برای ریختن نمک به

زخم‌هایتان پیدا می‌کنند و زندگی را برای شما مشکل‌تر و سخت‌تر می‌سازند. اگر می‌خواهید درد دلی با کسی بکنید باید مطمئن باشید که طرف صحبت شما درک بالایی داشته باشد. گشودگی، صدق و خلوص در کارها نیازمند درجه بالایی از دلگرمی و اطمینان است. هنگامی که ناراحتی‌ها و نگرانی‌ها مانند یک وزنه بر روی قلب شما سنگینی می‌کنند روح خود را با خدای خود بدون هیچ مانعی ارتباط دهید. او کسی است که هرگز زندگی ما را محکوم نخواهد کرد.

۵. هر کس در دنیا اهداف و نقشه‌ها و رویاهایی دارد. بسیاری از شخصیت‌های خیال پرداز درباره نقشه‌های آینده‌شان با افرادی که دانش خوبی ندارند بحث و گفتگو می‌کنند. چه چیزی در بازگویی رویاهایتان به دیگران وجود دارد؟ بهتر است بدون اعلان کردن و اشتراک با دیگران به اهداف خود برسید.

از نظر علمی ثابت شده است که افراد پر حرف نسبت به کسانی که ایده‌ها و طرح‌های آینده‌شان را همانند یک راز حفظ می‌کنند شانس کمتری برای رسیدن به نتیجه دلخواه خود دارند.

اهداف و ایده‌های شما باید شخصی باشند نه عمومی. وقتی در حال انجام وظایف خود هستید با رعایت این موارد از فرصت‌های مناسبی برای رسیدن به موفقیت‌های خود برخوردار خواهید شد.

سرکوب کردن این تمایل برای اینکه دیگران را از نقشه‌های خود مطلع نکنید کار سختی است. اما این بازی ارزش تلاش دارد. این امر باعث تمرکز شما بر روی افکارتان شده و به اندازه کافی برای اتمام آن تحریک خواهید شد.

ارتباط با مردم خوب است اما مزایا و معایبی دارد. متاسفانه برخی افراد حیله‌گر هستند که می‌توانند شما را به عقب و فرصت‌های اولیه بکشانند. افراد باهوش سعی می‌کنند که این فرصت‌ها را به دشمنان‌شان ندهند و زندگی‌شان را مانند یک راز حفظ می‌کنند و از صحبت کردن با افرادی که اعتمادی به آنها ندارند خودداری می‌کنند. باید بدانید زبان شما می‌تواند دشمن شما شود. امیدوارم این گفتگوها به شما کمک کند تا در راه پیشرفت و موفقیت ثابت قدم باشید.

پاکت نامه

پاکت نامه‌ای بزرگ به دستم رسید، وقتی بازش کردم دیدم چند ورقه A4 است با شماره گذاری.

من چه می دانستم هیبت باد زمستانی هست

من چه می‌دانستم سبزه یخ می‌زند از سردی دی

من چه می‌دانستم دل هر کس دل نیست، قلب‌ها ز آهن و سنگ، قلب‌ها بی خبر از عاطفه‌اند!

گفتگو با خدا...

- گفتم خدایا چگونه آغاز کنم؟ گفت با من.
- من همیشه هر لحظه، هر ثانیه هر دقیقه به یادت هستم و هدایت می‌کنم، از تو غافل نیستم... شد، نیم قرن... فقط جواب معکوس دیدم!!
- حالا بگو چگونه آرام گیرم؟ گفت به یاد من.
- همیشه به یادت هستم و حتی دیگران را هم می‌گویم از یادت غافل نباشند... اما... اما... افسوس صدا افسوس...
- خدایا خیلی تنهایم. گفت تنهاتر از من.
- این دیگر بی‌انصافی است، تو تنهایی!!!؟ همه یادت هستند... حداقل قسم می‌خورم امثال من که بی عدالتی دیدند و غریب هستند مرتب صدایت می‌کنند و فکر می‌کنند تو کنارشون هستی و به جرات قسم می‌خورم گرگ‌های انسان نما هم

می‌گویند خدا کنارمان است هیچ وقت تنها نیست. چون همه بنده‌هایش کنارش هستند.

- آه... خدایا هیچ کس کنارم نماند. گفت به جز من.
- بازم داری بی انصافی می‌کنی... شاید شوخی‌ات گرفته و داری با مسخره کردن من در عرش در کنار فرشته‌هایت فان می‌کنی. تو کنارم بودی!؟ پس چرا... حس‌ات نکردم...

وقتی پدر و مادرم زنده هستند، برادری که ادعا می‌کند مومن است تمام سرمایه پدر را گرفت، چون از من بیزار بود، به خاطر اینکه در مقابل بایدهایش تسلیم نبودم، بین برادر و خواهران تقسیم کرد حتی به خواهر زاده‌اش هم داد، که من را در فقر آتش بزنند... تو کجا بودی!!!؟ چرا کنارم نبودی!!!؟ و بزنی تو دهن برادر مثلا مومن و خدا پرست، بگویی که از نسل ابن ملجم هستی ووو... بی‌خیال... چرا بی عدالتی که شده را، جزء درد و تلخی و زجر بود و هست به یاد بیاورم. در اصل تو تنهایم گذاشتی فقط تو...

- خدایا از بعضی‌ها دلگیرم... گفت حتی از من؟
- آره، اول از تو دلگیرم... دوم، کسانی که من را به خود وابسته می‌کنند در اوج وابستگی شدید رهایم می‌کنند.
- خدایا قلبم خالیست... گفت پر کن از عشق من.
- مگر تو عشقی به من نشان دادی!!!؟ فقط من را از خودت دور کردی و تمام رویاهایم و آرزوهایم که به اشک و ناله و خواهش و خواندن قرآن بود... به من اندازه نصف فندق نمی‌دادی... عین همین آرزوهایم را به کسانی می‌دادی که خودت خوب می‌دانستی و حتی بنده‌هایت می‌دانستند... گرگی هستند با نقاب

انسان و پا روی سر من و امثال من گذاشتند به اوج رسیدند و بادی در سینه انداختند که خداوند فقط از آنهاست چون روح خود در آنهاست ووو قلبم خالی شد... از امید و کمک و عشقوات.

- خدایا دست نیاز دارم. گفت بگیر دست من.
- هر چه دستم را دراز کردم به دستت نرسید... اما خیلی‌ها را دیدم که پشت سرم بودند با فاصله‌های زیاد، دست اونها رو گرفتی... دیگر چگونه دراز کنم دست‌های خسته و ناامیدم را!!!؟
- خدایا با این مشکل چه کنم؟ گفت توکل به من
- من همش توکل کردم به تو، و تلاش کردم... تلاش... دویدم، دویدم... نفس کم آوردم، یهویی دیدم زیر پایم تردمیل است که دویدن ثابت و خنده دار شده... و زمان را بیهوده و سریع از دست دادم و هنوز اندر خم یک کوچه‌ام
- خدایا احساس می‌کنم ازت دورم... گفته نه، نزدیک‌ترین به من تو.
- اما هیچ، جس نکردم وجودت را... همیشه احساس تنهایی کردم... طوری تنها بودم، حتی در فصل گرمای شهریور که همه از گرما، خودشان را به آب می‌زنند...

من از تنهایی، سردم می‌شد. گویا در دی ماه در یخبندان با لباس نازک هستم... پس معلوم است از من خیلی دوری. خیلی زیاد... پس نگو، نزدیکترین به تو، من.

- خدایا چگونه از این دنیا دل بکنم و برم؟ گفت به امید دیدار من.
- داری اذیتم می‌کنی... من به امید اینکه یک روزی به دیدن بیایم، قدم‌های خیر برداشتم و اشک‌ها پاک کردم، بهشان غرور، امید، عشق به تو در وجودشان زندگی کردم. اما فقط جواب معکوس دیدم، چه از تو چه از بنده‌های تو... طوری شد که دلم کنده شد از این دنیا و زنده بودنم. حتی جرات خودکشی هم ندادی به من...

می‌دانم خوب می‌دانم اگر هم به اون دنیا بیایم بازم، بازم تنهایم می‌گذاری بازم فرصت دیدن من را نداری.

- خدایا چگونه پایان دهم؟ گفت حافظ و نگهدار تو، من.
- هیچ وقت نگهدار من نبودی... هیچ وقت نبودی هیچ وقت... گفتم به تو، ای کاش جرات خودکشی را به من می‌دادی، خودم را از این همه غم، بی عدالتی، ناملایمات و بی‌وجدانی‌ها و از این دنیای بی رحم رها می‌کردم. راستی چرا انقدر می‌گویی من!!!؟ گفت چون من از تو هستم و تو از من.
- آه... جگرم سوخت... آتش گرفتم... چرا اینگونه می‌گویی!؟ چرا درد و غم می‌گذاری روی قلبم، چرا، چرا!!!؟ وقتی فریاد دردی کشیدم که عرش به لرزه افتاد... با ناله گفتم، چرا، چرا، چرا می‌گویی من از تو هستم و تو از من، چرا داری با این حرف آتشم می‌زنی... این حرف برای آدم‌های خاص خودت است که به اسم انسان بودند، له کردند، پاره کردند، خورد کردند و لذت بردند و حق الناس کردند مثل امثال من با حیله‌گری اریثه‌اش را خوردند، دست خاص رهایش کردند،و من... من... در این تنهایی وابسته شدمبه یک انسان که فکر می‌کردم انسان است، فرشته است، توی اوج وابستگی رهایم کرد و رفت و روزم را کرد شب، شب را کرد به سیاهی... خیلی تنها بودم، کسی را نداشتم حرف بزنم... درد دل کنم... کمک بگیرم... نه، نه، نه... تو از من نیستی... من هم از تو نیستم... تو به من چیزی ندادی، هیچی، هیچ... حتی یک ستاره کوچک در آسمان به من ندادی... برای نگه داشتن دوست تاوان دادم، چه تاوان سنگینی... تا خواستن غرورم را بگیرند به بازی، نگذاشتم چنان ضربه‌ای به من زدند و خندیدن و تهدید کردن... مه‌ها در شوک بودم... نه اشتباه گفتمسال‌هاست گذشته هنوز در شوک هستم، که

چگونه با دلی، با وجدانی... دلشان آمد صداقتم را، خالصی‌ام را له کردند و با خنده رفتن... نه، نه، نه... تو با من مثل گربه خیابونی رفتار کردی و می‌کنی... همیشه در استرس هستم از زیبایی‌ام سوء استفاده نکنند و چه دام‌ها دیدم جلوی راهم و با ترس دور شدم، تو می‌دانستی که دام است تو می‌دانستی کلاه بردار است تو می‌دانستی اون زن و مرد حسود هستند تو می‌دانستی هر چه خوبی می‌کنم جواب معکوس می‌گیرم، تو می‌دانستی همه چیز را می‌دانستی.

نه من همه مخلوقات تو عقیده دارند هر کس که جلوی راهمان قرار می‌گیرند،تقدیر الهی است... و تو از قبل برای من بیچاره،تنها، بی کس، بی همزبون... بنده‌هایت را... آدم‌هایت را جلوی راهم قرار دادی که اذیتم کنند، دلم را بشکنند و اشکم را در بیاورند،اما هنوز نتوانستند با غرورم بازی کنند و من را مثل یک عروسک کوکی دست آویز خود کنند... آره عزیزم... آره خداوند بخشنده مهربان، از خیلی از دام‌های اتفاقی متوجه شدم دور شدم، فرار کردم، طوری که به نفس نفس می‌افتادم نمی‌دانم،نمی‌دانم، نمی‌دانم چرا تو را شکر می‌کردم، می‌گفتم خواست خدا بود، معجزه خدا بود که نجاتم داد از این خطر وحشتناک...

می‌دانم داری می‌خندی، طوری داری می‌خندی که چشمانت پر شد از اشک و به صورت باران درآمد، و الان دارد با رعد و برق بر سر زمینان می‌ریزد... این صدای رعد و برق صدای خنده بلند توست به من...

من زیر باران هستم، صورتم از اشک و خنده تو خیس خیس است. آدم‌های خوشبخت می‌گویند اگر زیر باران باشی هر حاجتی بخواهی می‌گیری... اما هیچ کس نمی‌داند... باران امروز تو برای این که این حرف را زدم، که تو کمک کردی

گرفتار دام نشوم، در حالی که خودت می‌دانستی فردای آن روز در چه ساعتی چه تقاضایی از من می‌شود و چنان با مهارت و حیله گری از معجزه تو و از انسانیت خودش که تاکید می‌کرد فقط دهنده است و لباس خدمت به تن دارد و الان یک سال می‌گذرد و او شاد و موفق و با محبوبیت در میان مردم، و وقتی گفتم فقط چرا من چه گناهی کردم!؟ تهدید، فحاشی و توهین کرد و کات...

پس من از تو و تو از من نیستی... دیگر بس کن، دیگر بس کن، دیگر بس کن... من از این همه صدا کردنت خسته شدم تو از زجر من خسته نشدی!!!؟

- عزیزم، اینطور نیست خداوند همیشه با ماست. تو در انتخابت اشتباه کردی خداوند به همه ما آرامش داده است. باید یاد بگیریم که چگونه آن را دریافت کنیم. باید یاد بگیریم که چگونه پذیرا و آماده باشیم.

زیبایی‌های بی‌شماری در اطراف ما وجود دارند ولی ما پذیرای آنها نیستیم. لطف و رحمت دائما بر ما می‌بارد ولی ما از وجود آن بی‌خبریم.

آرامش الهی همیشه در انتظار ماست ولی ما آن را نادیده می‌گیریم، زیرا کارهای دیگری برای انجام داریم. ما مشغولیات زیادی داریم و بیش از اندازه سرگرم دنیا هستیم، به طوری که فرصتی به خداوند نمی‌دهیم.

حتی در خواب نیز به رویا دیدن و فکر کردن و نقشه کشیدن مشغول هستیم. تنها برای چند لحظه در شب هنگامی که خواب دیدن متوقف می‌شود آرامش ما را در بر می‌گیرد.

عصاره تمامی دعاها این است. خدایا همراه ما باش، و تنها زمانی که این دعا اجابت می‌شود و ما همواره حضور خداوند را در نزد خود احساس کنیم، حقیقتا شاد خواهیم بود. بدون خدا یعنی در ناراحتی و اندوه بودن. با او بودن یعنی در جشن و شادی بودن. بنابراین یا همراه با خداوند باشید یا اجازه دهید خداوند با شما همراه شود.

الهی حکمت قدم‌هایی که برایم بر می‌داری بر من آشکار کن تا درهایی که به سویم می‌گشایی ندانسته نبندم و درهایی که به رویم می‌بندی به اصرار نگشایم.

وقتی توی قرآن خواندم، خداوند به مدت شش روز زمین و آسمان و انسان را آفرید و روح خودش را به انسان‌ها دمید و لقب اشراف مخلوقات را به او داد خیلی خوشحال بودم. به خودم می‌بالیدم و هیچ احساس ترسی نمی‌کردم، از تنهایی نمی‌ترسیدم، از طرد شدن وحشت نداشتم. می‌گفتم، چون روح خدا در من وجود دارد پس کمکم می‌کند، همه جا حواسش به من است، مثل یک پدر پشت سرم است که اگر یهویی خوردم زمین زود بلندم می‌کند، اجازه نمی‌دهد کسی به من آسیبی بزند چون روحش را به من هدیه کرده...!

آه... چه بگویم، چه دارم بگویم... چه می‌توانم بکنم...؟ خودم می‌گفتم... خدا... آن خدای یکتا، بی‌همتا، بدون شریک، و در سوره توحید آمده... قل هو الله احد، الله الصمد، لم یلد و لم یولد، ولم یکن له کفوا احد.... بگو او خدایی یکتاست، آن خدایی که از همه عالم به او نیازمند است و نه کسی فرزند اوست و نه او فرزند کسی است، و نه هیچ کس مثل و مانند و همتای اوست...

آه... این حرف به من جرات می‌داد، شجاعت می‌داد، قدرت می‌داد، دیگر از تنهایی، از طرد شدن و از پر کسی... که بی‌کس هستم... ترس ندارم و نداشتم... با رویاهایم روزها، هفته‌ها، ماه‌ها و سال‌ها را گذراندم... به خودم آمدم دیدم نیم قرن از زندگیم گذشت و هنوز در اندر خم یک کوچه ماندم. باز خودم را گول زدم... گفتم پیران و عالمان گفتند خداوند کسانی را که خیلی دوست دارد، دوست دارد که بیشتر صدای بنده‌اش را گوش کند و کسانی که دوست ندارد خیلی زود حاجت‌اش را می‌دهد که دیگر صدایش را نشنود. دلم را به این حرف‌ها خوش کردم... گفتم خداوند من را دوست دارد و دوست دارد که بیشتر صدایش کنم... تحمل می‌کردم بی‌مهری را، بی‌منطق بودن و بی عدالتی را...!

داستان پیغمبران را می‌خواندم و حتی قصه هاجر را، می‌گفتم به قول معروف شاهنامه آخرش خوش است... اما، اما، دیدم...! فقط زمان می‌گذرد و دارم این انرژی و سلامتی را پشت سر می‌گذارم... دیگر نمی‌توانم مثل سابق امیدوار باشم.

دیدم رویاهایی که داشتم، یکی از آن رویاها برای خواهران و برادرانم یک مجتمع بسازم، یک واحد به هر کدامشان بدهم و یک ماشین لباسشویی و یک یخچال بزرگ و فریزر بگیرم... مشاین را برای این که دیگر با دست لباس نشورند و یخچال و فریزر آنها را پر از مواد غذایی کنم... در این رویا بودم، یهویی دیدم که هر کدام خودشان صاحب یک .احد آپارتمام دو خوابه شده‌اند و تمام وسایل‌های لوکس و حساب‌های بانکی پر بود از مانی. خدا را شکر، به چیزی که دوست داشتند و من آرزو داشتم به آنها بدهم اونها بدون کمک من به دست آوردند. بله... یکی از رویاهایم بود، که مثل بقیه رویاهایم سراب شد.

خواهران و برادران بسیار مومن دارم که خیلی به حجاب اهمیت می‌دهند و خیلی حساس هستند که تار مویی از روسری بیرون نباشد، آستین کوتاه یا لباس چسب نپوشند، قرآن، نمازی که سجده طولانی دارد می‌خوانند و در شهادت‌ها قرآن به دست و جلوی تلویزیون و تسبیح به دست گوش می‌کنند و اشک می‌ریزند و حتی نذری می‌دهند... خلاصه خیلی مومن اما نمی‌دانم چند بار را با قرآن خواندن و چرا ندیدن!؟ شاید مشکل دید داشتند که ندیدن...

هر کسی را که شاهد باشند حتی از هم خون خودشان که به مشکل مالی برخورد کردند و یا در زندگی زناشویی موفق نبودن به جدایی کشیده شدند... خیلی بی رحمانه انتقاد می‌کنند، نظر می‌دهند و حکم صادر می‌کنند و چون قدرت اجرای کشتن او را ندارند ترور شخصیت‌شان می‌کنند، طرد می‌کنند و قضاوت می‌کنند، چنان حق به جانب هستند و خودشان را دانا و عاری از هر گونه اشتباه می‌دانند، خیلی راحت و مرتب انتقاد زهرآگین می‌کنند....

اگر اون بخت برگشته در جمع‌شان باشد انگار کور هستند او را نمی‌بینند و کر هستند صدای او را نمی‌شنوند... و در مهمانی‌ هایشان و در بانک خانواده که تشکیل دادند در ارتباط‌های تلفنی او را حذف می‌کنند و طوری او را در جمع نگاه می‌کنند که انگار خیانتی کرده یا جنایتی...!!! و همیشه قرآن به سر هستند، از مسلمانی بدم آمده، دلسرد شدم، گفتم:

- خدایا من هم شب و روز ذکر تو را می‌کنم، نماز می‌خوانم درشته مثل اونها حجاب کامل نیستم... اما مثل اونها کسی رو ترور شخصیت نکردم، انتقاد زهرآگین نکردم، قضاوت نکردم، نظرم را به زور تحمیل نکردم، قلبی را نشکستم، اشکی را نریختم...

در حالی که پولدار نبودم، اندازه‌ای که به دست می‌آورم با جان و دل کمک می‌کردم، حتی به گربه گرسنه ووو...

خدایا، چون خودخواه نیستم، این رفتارهای غیر انسانی را دوست ندارم، مثل تیمور لنگ که قرآن را از آخر به اول حفظ می‌خواند مثل ابن ملجم که سجده می‌کرد این هم طولانی‌ترین سجده... مثل خانواده‌ام!!!؟

با من قهری!؟ نگاهم نمی‌کنی!؟ ببین نیم قرن از زندگیم گذشت، ببین من هر چه مطالعه کردم درباره ائمه اطهار، در مورد تمام پیغمبران، هیچ کس مثل من نبوده... من گویا یک چیز نادر شدم و کمیاب که در این کره خاکی اولین و آخرین کره موجود بدبخت هستم...

حضرت ایوب آیا بخ اندازه من رنج کشیده و دندان به جگر گذاشت!؟ آیا مثل من تنها بود!؟ دوستی، اقوامی، خانواده‌ای داشت؟ اما انگار نداشت!؟ او هم مثل من ٤٥ سال در انتظار در تنهایی در محاصره نگاه‌ها و انتقادهای زهرآگین و قضاوت‌های غیر منطقی اسیر بود!؟ اگر بود... که اطمینان دارم که در این مدت طولانی نبوده است... او پیغمبر بود... حداقل صدایت را میِشنوید، جبرائیل را می‌دید... من، من کی بودم؟ پیغمبر!!؟

من یک فرد عادی، یک فرد تنها، که فقط از خانواده چیزی که نصیب من شده ترس بود، اعتماد به نفس را از من گرفته بودند، پر پروازم را قطع کرده بودند و با اجبار در مقابل بایدهایشان سر تعظیم فرو می‌آوردم و جرات چرا را نداشتم... یهویی تصمیم گرفتم در مقابلشان باشم بگویم «چرا» برای چی من بایدهای شماها را اوکی بدهم!؟ و از انتخابی که برایم کردند، از همسرم جدا شدم... باز گفتم، تو

کمکم کردی، تو خدای من کمکم کردی! که هنوز پر پروازم کامل قوی نشده،همین پرواز کم ارتفاع را از تو دارم... اما گویا اشتباه فکر می‌کردم... آیا حضرت هاجر بودم!؟ حضرت هاجر در کمتر از نیم روز چندین بار چهار طرف را دوید و فکر کرد آب است... به یک شب نرسید، دویدنش... سرابش تبدیل به چشمه شد و الان قرن‌ها از این چشمه بنده‌هایت استفاده می‌کنند...

اما من چی!؟ من چی!!؟ ٤٥ سال دویدم ٤٥ سال در آرزوی رویا و این رویاها شد سراب، همانطور سراب ماند که ماند...

پس حضرت هاجر هم، حضرت ایوب هم، حضرت یوسف هم، حضرت محمد رسول الله هم به اندازه من در انتظار، در تنهایی، در طرد شدن در حسرت نبودند که نبودند...

از مسلمانی نفرت داشتم، شرمم می‌شد بگویم مسلمانم، خانواده مذهبی دارم فکر می‌کردم هر کس مومن است دور از انسانیت، وجدان و شرف است... آخه من فقط از خانواده مومن خودم ضربه نخوردم، از چهار مرد مومن که با غرور بادی در گلو و سینه می‌انداختند با صدای بلند می‌گفتند من... من که در مقابل تو هستم به خودم مغرور هستم چون روح خدا در من است.

آه... اون روزها چقدر احمق بودم، نمی‌گفتم و حتی فکر نمی‌کردم، خب... منم بنده خدا هستم، منم یک انسان کامل هستم و روح خدا هم در وجودم است... انگار خدا فقط به این چهار نفر روح خود را داده... بقیه یا روح شیطان دارند یا مرده متحرک هستند...

به سختی، دست خالی وارد اجتماع شدم که خوب نمی‌شناختمِ آدم‌هایشان را آنها از خانواده‌ام پرسیدند... گفتم خانواده ندارم...

- فامیل چی؟
- هیچ کس را ندارم
- چه دینی داری؟
- یهودی هستم... همه شاد بودند و وقتی از مذهب و دین می‌گفتند، چه از مسلمانی بد می‌گفتند و شرمنده بودند که مسلمان هستند و گاهی این هم به ندرت می‌گفتند ۶۰ درصد اینگونه هستند... اما من تاکید داشتم ۱۰ درصد خوب هستند که من نمی‌توانم آنها را ببینم... نمی‌توانم هیچ وقت... اگر هم با آنها روزی روبه‌رو بشوم انقدر آسیب خوردم که تشخیص نمی‌دهم.

در حالی که قرآن خواندن را بلد نبودم... معنی قرآن را می‌خواندم... و گاهی اشک می‌ریختم وقتی می‌دیدم خدا در قرآنش می‌گوید:

- اگر بخواهم می‌بخشم، اگر بخواهم رزق و روزی می‌دهم... وقتی می‌خواندم، چنان ناله می‌زدم و آه می‌کشیدم که سینه‌ام سوخت و با صدای لرزان و چشمان گریان می‌گفتم:

- خدایا... تو هم!!؟ تو هم مثل بنده‌هایت هستی یا بهتر بگویم، بنده‌های بی رحم تو از تو آموختند؟... اگر دوست داشته باشند کمک می‌کنند و اگر نه، بی رحمانه ترور شخصیت می‌کنند... و باز در قرآن خواندم که خدا، می‌گویدخدا زیرک است... پس آدم‌ها مثل خدا زیرک هستند!؟

گیج شده بودم... زیرک!! اگر بخواهم!!! یعنی چه!؟ برای چه!!؟ چند روزی گذشت، کریم مردی تحصیل کرده، دکتری حقوق و قبل از انقلاب قاضی بوده و بعد در انقلاب چند پست معتبر می‌گیرد، اما از رژیم خوششش نمی‌آمد استعفاء داد و مدتی خارج از کشور رفت... او یک سرمایه دار که در تهران، کیش، تبریز و ترکیه خانه دارد و بیزینس بزرگی دارد و در یک خانواده بزرگ و سرشناس و اشراف زاده بزرگ شده... یک عصر بهاری، من را دعوت کرد به عصرانه در منزلش، در حال قهوه خوردن بودم از جایش بلند شد رفت سه تا قرآن آورد گفت:

- عزیزم، شناسنامه قرآن‌ها را بخوان... به دستم داد و من خواندم گفتم:
- خیلی قدیمی است، باید خوب حساب کنم، اما حسابم ضعیف است طول می‌کشد... خندید و گفت:
- من می‌گویم، این درست ۹۰ سال پیش چاپ شده و دومی وقتی رضاخان روی تخت سلطنت نشست و سومی وقتی امام خمینی روی تخت نشست... خندیدم گفتم:
- اما خمینی که از تخت و تاج فراری بود... انقلاب کرد که این‌ها نباشد...
- تو خیلی ساده‌ای و خام، چیزی که پدران و اجداد من و خودم در زمان خدمت در دادگستری‌ها دیدم و شاهد بودم، تو حتی لحظه‌ای در خواب ندیدی و از ذهنت حتی عبور نکرده است...
- چطور، چه دیدی!؟
- از کودکیم می‌گویم، فقط خوب گوش کن و اگر سوالی برایت پیش آمد این دفترچه و خودکار، یادداشت کن و بعد سوال کن...

من در یک خانواده اشراف بزرگ شدم در یک باغی زیبا و چشمگیر که دو ویلا در باغ بود با دکوراسیون شرقی و غربی که هر کسی وارد ویلا می‌شد ساعت‌ها محو زیبایی داخل ویلا بود. ماه‌های رمضان و محرم باغ را داربست می‌زدند کارگرها و مراسم بود، ۲۰ تا دیگ بزرگ از برنج و خورشت‌های عالی که مردم سیل آسا می‌آمدند و می‌بردند و مراسم سینه زنی و زنجیر زنی و قرآن تا نیمه شب... من انقدر محکم به سینه‌ام می‌زدم که می‌سوخت، سریع می‌رفتم توی اطاقم جلوی آینه بلوزم را بالا می‌زدم به سینه و پشت نگاه می‌کردم که هنوز اینجوری که باید قرمز بشود نشده... باز می‌رفتم و باز محکم‌تر می‌زدم... فکر می‌کردم هر چه محکم‌تر بزنم یک در بهشت را برای خودم باز کردم... نماز اول وقت می‌خواندم، روزه می‌گرفتم، قرآن می‌خواندم تا وارد دانشگاه شدم، یک دنیای جدید و اتفاق‌های پیش بینی نشده و هر روز یک جرقه‌ای توی ذهنم روشن می‌شد.... چیزی که من اعتقاد داشتم فقط خیال بود و ساخته ذهن اجدادم بود... نه بهشت و نه جهنمی و نه خدایی... چیزی به نام این‌ها نبود... و فقط برنامه آخوندها و عرب‌ها خیلی حساب شده با آدم‌های ساده لوح بازی می‌کردند و به اسم خمس و زکات و بهشت و جهنم پول‌های هنگفت از آدم‌های ساده لوح می‌گرفتند... این همه سیارات و کهکشان‌ها تا ۳ میلیون سال نوری پهنا دارند و شامل بیش از ۱۰۰۰۰۰ میلیارد ستاره هستند و بعد فرار سیاره در اطراف خورشید است و دانشمندان تا آخر رفتند... پس بهشت را کجا بنا کرده خدا!؟ که دانشمندان ندیدن.... در کجای این هفت آسمان قرار دارد!؟ این هفت آسمان که آخوندها می‌گویند کجاست!!؟

- من نمی‌دانم، هیچ نمی‌دانم... دارم گیج می‌شوم...

- باید گیج بشوی، چون تو در طول عمرت در پیله‌ات ماندی، نخواستی از پیله‌ات بیرون بیایی و پرواز کنی و رشد کنی...
- یعنی چه!؟ من باز می‌گویم، خالقی است... کهکشان و ستاره‌ها ووو همه، افریده یک نفر است... نمی‌توانم قبول کنم، نمی‌توانم، چون درکش برایم سخت است...
- من درک می‌کنم تو را... تو نخواستی از دنیای تاریک و کوچک بیرون نرفتی منظورم از پیله‌ات...
- یعنی چه!؟
- یعنی اینکه، تو مثل ماهی کوچک در دریاچه بودی و فکر می‌کردی، دنیا همین جا است... اما نمی‌دانستی بعد از دریاچه، دریا و بعد اقیانوس است... اگر تو در دریا بروی نفس کم میاری، در اقیانوس باشی قلبت منفجر می‌شود... بله عزیزم، دنیا پهناور است، آسمان پر از شگفتی‌های عجیب می‌باشد... پس جایی برای بهشت خیالی نیست...
- آیا با خود نگفتی این همه شگفتی‌ها را چه کسی به وجود آورده؟ . چه کسی دستی در این آفرینش آورده!؟ من می‌گویم خدا هست. خالقی هست...

خوشحال بودم که تو را امروز دیدم که برایت درد دل کنم و بگویم چرا خدا جواب من را نمی‌دهد... چرا زندگی من شده مثل دویدن روی تردمیل!!؟

- من می‌گویم نحوه درخواست از چیزی که وجود ندارد اشتباه است داری دری را می‌زنی که هیچ کس در خانه نیست. اول بگذار برایت ثابت کنم، بهشت نیست، بعد به سوالت جواب می دهم... این همه زیبایی را که شاهد دیدنش هستیم را طبیعت به وجود آورده... همه را با مثال‌ها و مستند خواهم گفت. وقتی من فارغ

التحصیل شدم به خاطر موقعیت پدرم بدون دردسر قاضی یکی از دادگستری‌ها شدم...

روزهای اول برایم سخت بود، انگار از مریخ به این سرزمین آمدم، باورم نمی‌شد این همه مشکل از مردم را شاهد بودم و چیزی که عذابم می‌داد، بیشتر کلاه برداری‌ها و تجاوزگران و در امانت خیانت می‌کردند، اشخاصی بودند بسیار مومن... اونهایی که خلاف کار بودند قیافه و طرز حرف زدن و پوشیدن لباس مشخص بود و مردانه اعتراف می‌کردند، اما اون عده مردهای مومن دستی به ریش خود می‌کشیدند و شروع به خواندن آیه قران می‌کردند و طوری حرف می‌زدند و قسم می خوردند که شاکی در شوک به سر می‌برد... من وقت دادگاه را عقب می‌انداختم، با خودم کلنجار می‌رفتم و می‌گفتم نه یک مومن اینگونه نیست، پدر و مادرم هم مومن هستند چرا اینها اینگونه نیستند وقت دادگاه را تا می‌توانستم به طولانی می‌انداختم تا زمان بیشتری داشته باشم و بهتر فکر کنم در این فاصله، زن های معصوم و با حیا می‌آمدند نه یکی نه دو تا در هفته هشت و یا ده تا می‌آمدند... تنها توی شعبه من نبود، توی شعبه های دیگر هم بود که گیج کننده شده برای من و همکارانم... وقتی زن اشک می‌ریخت می‌گفت شوهرم فرد مومن و یا بیشتر روحانی بودند با کمال خونسردی به زنهایشان می‌گفتند اسلام گفته چهار زن عقدی و دنیا موقتی داشته باشید... تا انقلاب شد و همه کاری می‌کردند و برای دیگران فتوا می‌دادند... تا الان که شاهد هستیم فساد و فحشا و خیانت زن و شوهرها کولاک کرده... می‌خواهی از محمد رسول اکرم از علی و حسین بگویم به خاطر یک زن به یک طفل شیرخوار رحم نکرد و او را به کشتن داد... همه را با مدرک به تو نشان می‌دهم... این قرآن در ایران و شیعه مترجم بوده چاپ شده

قرآن ساخته ذهن دو عرب بوده که به محمد پول می‌دادند و او می‌گفت این آیه شب به من وحی شده... و مردم ساده لوح هر چه داشتند در اختیار آنها می‌دادند.... دلم می‌سوزد که پدر و مادرم چقدر پاک و بی‌آلایش عاشق چیزی خیالی بودند و با آن خیال از دنیا رفتند... تو بی‌خود می‌کنی می‌کنی اسمی که وجود ندارد را صدا می‌کنی... خدا یعنی خود ما... و این آفرینش از طبیعت است... الان در ۲۰۱۵ هستیم چرا با خرافات زندگی می‌کنی!؟ چقدر در طول زندگی‌ات خدا را و امامانش را صدا کردی و نتیجه گرفتی!!! فقط بی عدالتی دیدی از شیخ‌ها... از آخوندها و از کسانی که راحت با اسم قرآن هر کثافت کاری‌ای می‌کنند... لحظه‌ای مکث کرد و ادامه داد:

راستی یک سوال... مگر خدا بزرگ و خالق دو جهان نیست؟ مگر یکتا نیست؟ آیا اون خدایی که راحت با اسمش با کتابش بازی می‌شود و به لج کشیده می‌شود چرا حرفی نمی‌زند؟ چرا دفاع نمی‌کند از بزرگی‌اش؟ از کتابش...؟ چرا، چرا، چرا...؟ یک دیوانه... یک بچه... یک پیر... یک جوان، نوجوان، بزرگسال... از حقشان از اعتبارشان که دارد زیر سوال می‌رود دفاع می‌کنند... پس او که خدای دو عالم است چرا سکوت می‌کند؟ چرا...!؟ قرآن فقط برای عرب‌ها است و آخوندهای اینجا... چرا آنها هر کاری که می‌کنند، تفسیر می‌کنند، سوء استفاده می‌کنند... به سرعت برق به قله موفقیت می‌رسند... چرا... چرا... جواب بده!؟!... اونها از نسل تیمور، چنگیز... هستند... تیمور هر کشوری که می‌رفت، چندین اسب مسجد سیار او را حمل می‌کردند، که هر جا خواست غارت کند اول مسجد سیارش را بنا می‌کرد... بعد از خونریزی وحشیانه... با بی رحمی مادر از فرزندش جدا می‌کرد... زن‌ها و دخترها توی دست سربازها و خودش بود، و می‌گفت به

سربازهایش خواستی زن‌ها را نگه دارید، نخواستید بکشید... یا به بازار برده فروشان ببرید و بفروشید و بچه‌ها را بی رحمانه می‌کشتند... تیمور هم قرآن را از اول تا آخر... از آخر تا اول حفظ می‌خواند... اما یک خون آشام بود یک بی رحم او از محمد از علی آموخته بود...

- نه محمد آخرین پیامبر جهان بود، علی را قبول داشت اونها عدالت داشتند، ترس از خدا داشتند، هیچ وقت هوس و نفس را نگذاشتند به عقلشان غلبه کنند...
- تو، می‌دانی!؟ اینگونه با اطمینان می‌گویی!!؟

و شروع کرد از محمد گفتن از عایشه... از زن‌های او، از علی از جنگ‌هایش از کشتارهای علی، از امام حسین که به خاطر یک زن طفل شیر خوار را هم به کشتن داد... گفت و گفت و گفت...

سرم داشت گیج می‌رفت، حالت تهوع داشتم، چند بار چشمانم را باز و بسته کردم، یک نفس عمیقی کشیدم... یک گیلاس اسکاچ ریخت و لحظه‌ای به من خیره شد و گفت:

- بخور، آرامت می‌کند.
- نه، نه... نمی‌خورم حالت تهوع دارم... تو طوری می‌گویی که انگار تمام مسلمانان جهان گول خوردند!!؟ و تا الان...
- بله، گول خوردند، حماقت کردند بدون مطالعه قبول کردند... چه قرآنی، چه محمدی، چه امامی، چه قیامتی و آخرتی... همه دروغ است، حیله است، برای منافع آخوندا است...
- تو مثل سلمان رشدی حرف می‌زنی.

– مگر کتابش را خواندی!؟

– نه، نخواندم... اما او هم ضد محمد حرف زده و امام خمینی حکم مرگش را در تمام نقاط جهان داده... نکند، داری از حرف‌های سلمان رشدی می‌گویی!؟

– احمق نشو... من قرآن را آوردم، سه تا قرآن با چاپ‌های مختلف، مگر نمی‌گویند هیچ کس نتوانسته دست به قرآن بزند؟ پس چرا انقدر حرف‌هایشان تناقض دارد!؟

– همان، الله که می‌گویی نام یکی از بزرگ‌ترین بت‌های قبل از پیغمبر بودن محمد بود، آیا می‌دانستی!؟ آخوندها می‌گویند، بت‌ها شرک بودند، پرستش آنها گناه کبیره است... اما چرا الان پرچم ایران را الله زده‌اند!؟

– نمی‌دانم، نمی‌دانم... اصلا نمی‌خواهم وارد این چیزها بشوم... دردم چیز دیگری است... من با خدای خودم، خدای تو، خدای تمام موجودات زنده چه انسان چه حیوان چه طبیعت تا کهکشان‌ها کار دارم... گلایه دارم... که چرا هر چه صدایش می‌کنم، جوابی نمی‌گیرم... چرا نمی‌گوید جای من در این کره خاکی کجاست؟ چه نقشی دارم؟ حق و حقوقم چیست و کجاست؟

صدای خنده‌اش چنان بلند شد که یک لحظه جا خوردم از تعجب چشمانم درشت شد...

– همه فهمیدند... جز توی احمق... برو دنبال خدایت... دنبال سراب اون خدایی که آنها می‌گویند وجود ندارد... خدا در توست در وجدانت در شرفت در انسانیتت است...

– تا زمانی که قرآن داری در خونت تا زمانی که نذر می‌کنی برای کسانی که مثلا امامان معصوم بودند تا زمانی که در خرافات غرق باشی، هیچ وقت زنگ خوشبختی و آرامش را نخواهی دید هیچ وقت... هیچ وقت

- تو الان سه تا قرآن داری توی خونه‌ات پس چرا... تو...
- Stop it بس کن... خسته‌ام کردی این سه تا قرآن را برای کسانی گذاشتم که با مدرک بگویم، قرآن و اسلام چیزی مزخرف است و برای بازی دادن شعورتان، غرورتان، ناموستان است... آیا می‌فهمی... خودت را به نفهمی می‌زنی؟
- نمی‌دانم... به الله نمی‌دانم...
- بس کن دیگر... الله... الله... از خونه‌ام برو بیرون وقتی به خودت آمدی به عقل و شعورت احترام گذاشتی... بیا، با جان و دل پذیرای تو هستم... کسانی که تحصیلاتشان از تو بیشتر هست، پذیرفتند... جز تو، که انقدر احمق و ساده لو...

نالان، کلافه، درمانده از خونه کریم آمدم بیرون آن روز سخت‌ترین روزم بود، در تصمیم‌گیری درمانده شده بودم. این اولین بار بود که با نفس خود می‌جنگیدم. جنگ بین عقل و نفس. جنگ سختی بود عقل چیزی می‌گوید و نفس چیز دیگری. جنگ عقل و نفس ساعت‌ها بر روح و روانم شلاق می‌زد. سرگیجه‌ام چنان شدت گرفت که بی هوش شدم وقتی چشمم را باز کردم دیدم زیر سرم هستم و کنارم، کریم و همسرم است.

- کجا هستم!؟
- توی بیمارستان، قسمت اورژانس. با گوشیت تماس گرفتن به من و من هم به سیروان گفتم، هر دو با هم رسیدیم، تو بی هوش بودی... گفتن فشارت خیلی پایین بوده...
- چرا، نماندی خانه کریم... می‌گفتی که حالم خوب نیست یا من می‌آمدم یا کریم تو را می‌آورد خانه... همیشه لجبازی می‌کنی... آخرش این می‌شود... آخرین تماس که با کریم داشتی، پرستار بیمارستان او را خبر می‌کند.

- نیاز نبود، شماها را خبر می‌کردند، هوش می‌آمدم کارت داشتم حساب می‌کردم.
- اوه... ببخشید... که با دلهره آمدیم بیمارستان ببخشید.
- فقط سکوت کنید... سرم درد می‌کند.

تا در منزل سکوت بودیم، وقتی وارد اتاق خوابم شدم. خودم را رها کردم روی تخت و به خواب عمیق رفتم... خواب دیدم.

توی یک خیابان ایستاده بودم، یک اتوبوس که یک مرد و سه مرد نشسته بودند و به صف یک زن بچه بغل و چند مرد آرام وارد اتوبوس شدند و اتوبوس حرکت کرد... من هم دویدم تا به اتوبوس برسم، اما اتوبوس با سرعت می‌رفت من که در بیداری، هیچ وقت دونده خوبی نبودم، چنان می‌دویدم دنبال اتوبوس تا به یک تونل بزرگ رسیدم، اتوبوس وارد شد و من نفس نفس زنان جلوی تونل ایستادم یک پیر مرد روی یک صندلی آهنی نشسته بود. گفتم اینجا کجاست!؟ گفت:

- ایستگاه مرگ است.

من چنان می‌دویدم که انگار یک قهرمان دونده هستم، که خودم را به اتوبوس برسانم. در چند قدمی اتوبوس انتهای تونل یک در بسیار بزرگ آهنی باز شد، اتوبوس داخل شد و درب چنان با ضرب بسته شد که من از ترس هیچ حرکتی نکردم، لحظه‌ای گذشت، با مشت به در می‌زدم با صدای بلند می‌گفتم در را باز کنید، باز کنید... من هم می‌خواهم سوار اتوبوس بشوم. صدایی از بالای سرم آمد، دیدم یک تراس باریک و بلندی است با صدای بلند گفت:

- برو، عجله کن... اگر در باز بشود، دیگر نمی‌توانی برگردی... برو... هنوز تو فرصت داری... سریع عجله کن...

چنان با صدای بلند و تند می‌گفت که سریع حرکت کن، الان در باز می‌شود. برو... دور شو، تو هنوز فرصت داری... اگر در باز بشود راه بازگشت نداری. من از ترسم دور خودم می‌چرخیدم، گفتم:

- جوراب... جوراب ندارم... یک جوراب پرت کرد پایین و فریاد زد، برو... برو... سریع...

با عجله، یک لنگه جوراب را برداشتم و با سرعت تمام دویدم... تا از تونل بیرون آمدم... نفس نفس می‌زدم و وقتی از خواب بیدار شدم، هنوز هم نفس نفس می‌زدم، هنوز هم باورم نمیِ‌شد چنین خوابی دیدم... هر چه سعی کردم که یادم بیاید که صدای مرد بود یا زن موفق نشدم. این خواب را سال‌هاست دیدم اما هنوز یادم نرفته... تمام جزئیاتش به یادم است، رنگ لباس پیر مرد، رنگ صندلی‌اش و اتوبوس و آدم‌هایش که یکی از آنها پیر مرد بود... و بقیه همه جوان بودند...

این نامرادی‌ها، ناهمواری‌ها، این روزگار پیچیده، این بی مهری‌های نزدیکانم این چالش‌هایی که باید به تنهایی بدون مشاور و راهنمایی پشت سر بگذارم... نه همزبونی، نه کسی... در این غربت... وقتی هم می‌خواستم با نزدیکانم درد دل کنم، نگاهشان چنان سرد و بی روح بود که حرف زدن را فراموش می‌کردم، تا اشتباه حرف می‌زدم، با لبخند زهرآگین تمسخر می‌کردند:

چند روز درگیر خواب بودم لحظه ای از فکرم جدا نبود، توی شلوغی روز در خلوت شب برایم یک کابوس شده بود... آخر به کریم گفتم او به شدت عصبانی شد و گفت:

- تو حتما مطمئن هستی اون روز درینک نخوردی، خوب فکر کن!؟

- نه بابا... چه می‌گویی، اون روز از بیمارستان مستقیم رفتم اتاقم و خوابیدم... وقتی هم بیدار شدم، شماها هنوز در سالن بودید، یادت است؟ گفتی، چرا انقدر عرق کردی!؟

- آره، یادم است... اما این خواب چیزی بی معنی و هیچ مفهومی ندارد... از خستگی این خواب مزخرف را دیدی.

- انگار، تو عاشق کلمه مزخرف هستی... همه چیز برایت مزخرف است.

به زبان انگلیسی گفت:

Trust me به من اعتماد کن... سکوت کرد، باز ادامه داد.... What's wrong مشکل چیه....!؟ لحظه‌ای سکوت کرد و طول اتاق را با قدم‌های بلند بالا و پایین می‌رفت، گفت:

What a mess چه افتضاحی... دستی به سرش کشید و ادامه داد:

I hope in god به خدا امیدوارم

چشمانم از خشم درشت شد.... فریاد زدم.

God dam you نفس کم آوردم Zip up your lip تو... تو... تا الان می‌گویی خدا وجود ندارد پس چرا می‌گویی،به خدا امید دارم... با فریاد گفت:

You have no right تو هیچ حقی نداری

- What a shame خجالت آور است، و با سرعت پله‌ها را دوتایی کردم به اتاقم رفتم و با صدای بلند گریه کردم.

من خواب را دیده بودم، بدون اینکه قطره‌ای دیرینک بخورم فقط از زیر سرم بیرون آمده بودم... و باعث این سرم، حرف‌های کریم بود که با تمام وجودش فریاد می‌زد، اسلام دروغ است، مزخرف است، ووو...

لحظه شماری می‌کردم زودتر شب بشود، در سکوت شب بدون هیچ صدایی خوابم را مرور می‌کردم، گویا دارم فیلم می‌بینم، شفاف می‌دیدم خوابم را دوست نداشتم می‌ترسیدم چشمانم را باز کنم که یک وقت پرده سینمایی ذهنم خاموش بشود... بله، هفته‌ها ذهنم مشغول بود، این چه خوابی بود!؟ چرا این خواب؟ ایستگاه مرگ!!؟ یعنی چه!!!

این سوال، بدون جواب بود... داشت کلافه‌ام می‌کرد. دقیقا یک ماه گذشت، فقط خواب را کریم می‌دانست، جرات نمی‌کردم برای کسی بگویم تا یک روز ظهر تابستان از حمام بیرون آمدم، حوله تنم بود. خودم را روی تخت رها کردم، باز در خواب عمیق رفتم خواب دیدم مرده‌ام و مردم دارند گریه می‌کنند، آدم‌ها غریبه بودند بردند من را غسالخانه و شروع به شستن کردند، بعد روی سکوی دیگری مراحل کفن کردن را انجام دادند من می‌دیدم که از پشت شیشه همه من را می‌دیدند و اشک می‌ریختند و من با لبخند آنها را می‌دیدم و به زن‌ها می‌گفتم به اونها بگویید که من زنده‌ام و بعد من را شکلات پیچ کردند، داد زدم صورتم را باز کنید خفه می‌شوم، پایم را باز کنید، چرا انقدر محکم می‌بندی من را، بعد روی یک برانکار از زیر یک ریل ردم کردند، مردم روی دوششان گذاشتند و من با خنده آنها را می‌دیدم و بعد مراسم خاک سپاری شروع شد، داخل قبر، سنگ قبر، خاک ریختند و حتی آخرین بیلی که محکم می‌زدند روی قبر که دیگر تمام شد، صدای بیل را می‌شنیدم. هر چه فریاد کشیدم، خفه دارم می‌شوم، اینجا تاریکه، بابا من زنده‌ام...

بی فایده بود، دیدم مردم دور شدند... تا خواستم بلند بشوم سرم محکم خورد به یک سنگ و دیگر نفهمیدم... بی هوش شدم و بعد شروع شد، چشمانم کم‌کم باز شد و هر لحظه آرام آرام قبر تنگ‌تر می‌شد، تا جایی که صدایم بدجوری درآمد و نفس کم آوردم و حس کردم دست هایم خیس شده، ناله می‌زدم و انگار زیر دوش هستم، دیگر هیچ قدرتی نداشتم که فریاد بزنم، بعد کم‌کم قبر باز شد و نفس عمیقی کشیدم، وقتی چشمانم را باز کردم نمی‌توانستم از جایم بلند شوم. سیروان آمد دید خیس عرق هستم گفت:

— حوله تنت است اما چرا انقدر خیس؟ چرا موهایت خیس است!!؟

زدم زیر گریه گفتم:

— من یک خواب وحشتناک دیدم، نمی‌توانم بلند شوم بیا کمکم کن، بلند بشوم...

وقتی دست به من زد، ناله‌ام درآمد. با فریاد گفتم:

— دست نزن، دست نزن درد دارم.

— یعنی چه!؟

— خواب دیدم، خواب وحشتناک.

— این چه ربطی به بدنت دارد؟ که اینطوری ناله می‌زنی!

ماجرا را گفتم، در حال گفتن کریم هم آمد، چون اون روز ناهار مهمان ما بود.

سیروان گفت:

— اجازه بده، لباس تنش کنم، یک حرف شنیدنی است که اگر بشنوی، به قول خودش شاخت و دمت در می‌آید.

با هزار زحمت لباس تنم کرد و کریم آمد، دو بالش پشتم گذاشتند و من با درد و اشک گفتم... آنها فقط سر تکان می‌دادند و گاهی لبخند می‌زدند و در آخر گفتم:

- الان هم شاهد هستید که بدنم به شدت درد می‌کند.
- کریم، با قدم‌های تند طول اتاق را مرتب بالا و پایین می‌کرد و لبه تخت نشست گفت:
- عزیز من، این یک خواب بود... شاید یک کابوس... یک رویا... دنیایی نیست، آخرتی وجود ندارد، من که از سیارات از کهکشان‌ها گفتم و آخرین جایی که دانشمندان رفتند جز ذوب شدن و بدون هوا بودن چیز دیگری نبود... این چه بهشتی است که ساخته شده و هیچ کس ندیده این مزخرفات را عرب‌ها و آخوندهای اینجا درست کردند، خواهش می‌کنم به خودت بیا...

سیروان خندید، خندیدنش چنان بلند شد که کریم هم با صدای بلند خندید. اما من دیگر آن آدم اول نبودم، چون دو بار آخرت را دیدم بعد از دو هفته بدنم آرام شد. دقیقا دو هفته بدنم درد می‌کرد. دیگر راز و نیازم با خداوند تغییر پیدا کرد، دیگر سکان کشتی زندگیم را دادم دست خدا که او هدایتش و من خوب می‌دانستم در مقابل بایدهایشان اگر ایستادگی کنم و بگویم «چرا» زندگی را برایم جهنم می‌کنند و تصمیم گرفتم در ظاهر ارام بشوم و دیگر بحثی نکنم و دیگر سعی نکردم به آنها بقبولانم که خوابم کابوس نبوده، از خستگی نبود، رویا نبود و اصلا درینکی نخورده بودم، خواب واقعی بود و در آرامش این خواب را دیده بودم. سکوت من، آنها را آرام کرد و فکر می‌کردند که قبول کردم یک کابوس بود. از خستگی بود، و کریم هر چه گفت فقط با تکان دادن سر گوش می‌کردم به چشمانش نگاه می‌کردم اما ذهنم جای دیگری پر کشید.

گاهی با خدای خودم، به زبان شبان در زمان موسی گفتگو می‌کردم و گاهی هم با گلایه و نیم قهر راز و نیاز می‌کردم... اما در خلوت خودم.

شاگردان کریم هر روز بیشتر می‌شد، شاگردانی که از هیجده سال داشت تا پزشک و حقوقدان و... در هر سمتی چه آزاد و چه دولتی. همه با شوق فراوان حرف‌های او را تند تند می‌نوشتند و کریم با اشتیاق تمام سوال‌های آنها را جواب می‌داد. خیلی دوست داشت من هم مثل اونها بنویسم، می‌گفتم نیازی نیست گوش می‌دهم... در حالی که من دو بار خواب آخرت را دیدم، فضا را کریم چنان با قدرت بیانش جذب کرده بود که همگان از او تشکر می‌کردند و در آخر هر سخنرانی‌اش عادت داشت از سلامتی جسمی‌اش بگوید و تاکید می‌کرد اگر خدایی یا امامانی که آخوندها می‌گویند وجود دارد، چرا من را بیمار نکرده؟ چرا یک انگشتم را قطع نکرده؟ داشتم کم می‌آوردم، حالم را این فضا خراب می‌کرد و گفتم فعلا نمی‌توانم به کلاس او برم. سیروان اول ناراحت شد که یعنی چه؟ گفتم:

— اصرار نکن، مگر کریم نمی‌گوید اصرار نباید کرد، مگر نمی‌گویند که فرهنگ و ادب اصرار را رد می‌کند...

سیروان سکوت کرد و من دیگر آزاد شدم و نرفتم و بعد کارهای غیر قابل تحمل سیروان و اختلافات ما هر روز بیشتر می‌شد. کارهایی که سیروان می‌کرد روباه به ماده‌اش نکرد و این باعث شد که کلاس کریم حرف نمی‌زدیم کتاب‌های آیت الله مطهری و مفتح و سه جلد نوشته جرج جرداق[1] از مولای علی را خواندم... احساس می‌کردم تازه متولد شدم تمام این کتاب‌ها را خوب حس می‌کردم، گویا با آنها

---

[1] George Jordac

زندگی می‌کردم و تصمیم خود را با توکل به خدا گرفتم و شروع کردم با کسانی که از خدا نا امید شده بودند و دین زده گفتگو کردم و تمام تجربیاتم را خالصانه در اختیار مردم گذاشتم، با آنها لبخند می‌زدم و اشک می‌ریختم و خوب به حرف‌های آنها گوش می‌کردم، و خوب درکشان می‌کردم، و هیچ وقت به ایده‌هایشان و گذشته‌هایشان انتقاد زهرآگین نمی‌کردم. به قول امام صادق (ع) ما حق هیچ قضاوتی را نداریم و خوشحالم که موفق شدم در این راه و یاد گرفتم و یاد دادم با هم بخندیم نه به هم بخندیم، کنار هم باشیم نه مقابل هم... دست یکدیگر را بگیریم نه پای یکدیگر را که شاهد زمین خوردنشان باشیم... و به راستی به این شعر احترام بگذاریم.

بنی آدم اعضای یکدیگرند[1]... نباید اجازه بدهیم با تمسخر بگویند بنی آدم ابزار یکدیگرند.

یک وقتی... بد فهمی‌ها آزارم می‌داد و ناراحت می‌شدم از قضاوت‌ها... کج فهمی‌ها... سوء تفاهم‌ها... همه‌اش می‌ترسیدم که آدم‌ها بد بفهمندم... اشتباه قضاوتم کنند... وقت زیادی صرف می‌کردم برای توضیح دادن خودم... رفع سوء تفاهم که ثابت کنم من آن چیزی که فکر می‌کنند نیستم! اشتباه قضاوتم کرده‌اند... حالا اما موضعم سکوت است، در برابر آدم‌ها و نگاه‌شان... سکوت و سکوت و سکوت، تازگی‌ها در برابر بی مهری آدم‌ها هیچ نمی‌گویم! انگار که لال شده باشم... شاید هم کور و کر که نه می‌بینم نه می‌شنوم دیگر نه انرژی توضیح دادن دارم نه حوصله‌اش را...

[1] Human beings are members of a whole, in creation of one essence and soul

می‌دانی دیر دریافتم که مسئول طرز فکر آدم ها نیستم بگذار هر که هر چه خواست بگوید و برداشت کند... بی خیال می‌روم در لاک خودم، آرام و بی دغدغه از آن بد فهمی‌ها دور می‌شوم و زندگی خواهم کرد... و به آنها ثابت می‌کنم که خواب دیدم، رویا نبود، کابوس نبود... خدا و آخرت وجود دارد... اما نه با مشاجره با آنها که... بگذریم...

از کسانی که از من متنفرند، سپاس آنها مرا قوی‌تر می‌کنند، از کسانی که مرا دوست دارند ممنونم آنان قلب مرا بزرگتر می‌کنند، از کسانی که مرا ترک می‌کنند متشکرم آنان به من می‌آموزند هیچ چیز ماندنی نیست، از کسانی که با من می‌مانند سپاسگذارم آنان به من معنی دوست واقعی را نشان می‌دهند.

این را همیشه به یاد داشته باشید نمی‌توانید طرز تفکر مردم در مورد خودتان را تغییر دهید، پس تلاش بیهوده نکنید زندگی کنید وخوشحال باشید.[1]

[1] You can't change how people feel about you, so don't try. live your life & be happy.

خواستن و توانستن

من از نطفه یک اضافه بودم، یک اضافه‌ای که خدا دوست داشت که من شکل بگیرم، و هر لحظه از رشد من در رحم مادر تا بشود یک جنین تا به دنیا آمدنم مادرم بدتر دوران بارداریش را گذراند... از این که باردار شده، ناراحت بود از من که از ضعیفی هیچ نشان علامت حیات نداشتم عصبی‌اش می‌کردم... درست ۹ ماه... مادرم فقط زیر سرم بود و کنارش یک ظرف که تا بیدار بود، استفراغ می‌کرد، همه اعضای خانواده اش از این نوع بارداری در حیرت بودند. حتی زن باردار یک میوه تازه یک لبنیات، گوشت و ماهی و غیره نزدیک دهانش نبرده بود... چون هر چیز خوراکی حالش را بد می‌کرد... وقتی به دنیا آمدم مادر ۲۴ ساعت بعد از زایمان استفراغ می‌کرد، به قول دکترها زنی که ۹ ماه در زیر سرم بود از شدت ضعف هنوز حالش خوب نشده، تا مادر با کمک مادرش کم‌کم خوب شد جان گرفت، اما روحش خسته بود... بد جوری خسته بود...

من یک نوزاد ضعیف تا صبح آرام و قرار نداشتم تا ۸ صبح فقط اشک می‌ریختم، اولین فرزند یک خانواده که وقتی نطفه شد... فقط درد سر و خستگی بود... مادری که فقط ۱٤ سال داشت و پدری که با اختلاف ٥ سال که هیچ وقت همدیگر را درک نکردند و بهانه خوبی داشت که روزها سر کار هستم، شب آرامشی هم ندارم، در این خانه گریه ترنم روانی‌ام کرده... هم مادرم پیش تو می‌ماند هم یک پرستار می‌گیرم کمکت کند...

همین حس مسئولیت یک مرد به همسرش، اولین ثمره عشق پوشالی آنها ترنم که داشت ناخواسته بین پدر و مادر جدایی می‌انداخت.

زندگی بسیار مرفه، همه چیز در ویلای زیبا بود جز عشق و محبت و دوستی، پدر شب‌ها در کاباره‌ها بود گاهی به قول خودش اشتباهی به خانه می‌آمد. وقتی که من نطفه شدم و مادرم یک هفته از بارداری سخت‌اش گذشت، پدر در یک ویلای شخصی و مجردی می‌رفت... یا در کاباره‌ها یا شهرهای توریستی یا خارج از کشور بود... مرد بودنش در پول و امکانات عالی برای ما می‌گذاشت، اما هیچ وقت با ما نبود، ماهی دو بار می‌آمد که گاهی در مستی زیاد می‌گفت باز اشتباه آمدم... باید به ویلای خودم می‌رفتم.

افسردگی زن جوان ۱٤ ساله و گریه های طاقت فرسای کودکانه‌ام... تا دکتر بختشو گفت تحت نظر من باید تغذیه شود و این باعث شد خوب شدم از ضعف دوران کودکی تا هفت سالگی شب ادراری داشتم تا این کابوس برطرف شد، اما مرحله بعدی در هر ماشینی که می‌نشستم حالت تهوع شدید گرفتم، به قول معروف بد ماشین بودم تا ده سالگی این قصه ادامه داشت و این باعث شده بود هیچ پدرم حاضر نشد برای یک بار به هم بیرون برویم تا هفده سالگی مرتب مریض بودم، سردرد و کم اشتهایی، ترسو و منزوی... دیگر مادر جوانم از من خسته شده بود و حس می‌کرد موجود زیادی هستم در این دنیا... هیچ وقت با من مهربان نبود، نه اینکه تنبیه کند گاهی اگر بچگی می‌کردم تنبیه سر جایش بود، هیچ وقت با من حرف نزد نه از اجتماعی که صحبت می‌کردم نه از اعتماد به نفس. نه از آینده‌ام از هیچ چیزی... هیچ وقت نپرسید به چه چیزی، چه رشته تحصیلی‌ای، چه رنگی و چه‌های دیگر ووو... علاقه داری؟ محیط مدرسه، هم کلاسی‌ات، معلمانت، درس‌هایت... هیچ، هیچ، هیچ... وقت می‌کرد، کل تمام درس‌ها را در حساب و دیکته می‌دانست اگر آن دو را خراب می‌کردم، سرزنش و کمی کتک... اعتماد به

نفس نداشتم، جرات حرف زدنبا هیچ کس نداشتم، تا حرف می‌زدم چشمانم پر از اشک می‌شد، صدایم لرزش پیدا می‌کرد و مرتب آب دهانم را قورت می‌دادم... یعنی، در اصل دهانم خشک می‌شد.... یک معصبتی بود... چون جرات در حرف زدن نداشتم هم کلاسی‌های باهوش و شیطون من را اذیت می‌کردند و حتی اگر یک روزی با هم سن و سالم بازی می‌کردیم و من اتفاقی برنده می‌شدم، باید به میل آنها قبول می‌کردم بازنده شدم و سبیل آتشی، بی رحمانه می‌کشیدند پوست سفیدم قرمز می‌شد، یک سری هم مادر لب‌های باد کرده من را می‌دید توی سرم می‌زد... خلاصه در ماه همیشه پشت لبم کبود بود، نمی‌خواستم این دوستان شیطون را از دست بدهم... انقدر مادرم نگاهش غریب بود و سرد وقتی به سن بلوغ رسیدم از ترس وحشت کردم، فکر می‌کردم دارم می‌میرم از شدت ترس تب کردم دو روزی توی تب بودم، تا خاله‌ام ملافه را کشید رویم متوجه شد، که بله... با اخم و کمی نگاه مهربان گفت:

- چرا نگفتی، شلوارت دیگر قابل شستشو نیست!؟
- دارم، می‌میرم؟ چرا اینطوری!؟
- دیوانه تا سن پنجاه سالگی هر ماه با این وضع روبه‌رو هستی، بیا به مادرت بگوییم، خوشحال میشه که بزرگ شدی...

وقتی مادر فهمید، کمی مکث کرد و با اخم گفت:

- بزرگ شد، اما آمدنش زندگیم و همسرم را از دست دادم...!
- مامان جان، بابا که زنده است...

- ای کاش مرده بود، این زندگی است که من دارم، یک جهنم، یک تاریکی و تو باعث شدی از اول نحس بودی، بابای تو فراری شده حتی نمی‌خواهد به من بگوید الان شهرستان است یا خارج از کشور با کدام معشوقه‌اش... برو از جلوی چشمم دور شو...

زندگی‌ام خلاصه شده بود. با بهترین لباس‌ها و امکانات فراوان بهترین لوازم تحریرها، اتاق زیبای چشمگیر، لباس‌های مارک‌دار و انواع خوراکی‌های با کیفیت عالی، نام‌بروان... فراوانی بیش از حد... اما! تنها چیزی که نداشتم و در حسرتش سوختم و برایم یک رویا شد یک سراب شد... محبت، عشق و گرمی دست پدر و مادر بود... اعتماد به نفس نداشتم... جرات نداشتم یک روز... نه نه یک روز، نه... نیم روز... جرات نداشتم تنها باشم، از شب از تاریکی اول شب وحشت داشتم، استرس وجودم را می‌گرفت طوری می‌شد که عضلات گردنم می‌گرفت و ناله می‌زدم... مادرم هر شب زود می‌خوابید من آهسته می‌رفتم بیرون توی حیاط می‌شستم به آسمان نگاه می‌کردم می‌گفتم:

خدایا، میشه یکی از این ستاره‌های آسمان از من باشد؟

مثل، احمق‌ها آهسته می‌رفتم آشپزخانه، در کشوی کابینت را باز می‌کردم پارچه بزرگی بر می‌داشتم روی ظرف‌های شسته می‌انداختم که سردشان نشود...

آخه خیلی دوست داشتم، این کار را مادرم برایم انجام می‌داد... چند بار روی کاناپه خودم را زدم به خواب، مچاله شدم... توی دلم خدا، خدا... می‌کردم مادرم رویم را پتویی بی‌اندازد... از جلویم رد می‌شد، انگار کور بود و من را نمی‌دید، انقدر منتظر می‌شدم... از شدت ناراحتی، چنان می‌لرزیدم با سرعت از روی کاناپه بلند

می‌شدم، چشمانم پر از اشک... مادرم با نگاه سرد و بی روح خیره می‌شد به من و می‌گفت:

تو، دیوانه‌ای... یک موجود اضافه... که فقط نحسی با خودت آوردی... روی ظرف‌ها را می‌انداختم، روی قاشق و چنگال‌ها را می‌انداختم دست می‌کشیدم رویشان... من جرات نداشتم برای کسی درد دل کنم... چه می‌گویم... اصلا حرف زدن بلد نبودم... تا بخواهم درد دل کنم... انقدر توی فشار بی محبتی و سردی خانه زیبای شیک شده بودم، یا بهتر بگویم قفس بزرگ طلایی به نام ویلای چشمگیر... که بریده بودم... خسته شده بودم... پناه به هر چیزی می بردم، رادیو صبح‌ها روشن بود... وقتی مجری با محبت حرف می‌زد فکر می‌کردم من را می‌بیند یک حس خوبی داشتم... می‌گفتم این حرف‌های با محبت را فقط به من می‌گوید... فقط به من... و گاهی یهویی... یک دفعه مادرم، بهانه‌ای می‌گرفت شروع به فحاشی و کتک...! آه... چه می‌کشیدم، حتما می‌گویی که من یک دیوانه هستم... از مجری رادیو که از عشق و محبت از امید و احترام حرف می‌زد خجالت می‌کشیدم سریع می‌رفتم توی اتاقم و شروع می‌کردم به گریه کردن انقدر اشک می‌ریختم که به هق‌هق می‌افتادم... تازه شب‌ها اخبارگو شروع به اخبار می‌کرد، فکر می‌کردم این نگاه مهربان و این احترام را به من معطوف داده... آه... آه... چه بگویم، از دست عزیزان چه بگویم گله‌ای نیست، گر هم گله‌ای هست دگر حوصله‌ای نیست... به سرعت برق بهارها را پشت سر گذاشتم، شدم هفده ساله، کودکی نکردم، محبت،احترام، آغوش گرم مادر، نگرانی آینده‌ام از مادر و پدر، نگرانی تحصیلات... ووو... محروم بودم، این چیزها را ندیدم، ندیدم که ندیدم... وقتی که حساب و دیکته‌ام خراب شد.... فقط نگاه سرد مادرم که دیگر حق نداری امسال ثبت نام کنی،

تو به درد مردن هم نمی‌خوری... فقط درد سر، فقط مریضی، فقط توی راه بیمارستان و یا مطب‌های شخصی...

- آخه، مامان! من می‌خواهم درس را ادامه بدهم...
- غلط می‌کنی، این نمره است!؟ حساب و دیکته زیر ۱۰ است.
- مامان جانم، تمام درس‌هایم نمره خوبی گرفتم... فقط دیکته و حساب بود که سر درد داشتم، زیر سرم بودم این دو روز را...
- خفه شو، دیگر حرف نزن...

آه... انقدر ترسو بودم که اصرار نکردم، امید داشتم پدرم بیاید خونه به او بگویم... شب‌ها چشمم به در بود و به ساعت شماطه‌دار، عقربه‌ها ساعت ۵ صبح را نشان می‌داد و دیگر کنترل باز نگه داشتن چشمانم را نداشتم و گاهی به ندرت صبح‌ها او را می‌دیدم، از بی‌خوابی و درینک زیاد چشمانش قرمز و نگاه عصبی پدر و مادر به یکدیگر را شاهد بودم، که جرات نداشتم بگویم.

یک روز مادرم سر میز صبحانه گفت برو مدرسه پرونده داری، کوفت و زهر مار داری بگیر و بیار... که باز معلمانت برای دیدن و لاس زدن با بابایت زنگ نزنند، بابای گور به گوریت رو بخواهند...

از خوشحالی سریع از سر میز بلند شدم، آماده شدم به طرف مدرسه‌ای که دو هفته بود شروع شده بود... توی دلم ناله می‌زدم و بی اختیار چشمانم خیس می‌شد، بچه‌ها را می‌دیدم با اونیفرم و کلاسور به دست شاد و خندان وارد دبیرستان می‌شدند.... بعضی‌ها از هم کلاسی‌هایم را می‌دیدم، می‌آمدند می‌گفتند:

- کجایی!؟ فکر کردیم برای همیشه از ایران رفتید!؟ یا ازدواج کردی؟ ای ناقلا، بگو خبری است!؟
- نه بابا، ازدواج... خارج از کشور کدومه...
- پس، چرا با اونیفرم با این لباس آمدی... نکنه، خواستی لباسی که مثل همیشه از اروپا است تنت کنی به ما نشان بدهی!؟

صدای زنگ مدرسه نجاتم داد... بدون اینکه منتظر جوابم باشند سریع از من جدا شدند... من ماندم حیاط خلوت، و از دور سرایدار پیر مدرسه از بوفه برایم دست تکان داد... طبقه سوم... پله‌هایی که دوتا یکی می‌کردم، مثل پیر زن‌ها... دو پا را روی پله‌ها می‌گذاشتم... انگار پاهایم نمی‌خواستند به طرف دفتر دبیرستان پیش بروند. نشتم وسط پله‌ها و بی اختیار شروع به گریه کردم، اشک‌هایم تصمیم داشت بدون خجالت و بی ملاحظه مثل ابر بهاری از چشمان خسته و ناامیدم ببارد... و ببارد... دستی روی شانه‌ام خورد، سرم را بالا کردم، خانم منوچهری که همیشه خوشتیپ و هیچ وقت لبخند از لب‌هایش دور نمی‌شد گفت:

- عزیزم، چی شده؟ کجایی... همه بچه‌ها را دیدم جز تو!؟

با هق‌هق گفتم:

- من دیگر نمی‌توانم بیایم... فقط به خاطر اینکه حساب و دیکته را خراب کردم...
- حساب!؟ دیکته...!!
- آه، ببخشید، از زبان مادرم گفتم حساب... ریاضی را خوب ندادم...
- دیدم، نمرات را... می‌شود با تک ماده قبول شوی... این توجیه منطقی نیست... بلند شو، بیا بریم داخل دفتر...

نیم ساعت با من حرف زد و من همینطور اشک می‌ریختم... و نیم ساعت با مادر تلفنی... اما نتوانست او را قانع کند... رنگ خانم منوچهری از شدت ناراحتی سیاه شده بود... با نگاه ناامیدی گفت:

- عزیزم، مادری واقعی تو است؟ یا نامادری!؟

صدای ناله‌ام چنان بلند شد، که من را به آغوش گرفت،آغوشی که یک عمر حسرت داشتم که حسش کنم... نمی‌خواستم از آغوش خانم منوچهری جدا بشوم... و او هم اجازه داد که خودم از آغوشش جدا بشوم... بعدها گفت تو ۱۵ دقیقه توی آغوشم بودی و چنان ناله می‌زدی اگر یک شبانه روز هم بودی، هم چنان بی حرکت می‌ماندم... تو خودت جدا شوی...

- نه نامادری نیست... مادر خودم است... حداقل شباهتمان این اشک را گاهی وقت‌ها که خودم می‌کنم، برطرف می‌کند...
- پس یعنی چه؟ چرا اینطوری؟ فکر آینده تو نیست!؟ پدرت...
- پدرم، امید داشتم او کمک کند... یا مست می‌بینم او را یا اصلا نمی‌بینمش
- شماها، از لحاظ مادی که...

نگذاشتم ادامه بدهد... ای کاش فقیر بودم، ای کاش... اما عشق و محبت پدر و مادر را داشتم، نگرانی آینده‌ام را از چشمانشان می‌دیدم... ای کاش

- چقدر، زجر می‌کشی... تو دختر ساکت و کم روی دبیرستان این طور شکایت داری... وای، وای، از این پدر و مادر... بخصوص مادرت...

مژگان مشکینی، دختر لاغر و سبزه رو که در آستانه در قرار داشت و شاهد ما بود، با صورت پر از اشک آمد به طرفم و من را به آغوش گرفت و گفت:

– من همیشه حسرت تو را می‌خورم... همیشه... خودت خوب می‌دانی

پدرم شاگرد قهوه خانه است، اما یک شب نیست پدر و مادرم از آینده من و دو خواهر و برادرم حرف نزنند... همیشه به ما با شغل آینده‌مان صدا می‌کنند، من را مژگان خانم دکتر، به یکی از خواهرم وکیل و دیگری مهندس و برادرم خلبان... وای خدای من... همیشه خجالت می‌کشیدم پدر و مادرم برای جلسه‌ها بیایند می‌روم، دست و پاهایشان را بوسه باران می‌کنم و با افتخار شغل پدرم را می‌گویم...

اون روز، پر درد و غم با اشک‌های خانم منوچهری و مژگان مشکینی بدرقه راهم شد و دبیرستان را ترک کردم و به طرف قفسه طلایی زیبا که لقب ویلا بود رفتم... دیگر فضای خانه برایم طاقت فرسا بود، نفس کم می‌آوردم از خانواده از فامیل از هر کسی که مرتبط به پدر و مادرم بود بیزار بودم، بیزار بیزار... از بودنم، از نفس کشیدنم، از صبح‌ها که بیدار می‌شدم بیزار بودم بیزار بیزار بودم... اخلاق بد مادرم با قوانین خودش حتی فامیل‌های نزدیک هم با ما راحت نبودند... پس من بی کس و پر کس بودم، بعد از سه ماه در کابوس و ترس، با انتخاب آنها ازدواج کردم با پس عمویم بعد از هفده سال از او جدا شدم... دیگر از ترس، از مریضی، از شب، از تاریکی، از تنهایی وحشت نداشتم و هنوز در تنهایی و بی مهری بودم. شوهرم هم اضافه شده بود او هم بی منطق بود ووو... جلوی تمام آنها ایستادم و در مقابل «بایدهای» آنها گفتم چرا و بدون اطلاع آنها از شهرم و از خونه جهنمی فرار کردم... به یک شهر مقدس مشهد رفتم، بدون حامی، بدون راهنما، بدون هم زبون. با

مبلغی که داشتم یک خانه ۴۰ متری گرفتم و کار کردم و شبانه درس خواندم مشکل‌ها داشتم اما با توکل به خدا بدون هیچ حامی با دست‌هایم با انگشت‌هایم پله درست می‌کردم می‌رفتم بالا... زندگیم شده بود بازی مار و پله... با زحمت می‌رفتم بالا... دقیقه نود، به نیش مار برخورد می‌کردم می‌رفتم به دم مار... فقط مورچه‌های خانه ۴۰ متری‌ام هم زبون من بودند که با دانه‌ای بزرگ‌تر از خودشان می‌رفتند از دیوار بالا و می‌خوردند زمین، اما دانه را از دهانشان نمی‌انداختند بیرون... برای آنها حرف می‌زدم، اشک می‌ریختم... و اونها بودند به من جرات اراده و اعتماد به نفس می‌دادند... فقط مورچه‌ها بودند... دبیرستان را با زحمت و گاه گرسنگی به پایان رساندم و وارد دانشگاه شدم... و با هزار زحمت خوابگاه گرفتم، دیگر خوشحال بودم حقوقم را به کرایه نمی‌دادم. کار و درس... درس و کار... حتی روزهای تعطیلی هم کار می‌کردم، می‌رفتم خانه‌های مرفه جمعه تا عصر نظافت می‌کردم... تا با بهترین نمرات بورسیه گرفتم آمریکا رفتم بعد از سال‌ها تحصیل با افتخار به ایران آمدم و الان فوق تخصص پیوند اعضای هستم. یاد گرفتم و یاد می‌دهم به دانشجویانم به فرزندانم که اگر بخواهید به هدفتان و اول به خودتان ارزش بگذارید... و تلاش کنید و ناامید نشوید... و اگر یک روز ناامیدی به سراغتان آمد، بروید تلاش مورچه را نگاه کنید تا با دانه بزرگ‌تر از خودشان به لانه‌یشان نروند دست از تلاش بر نمی‌دارند... خستگی برای این موجود ظریف مفهومی ندارد تلاش، تلاش، تلاش و احترام به خودتان... این رمز موفقیت است...

این حرف یک پزشک موفق و دو وزیر و یک پروفسور که زندگی‌شان تا حدودی شباهت داشت... تنهایی و فقر آنها با خانم دکتر یکی نبود... اما تمام چالش‌ها و زندگی مار و پله‌ها به هم شباهت داشت... بدون حامی با توکل به خداوند با

دست‌های خالی پله درست کردند تا به اوج موفقیت رسیدند و به قول خودشان با سیلی صورت خود را سرخ نگه می‌داشتند... و با تمام فشارهای زندگی و نامرادی‌ها... از لحظات زندگی لذت می‌بردند؟

چون وقتی صبح از خواب بیدار می‌شدند و می‌دیدند، سلامت هستند و از هدفی که دارند ناامید نشدند، در پنجره را باز می‌کردند به آسمان آبی نگاه می‌کردند و می‌گفتند خدایا سکان کشتی خودم را به دست تو دادم، خودت هدایتش کن، خواستی به کوه یخ بزن، خواستی به ساحل خوشبختی برسان... من با نام تو و با توکل به تو، تمام سعی و تلاشم را خواهم کرد فقط هیچ وقت تنهایم نگذار... با تمام سختی‌های زندگی از هر لحظه‌اش لذت می‌برم، چون هنوز سلامتم و این امید بزرگی است که دست از تلاش بر ندارم تا به هدفم به اوج، به قله موفقیت برسم... این شعار آن چهار فرد بزرگ بود... و موفق شدند و افتخار جامعه شدند...

زندگی... مانند قطار شهر بازی است پر از پستی و بلندی‌های فراوان اما این تو هستی که انتخاب می‌کنی که بترسی و با نگرانی فریاد بزنی و یا اینکه بخندی و از آن لذت ببری...

دروغ

تازه از شوهرم جدا شدم... و خانواده‌ام به خاطر فامیل‌های کنجکاو، شدید روی من حساس شده بودند، آرایش‌ام، لباس‌هایم، برخورد در جمع فامیل که هم پسر مجرد بود، هم متاهل... هیچ تغییری نکرده بود... اما حساسیت پدر و مادرم روی فامیل هم اثر کرد... در عروسی اگر شاد بودم و مثل اونها در جمع فامیل و دوستان... با آنها که می‌خندیدن، می‌خندیدم... با نگاهشان من را رنج می‌دادند... هر چه سعی کردم به خانواده به فامیل و دوستان بگویم... من مثل سابق هستم... هیچ فرقی نکردم... فقط جدا شدم... پسرهای شماها و همسرهای شماها را مثل برادرم می‌دانم... اما افسوس، هزار افسوس... حتی من مثل سابق بدون هماهنگی می‌رفتم خانه اقوام، صدای تلویزیون می‌آمد... اما در را باز نکردند، مهمانی که هر ماه داشتیم، به خاطر قرعه کشی... که بانک خانواده بود به من نمی‌گفتند... خلاصه برنامه اسامی را در لیست جابه‌جا کرده بودند... چون من هم زیبا بودم، هم جوان و بچه‌ای نداشتم... و برای فامیل‌ها خطر شده بودم... و من از اینکه لقب خطرناک را داشتم، رنج می‌بردم... و باید به آنها ثابت می‌کردم... من یک شیر جنگل هستم، عاشق شکار... شکار را خودم به دست می‌آورم... که تمامش متعلق به خودم باشد... من یک لاشخور نیستم... ته مانده کسی را بردارم... من ویرانگر نیستم، من مثل سابق برای تک‌تک شماها آرزوی خوشبختی دارم... من فقط گناهم این است که تحمل تحقیر نداشتم و جدا شدم... اگر طلاق بد است، پس چرا سوره طلاق در قرآن آمده...!؟ یکی از دوستان بی رحم با پوزخند گفت:

- تو عاشق بودی... ازدواج پر شور داشتی... و طلاق بی سر و صدا... یعنی چه!؟ یک توضیح منطقی بده!؟

- من، عاشق بودم... می‌خواستم عاشق بمانم... اما نشد... نخواست... زندگی، عشق... محبت... دوستی... برای او معنی و مفهومی نداشت... همه را به مسخره گرفته بود... مسئولیت نداشت...
- من قبول ندارم... حتما راه حل داشت...
- نه، نه، نه... نداشت...

آهی کشیدم و گفتم:

- دوستش داشتم بسیار...
- پس چرا طلاق گرفتی؟
- می‌گفت عقلم ناقص است. در کنارش احساس حقارت می‌کردم، با احساس حقارت نمی‌توانستم همدم خوبی باشم. با احساس حقارت نمی‌توانستم مادر خوبی باشم...

سرش را نزدیک آورد گفت:

- می‌ساختی، مگر زن‌های دیگر چه می‌کنند.
- اهل ساختن نبودم.
- صبر می‌کردی، خدا اجرت می‌داد.
- خدای من، صبر بر ظلم را اجر نمی‌دهد، صبر بر فراق اجرش بیشتر است، اجر بیشتر می‌خواستم.
- بیوه هستی، بیوگی سخت است؟

بیوه نیستم، میوه تلخ تلقین‌های غلطم! قربانی خدای ساختگی این پارینه فرهنگیم، در معبد عشق، به فریاد سکوت، من مجسمه ظلم زمانه، زنم یک انسانم، خلیفه خدا، با دردی جدا، که خدا ناقص نمی‌آفریند لعنت بر شما...!

- یعنی چه!؟ شاعر شدی!؟
- دیگر نمی‌خواهم تظاهر به خوشبختی کنم، تظاهر کردن در زندگی یک مشکل است. وقتی کسی دچار چنین مشکلی بشود، بالاخره فراموش می‌کند که چه کسی و چه احساسی در درونش وجود دارد... یعنی به یک تصویر بی جان، مبدل می‌شود....
- می‌توانستی به خودت تلقین کنی که دوستش داری...
- نمی‌توانستم، به خودم دروغ بگویم، به دیگران دروغ بگویم...
- پس خواهشا، من نماینده دوستان و چندتا از اقوامت هستم و تصمیم گرفتم، مبلغی که در بانک خانواده گذاشتی را در این ماه به تو بدهیم و دیگر در جمع ما نباشی... ما نگران زندگیمان هستیم...
- یعنی، من... من... به شماها... خیانت... من... اگر...

حرفم را قطع کرد... گفت:

- خانم، راستگو، به خودت احترام بگذار و در جمع ما نباش...

اون روز تا شب و شب تا صبح اشکم قطع نشد... تب کردم... چند روز در تب و هذیان و کابوس بودم... هیچ کس درکم نکرد... هیچ کس... بعد از یک هفته از روی تخت بلند شدم، روبه‌روی آینه ایستادم، چند لحظه‌ای خیره به چهره زیبا و رنگ پریده‌ام شدم. آهی کشیدم و با خود گفتم:

- تو که خودت را می‌شناسی... و از ازدواج خاطرات بسیار تلخ داری... و دیگر قصد ازدواج نداری... اگر بخواهی تسلیم حرف کسانی که ادهای دوستی می‌کردند باشی و در خونه خودت را زندانی کنی... به احمق‌ها می‌گویی که حرف شما درست است، شماها حق دارید قضاوت زهرآگین کنید، زندگی و آینده تعیین کنید برای دیگران... حکم صادر کنید و اجرا کنید... تصمیم گرفتم در مقابل خانواده و اقوام و دوستان قرار بگیرم و رفتم دنبال کار...

هر جا می‌رفتم بعد از رزومه کاری و مصاحبه... میزان حقوق را از من می‌خواستند می‌گفتم شدید به پول نیاز دارم... میزانش برایم مهم نیست... نگاه‌ها تغییر می‌کرد، پوزخندها شروع می‌شد... و شرایط‌ها پشت سر هم گفته می‌شد... دیدم فایده ندارد، یک ماه هر روز صبح از ساعت ۹ تا ٤ بعد از ظهر دنبال کار بودم و همه گویا با تلفن هماهنگ بودند... چون شرایط‌ها یک شکل بود... تسلیم نشدم... من ایده‌های خوبی در هر زمینه بیزینس داشتم، چون با تمام دوستان همسر سابق‌ام که کارخانه داشتند و یا سرمایه‌ای در خارج از کشور داشتند مشاوره می‌دادم، چنان بازتاب خوبی داشت که همگان به تعجب می‌افتادند... یک روز... یه بهتر بگویم، یکی از آرزوهای نوجوانی‌ام تا الان آرزو داشتم یک مدیر عامل موفق در یک کارخانه معروف بشوم... یک ریال نداشتم... صادقانه گفتم نیاز دارم به کار، به پول... چه رفتار غیر انسانی‌ای داشتند... تصمیم گرفتم دروغ بگویم و گفتم... در حالی که هیچ دوست نداشتم، مخالف بودم، اوایل رنج می‌بردم... و الان از یک چهره دروغی که آنها دوست داشتند من داشته باشم از تک‌تک آنها بیزار و متنفر هستم به شدت اما، همچنان به دروغ ادامه می‌دادم... چون گفتم:

من یک سرمایه‌دار هستم و می‌خواهم بیزینس کنم... یک دفتر اجاره کردم و در محضر تعهد دادم که در عرض شش ماه تمام کرایه و سود کامل را از یک جلسه کاری به صاحب دفتر بدهم... یک ریسک بود... و من این ریسک را کردم... انگار داشتم می‌رفتم توی خط مقدم جنگ و باید از مسیر مین‌ها رد می‌شدم و نمی‌دانستم مین کجا پنهان است... باید پا می‌گذاشتم و یا منفجر می‌شد و دیگر هیچ اثری از من نبود... یا موفق این مسیر پر مین را می‌گذارندم... و با توکل به خدا و ایمانی که به کارم داشتم قدم‌ها را شروع کردم... وقتی خودم را یک سرمایه‌دار معرفی کردم... احترام‌ها... تعریف‌ها... شروع شد، با لذت و با جان و دل به حرف‌های من گوش می‌کردند... و خانم‌هایشان تندتند احساس دلبستگی داشتند... یک روز صدایت را نشنیدم، یک هفته است ندیدم تو را دلمان تنگ شده... از این حرف‌های دروغی رنج می‌بردم... از همه که برای پول دیگران اینطور زبان بازی می‌کنند بیزار بودم... با خودم در خلوت اشک می‌ریختم با خدایم راز و نیاز و درد دل می‌کردم... خدایا:

این اسکناس‌های کاغذی چه قدرتی دارند... هر چه بیشتر داشته باشی عزت و احترامت و اعتبارت بیشتر می‌شود... یعنی در واقع به خودمان احترام نمی‌گذارند... به اسکناس‌هایم که در بانک و در بیزینس‌ها خود نمایی می‌کنند‌احترام می‌گذارند... دلگیری از دوستان قدیمی و اقوام خود داشتم، آنها می‌خواستند ارتباط را شروع کنند... من دیگر نمی‌خواستم، چون اونها همان‌هایی بودند که مسیر صداقتم را به دروغ کشاندن تا ابد آنها را نخواهم بخشید... چون داشتم هیچ کس به خودش اجازه نمی‌داد... یعنی جرات نمی‌کرد یک کلمه حرف نا زیبا بزند. من معروف شدم به یک زن سرمایه‌دار در همه جلسه‌ها که از ساعت ۹ شروع می‌شد تا ۹

شب در چند کارخانه و شرکت... که یک کارخانه تمام درصدم به صاحب دفتر اجاره‌ای‌ام بود... شدم یک دروغگو، که هر شب خسته و از کار خودم را رها می‌کردم روی تختم و یک دروغ جدید را در ذهنم طراحی می‌کردم... دیگر داشت برایم جذاب می‌شد، عادت می‌شد... اما نفهمیدم چه شد، چه چیزی باعث شد... هنوز نفهمیدم... یهویی یک انقلابی در درونم به پا شد... وای... چه انقلاب عظیمی بود... و چه گردگیری روح و روانم شروع شد، یک احساس دیگری داشتم، احساس سبکی، آرامش... و تصمیم گرفتم در هیچ شرایطی دروغ نگویم... چون تا حدودی داشتم... بهتر بگویم دیگر خوب داشتم... و در هر جلسه‌ای که مثل همیشه با موفقیت بود، داستان زندگیم را می‌گفتم و صادقانه از همکاران می‌خواستم خودمان باشیم، اصل خودمان... وقتی که توانایی داریم و ایمان داریم و تلاش می‌کنیم چرا از اصل دور باشیم و تصمیم گرفتم که حتی در جمع دوستان دوستانم را بگویم و به تمام سرمایه‌دارها و صاحب شرکت و کارخانه ها بگویم دنبال اصل و توانایی طرف مراجعه کننده توجه کنید، اهمیت بدهید... فرصت بدهید تا خودش نشان بدهد، مجبور به دروغش نکنید، چون صادقانه و گاهی بی اختیار چشمانم خیس می‌شد، خدا را شکر تاثیر خوبی داشت حرف‌هایم...

دروغ گفتن به خود و دیگران به هر دلیلی انسدادی برای روح است: زیرا روح انسان تماما نور است و هرگونه ناراستی آن را سیاه و تیره می‌کند. باید کارهای دروغ را بپذیریم و این را قول کنیم که هر دروغ برابر است با یک عقده، گره و انسداد! اگر می‌خواهید چیزی را پنهان کنید دلیل ندارد که در جواب شخصی که می‌خواهد آن را بداند برای خلاص شدن دروغ بگویید، سکوت کنید یا بهانه بیاورید یا رک بگویید که نمی‌خواهم شما بدانید! دروغ نگویید، این دروغ گفتن

در کارهایی همچون تظاهر به عملی که مورد عقیده و خواست شما نیست، تظاهر به دین داری، تظاهر به ایمان، تظاهر به پولدار بودن، تظاهر به خوب بودن، تظاهر به خدمتگذار بودن، تظاهر به محبت، تظاهر به دوست داشتن، تظاهر به کار کردن، تظاهر به دانستن، تظاهر به تعریف کردن و تظاهر به موضوع دیگر هم مصداق پیدا می‌کند... پس به چیز تظاهر نکنید و به دروغ نگویید. دروغ مستقیما به چاکرای گلو، ریشه خورشیدی و قلب ضربه می‌زند....

رابطه زن و شوهر

رابطه زن و شوهر مثل رابطه خواهر و برادری نیست

مثل رابطه مادر و فرزندی نیست

مثل هیچ رابطه‌ای نیست

دو نفر که عاشق هم‌اند، اما هم خون نیستند... اگر کدورتی بین خواهر و برادر باشد، اگر ناراحتی بین والدین و فرزند باشد، به اندازه کدورت و نارحتی ما بین زن و شوهر مهم نیست. چون در آن کدورت همه هم خونند... خواسته یا ناخواسته آن کدورت رفع می‌شود... انگار هیچ چیزی نبوده... انگار هیچ اتفاقی نیفتاده...

اما کوچکترین اتفاق اگر بین زن و شوهر رخ دهد و ان را بزرگ کنند، اگر ناراحتی ایجاد کند، حتی در صورت بخشش از ذهن دو طرف نمی رود. به مرور زمان به رابطه خدشه وارد می‌شود...

کم‌کم کدورت‌ها عادی می‌شود... کم‌کم از یکدیگر سرد می‌شوند... این خیلی خطرناک است...

سعی کنید زود از هم ناراحت نشوید... سعی کنید سریعا جبهه گیری نکنید تا می‌توانید همان جا گذشت کنید... موضوع را دنباله‌دار نکنید...

اگر کدورت‌های کوچک به چشم آمد، اگر آنها را بزرگ کردید... منتظر سردی باشید... منتظر گسستگی باشید...

چرا که ذره ذره کارهای گذشته را روی هم تلنبار می‌کنید، حتی اگر بخشیده باشید...

رابطه زن و شوهر مثل رابطه شما با خانواده‌تان نیست...

یادتان هست چند مرتبه با خواهرتان دعوا کرده‌اید؟ یادتان هست چند بار با برادرتان بگو مگو داشته‌اید؟ صد بار؟ هزار بار؟ هیچ کدام را به یادتان نیست و به دل ندارید....

با همسرتان چند بار ناراحتی داشتید؟ پنج بار؟ ده بار؟ پانزده بار؟ همه را یادتان هست... همه را کنج ذهن دارید....

رابطه زن و شوهر حساس است... مواظب رابطه‌تان باشید...

همیشه یادمان باشد که نگفته‌ها را می‌توان گفت ، ولی گفته‌ها را نمی‌توان پس گرفت...

چه سنگ را به کوزه بزنی، چه کوزه را به سنگ... شکست با کوزه است...

دل‌ها خیلی زود از حرف‌ها می‌شکنند، مراقب گفتارمان باشیم...

و از همه بدتر... عده‌ای از مردها وابسته هستند با مادرشان و از طرفی با زن دلخواه خود ازدواج کرده.

گرفتار، در دو راهی مادر و همسر...

گاه در کشاکش بحث‌ها و جدال‌ها در زندگی مشترک، یکی از آن دو سعی می‌کنند، مرد بی نوا را به سمت خود بکشند... و در این بحث‌ها و دعواها فرزندانتان آسیب جدی می‌خورند....

مادر و پدر و خانواده شوهر!

فرزندان، مثل توپ فوتبال در زمین بازی آنها قرار می‌گیرند... تا جبهه قوی/ تری علیه والدین دیگر تشکیل دهند....

این جبهه گیری، یا به اصطلاح گرو کشی باعث سردرگمی احساسی فرزندان نسبت به والدین می‌شود....

معمولا این پدر و مادر خود خواه، علت ادامه زندگی را وجود بچه‌ها می‌داند و به این وسیله نوعی احساس عذاب وجدان در فرزند ایجاد می‌کند، اگر او نبود، والدینش مجبور به تحمل چنین شرایطی نبودند....

از طرفی نوعی احساس ترس از دست دادن در فرزند ایجاد می‌شود... که این امر وابستگی به والدین را در پی دارد. این وابستگی، متاسفانه تا بزرگسالی نیز ادامه پیدا می‌کند....

یک راهکار موثر...

در چنین شرایطی، به عنوان یک همسر بهترین کاری که می‌توانید انجام دهید نزدیک شدن به والدین همسرتان است. اگر رابطه شما با آنها خوب باشد، مادر شوهر... شما را رقیب خود نمی‌بیند و کم‌کم استقلال فرزند خود را می‌پذیرد....

اصولا وابسته کردن فرزندان، ترفندی است که گاه یک مادر برای پنهان کردن ترس خود از تنهایی و تنها ماندن استفاده می‌کند. کودکی که در چنین شرایطی بزرگ می‌شود، همیشه نسبت به مادر احساس دین می‌کند و ناراحتی و نارضایتی آن مادر او را به شدت آشفته می‌سازد... معمولا این افراد بعد از ازدواج زمانی به مشاور مراجعه می‌کنند که همسرشان از وابستگی زیاد آنان به مادرشان به ستوه آمده است. گلایه این همسران، معمولا این است که شوهر یا خانم ما زمان زیادی را در کنار والدینش می‌گذراند... پدر و مادر آنها، برای همه امور زندگی‌شان تصمیم‌گیری می‌کنند... و همسر، توانایی مقابله و یا مخالفت با خواسته‌های غیر منطقی خانواده‌اش را ندارد....

برای اینکه بتوانید در کمال آرامش در کنار هم زندگی کنید لازم است اصولی را رعایت کنید.

- هر کس باید به جای خودش حرف بزند و فکر کند، نه به جای دیگران...
- برای اندیشه دیگران به اندازه اندیشه خود باید ارزش قائل شد....
- باید حرفی که می‌خواهیم بزنیم پخته باشد تا واکنش مناسبی دریافت کنیم.
- حرف زدن تحت هر شرایطی شایسته نیست.
- مراقب تاثیرات کلاممان باشیم.
- رقابت با مادر همسر... یک مشکل برایتان می‌شود...

اگر با چنین فردی ازدواج کرده‌اید یا قصد ازدواج دارید، باید بدانید که معمولا «مادرها» همسر شما، ممکن است رقیبی جدی برای شما باشد. معمولا تلاش برای بر هم زدن این وابستگی دو طرفه و افراطی راه به جایی نمی‌برد، زیرا از طرف

مادر هیچ‌گاه حاضر به ترک این وابستگی نیست و از طرف دیگر فرزند، توانایی رها شدن از بار احساس دین نسبت به والدینش را ندارد... اگر چه معمولا خود این پدر و مادر همسری برای فرزندشان انتخاب می‌کنند. یعنی برای مثال:

عروس همیشه انتخاب مادر شوهر است، ولی ترس از تنهایی و تنها شدن گاه چنان قوی است که استقلال فرزندان اضطراب تنهایی والدین می‌شود.

ثمره ازدواج، آن دو جوان... عاشق کامل یا نیمه کامل فرزندان بی گناه هستند که در خطر بچه‌های طلاق قرار می‌گیرند....

مهم‌ترین ویژگی‌های پدر و مادر خوب چیست؟

اخذ همه تصمیم‌های مربوط به تربیت بچه‌ها از روی توافق دو جانبه... ویژگی دیگری هم هست که به همین اندازه اهمیت دارد. عاشق هم بودن، یک عشق واقعی... وقتی پدر و مادری عاشق هم باشند ازدواج آنها بی خطر است... و خطر طلاق که یکی از بدترین کارهایی است که پدر و مادری می‌توانند نسبت به بچه‌هایشان انجام دهند، وجود ندارد.

متاسفانه، بسیاری از پدر و مادرها بیشتر وقت خود را صرف ویژگی اول «اخذ تصمیم‌های عاقلانه» می‌کنند و از دومی یعنی عاشق هم بودن غافل می‌شوند.

ما می‌توانیم به بچه‌هایمان عاقلانه‌ترین شکل‌ها و مهم‌ترین ارزش را آموزش بدهیم... قطعا نتیجه خوبی به دست خواهد آمد. اما وقتی پدر و مادری عاشق هم نباشند همه خانواده در معرض خطر نابودی قرار می‌گیرد. غیر ممکن است که وقتی پدر و مادری عاشق هم نیستند، الگوهای خوب ملاحظه‌گری باشند....

کتاب عشق شکستنی است، با احتیاط حمل شود.

این نکته مهم را هیچ وقت فراموش نکنیم...

والدین وابسته و فرزندانشان به کمک نیاز دارند....

در برخورد با والدین وابسته، هر نوع رفتاری که حاکی از تلاش برای کاهش این وابستگی باشد. پدر و مادر «باز به خصوص» مادر، را به واکنش وا می‌دارد تا ارتباط خود را با فرزندش قوی‌تر کند. بنابراین سعی نکنید در ابتدای کار در مقابل والدین همسرتان جبهه گیری شدیدی کنید. از لحاظ روانشناختی، هم این دسته از والدین و هم فرزندانشان نیاز به کمک دارند. کمک به مادر، برای پذیرفتن استقلال فرزند و درک این واقعیت که باید به فرزند اجازه بدهد تا از زیر چتر حمایتی او خارج شود، و از طرف دیگر کمک به فرزند برای رها شدن از احساس دینی که سال‌هاست انرژی روانی او را به خود مشغول کرده است. اما رسیدن به این نقطه، زمان زیادی، می‌برد و برای رسیدن به آن باید حوصله داشت و صبر کرد و مطالعه کرد و نزد یک مشاور مجرب رفت... و دیگر هیچ مشکلی پیدا نمی‌کنیم.

تامس هاردی[1] (رمان نویس و شاعر جنبش طبیعت‌گرایی انگلیس) در کتاب دور از مردم شوریده[2] عبارتی دارد که من آن را برای توصیف رابطه زن و شوهر در اینجا نقل می‌کنم:

متاسفانه در دوستی و رفاقت‌هایی که به واسطه شباهت ذوق‌ها به وجود می‌آید، خیلی کم اتفاق می‌افتد که به عشق بین دو جنس بیفزاید، چرا که در این فرآیند

---

[1] Thomas Hardy
[2] Far from the Madding Crowd

زن و مرد نه در رنج و تلاش‌های خود، بلکه فقط و فقط در خوشی‌ها با یکدیگر سهیم می‌شوند. ولی اگر بخت یاری کند، این احساس مشترک به یگانه عشقی به قوت مرگ تبدیل می‌شود، عشقی که آب‌های عالم هم نمی‌توانند آن را خاموش کنند و سیلاب‌های فراوان نیز نمی‌توانند آن را در خود فرو برند، در حالی که مصائب و مشکلات همچون بخار آب فرار و گذرایند.

عشق کلینیک روان درمانی نیست

زندگی مشترک همراه با عشق مهم‌ترین عامل شادی، لذت، رشد و شکوفایی انسان‌ها است، اما رابطه‌های عاشقانه نه تنها نمی تواند مشکلات، اختلال و آشفتگی روانی انسان‌ها را حل کند، بلکه باعث درد، اختلاف و از بین رفتن زندگی مشترک عشقی هم می‌شود.

افرادی که تصور می‌کنند که با زندگی مشترک می‌توانند اختلال و آشفتگی روانی همانند افسردگی، شکاکی، عصبانیت، نگرانی و خود شفیتگی خود و طرف مقابلش را درمان کنند، کاملا در اشتباه هستند. در افکار عاشقانه و زندگی عشقی دستور العملی برای طرف کردن اختلال روانی وجود ندارد.

اختلال و آشفتگی روانی همانند سم کشنده‌ای است که زندگی عاشقانه را از بین می‌برد. بهتر است که قبل از درگیری رابطه احساسی و عشقی اختلال‌های روانی خود را درمان کرد، زیرا افراد هر چند با حقه بازی و کلک بتوانند چند صباحی اختلال روانی خود را بپوشاند، اما دیر یا زود آشفتگی روانی آن ها سر باز می‌کنند و باعث بی اعتمادی و از بین بردن زندگی عاطفی و عشقی می‌شود.

بیان و آشکار کردن اختلال‌ها روانی در رابطه‌ی عشقی نشانی از صداقت افراد عاشق است، بنابراین افراد درگیر رابطه عشقی، باید وضعیت روانی خود را به طور روشن و واضح به همدیگر بگویند، تا آنها با آگاهی درباره ویژگی شخصیتی آنها تصمیم آزادنه و آگاهانه برای ادامه و یا رها کردن رابطه‌ی خود بگیرد.

برای پیش گیری و اطمینان و آسوده خاطر بودن از هر گونه سوء استفاده و حقه بازی، لازم است که افراد اطلاعی از مسایل روانی داشته باشند، تا بتوانند با جنبه‌های عمومی روانی طرف مقابل‌شان بهتر آگاه شوند.

اساسا چرا مشکل داریم؟

مشکلاتی که سر وقت ما می‌آیند تفکرمان را شکل می‌دهند. اساسا چرا مشکل داریم؟

حدود یک سوم از مشکلات به دلیل آن است که موجود زنده هستیم و دائما در حال حرکتیم.

ثلث دیگر، ساخته و محصول عملکرد خودمان و بالاخره یک سوم آخر به دلیل حرص و طمع ورزیدن و هوا و هوس‌هایمان می‌باشد.

اگر دارای یک عصای جادویی باشیم می‌توانیم این مشکلات را حل کنیم و این عصا طرز تلقی و برداشت ما از پدیده‌ها و روندهای زندگی می‌باشد.

تنها با درک مفهوم زندگی و عکس العمل نشان دادن به مشکلات آن می‌توان این مسائل را کاهش داد، البته فوری و ناگهانی نیست بلکه گام به گام و تدریجی صورت می‌پذیرد.

برخورد با هر مسئله به مراقبت‌های ویژه خود نیاز دارد و باید به جستجوی راه حل‌ها و ایده‌ها بود. «بهترین» واژه‌ای است که در تضادها با «بهتر» قرار دارد و برای حل مسائل پیش پا افتاده و احمقانه حتی دومین و سومین «بهترین» راه حل می‌تواند به اندازه دلخواه و کافی خوب و کارگشا باشد. زمانی که مشکلات مختلفی شما را احاطه کرده است می‌توانید به طرقی عمل کنید:

۱. فکر کنید که شاید و یا حتما می‌بایستی راه حل بهترین برای حل این مسائل وجود داشته باشد.

۲. پرسش و باز پرسش، از خود و دیگران سوال کنید تا بدانیدراه حل بهتر برای حل مسائل مختلف چیست؟ گاهی بعضی از مسائل نمی‌بایستی اصلا انجام بپذیرد و یا باید همراه با سایر فعالیت‌ها بررسی شود. حتی پرسش‌های ساده و به ظاهر مبتذل می‌تواند خرد ورزی و هوشیاری شما را برای حل مسائل پیش رویتان برانگیزد.

۳. کار را هم اکنون انجام دهید، شروع به کار کرده و فراموش نکنید که اولین گام برای حل یک مشکل شروع کردن آن است. اولین گام در عین حل مشکل‌ترین مرحله از هر کار است ولی تنها با گام اول کوتاهی‌ها و تنبلی‌های خود را متوقف می‌کنید. این کوتاهی و استرس خود نشانه نوعی بیماری است و در این بین نباید فهرست بندی اولویت‌ها فراموش گردد. واضح است که حل برخی از مشکلات از لحاظ زمانی و تصمیم‌گیری نسبت به بقیه تقدم دارد.

در هر موقعیت مبهم و تیره و تاریک، یک راه حل فوق العاده و طلایی وجود دارد که به شما کمک می‌کند مشکلات مقابلتان را به تسلیم شدن وا دارید. گاهی در حل یک مسئله چندین راه حل و فرصت وجود دارد.

کریستوف کلمب[1]، راه طلایی خود را در کشف قاره جدیدی دید، حال انکه او در فکر کشف هندوستان بود تا بتواند به توسعه تجارت با آنجا بپردازد. اولین و مهم‌ترین گام در جهت حل مشکل شروع کردن کار است.

برای انسان عاقل و خردمند شکست خوردن و باختن در جنبه‌هایی از زندگی پایان رویاهایش نیست و یک شروع مجدد محسوب می‌شود، به شرط آنکه به سراغ ایده‌های جدید برویم و از باخت‌ها به عنوان ستون پایه‌های اقدامات بعدی استفاده نماییم.

شکست‌هایمان در عین حال آموزشی برای موفقیت‌های بعدی می‌باشد. انسان ممکن است بارها شکست بخورد، او فقط در صورتی بازنده واقعی است که شروع به توجیه مسائل، و دیگران را مقصر و مسئول شکست خود قلمداد کند.

---

[1] Christopher Columbus

اندیشه‌های خود را بیازمایید

به هر چه معتقد باشیم برای ما به حقیقت در می‌آید. اگر ناگهان دچار مصیبت مالی شده‌اید، چه بسا در یکی از سطوح اندیشه، معتقد باشید که استحقاق رفاه مالی را ندارید، یا به فشار و قرض اعتقاد دارید. شاید معتقد باشید که هیچ چیز خوبی دوام ندارد. آیا معتقدید که زندگی منتظر است تا شما را گیر بیندازد؟ بارها این جمله را شنیده‌ام که: «من نمی‌توانم برنده شوم.»

اگر به نظر می‌رسد که نمی‌توانید رابطه دلخواه خود را به دست آورید، شاید معتقد هستید که: «هیچ کس دوستم ندارد.» یا «من دوست داشتنی نیستم.» شاید می‌ترسید بر شما مسلط شوند، همان گونه که مادرتان بر شما مسلط بود. یا شاید فکر کنید که: «مردم آزارم می‌دهند.»

اگر وضع سلامتی‌تان خوب نیست، شاید معتقد هستید که: «وضع سلامتی هیچ یک از افراد خانواده ما تعریفی ندارد.» یا شاید فکر کنید که قربانی هوا هستید. یا شاید بیندیشید: «به این دنیا آمده‌ام که رنج ببرم.» یا اینکه: «مصیبت پشت مصیبت می‌آید.»

یا شاید هم عقیده دیگری داشته باشید و شاید هم اصلا ندانید که عقیده‌ای دارید. بیشتر مردم ابدا متوجه نیستند. آنها تنها شرایط بیرونی را می‌بینند، مثل اینکه از یک تکه نان شیرینی، خاکه قند و خرده ریزه می‌ریزد. تا لحظه‌ای که کسی نتواند رابطه میان تجربه‌های بیرونی و اندیشه‌های درونی را نشانتان دهد، همچنان در زندگی خود به صورت یک قربانی به جای خواهید ماند.

مسئله:

- مشکلات مالی
- دوست و همدم نداشتن
- مشکلات شغلی
- همواره به جلب نظرات دیگران سرگرم بودن

در مقابل هر مسئله‌ای اعتقادات ما به صورت متقابل وجود دارد که به صورت زیر بیان می‌شوند:

اعتقادات:

- لیاقت پول داشتن را ندارم
- هیچ کس دوستم ندارد
- آن قدر که باید خوب نیستم
- هرگز نمی‌توانم به راه خود بروم

مشکل انسان هر چه باشد، از الگو یا قالب فکری سرچشمه می‌گیرد، و الگوها و قالب‌های فکری را می‌توان عوض کرد!

همه مسائلی که در زندگی با آنها دست به گریبانیم و با چنین تردستی‌ای فریبمان می‌دهند، شاید حقیقتی به نظر برسند و یا ما احساس کنیم که حقیقت دارند. مسئله‌ای که با آن سر و کار داریم، هر اندازه نیز که دشوار به نظر برسد، صرفا حاصل یا اثر بیرونی الگوی اندیشه‌یی درونی است.

اگر نمی‌دانید کدام اندیشه‌ها، مشکلات شما را آفریده‌اند، در جای درست خود قرار دارید.

از خود بپرسید «چه اندیشه‌هایی در سرم می‌گذرد که این مشکل را آفریده است؟»

اگر به خود این فرصت را بدهید مدت زمانی آرام بنشینید و این سوال را بپرسید، هوش و خرد خود شما، پاسخ را نشانتان خواهد داد.

بعضی از اعتقادهای ما مثبت و پروراننده‌اند. این اعتقادها به ما و زندگی ما خدمت می‌کنند. اعتقادهایی نظیر این که: «پیش از این که از خیابان رد شوی، به هر دو طرف نگاه کن.»

برخی از اندیشه‌ها در ابتدا بسیار سودمندند، اما وقتی بزرگ می‌شویم دیگر به درد ما نمی‌خورند. اعتقادهایی از این دست که: «به غریبه ها اعتماد نکن.» شاید ازن اندرز برای بچه‌ای کوچک، خوب باشد. اما برای بزرگسال، مناسب نیست، چون به جز تنهایی و انزوا، ثمره دیگری برایش به بار نخواهد آورد.

چرا ما گاه می‌نشینیم و از خود می‌پرسیم: «آیا واقعا حقیقت دارد؟» مثلا چرا من به چیزهایی از این دست معتقدم که: «آموختن، برای من کاری دشوار است.» و «آیا من هنوز به آن معتقدم، چون معلم کلاس اول، بارها و بارها آن را به من گفته است؟» و «آیا اگر این اعتقاد را کنار بگذارم، برای من بهتر نیست؟»

اعتقادهایی از این دست که: «پسر نباید گریه کند.» یا «دختر نباید از درخت بالا برود.» مردانی می‌آفریند که احساس خود را پنهان می‌کنند و زنانی که می‌ترسند، قدرت جسمانی خود را بروز دهند.

اگر در کودکی به ما آموخته باشند که دنیا ماتمکده است، در بزرگسالی همین که چیزی در روال آن اعتقاد بشنویم، می‌پذیریم که برای حقیقت دارد. این نکته در مورد «به غریبه‌ها اعتماد نکن.» و «شب بیرون نرو.» و «مردم سرت کلاه می‌گذارند.» نیز مصداق دارد.

اگر به ما آموخته بودند دنیا جایی امن و امان است، اعتقاداتی دیگر می‌داشتیم. می‌توانستیم به آسانی بپذیریم که عشق و محبت همه جا هست و رفتار مردم بسیار دوستانه است و همیشه هر چه بخواهم در اختیارم قرار می‌گیرد.

اگر در کودکی به شما آموخته بودند که: «همه‌اش تقصیر خودمه!» هر چیزی که دوروبرتان پیش بیاید، مدام احساس گناه می‌کنید و به انسانی تبدیل می‌شوید که تکیه کلامش این است که: «متاسفم»

اگر در کودکی این اعتقاد را به شما آموختند که: «من به حساب نمی‌آیم.» این اعتقاد هر کجا که باشید همیشه شما را ته صف نگاه خواهد داشت. مانند تجربه کودکی خودم که هیچ گاه کیک و شیرینی به من نمی‌رسید. آنگاه، پس از چندی که دیدید که دیگران متوجه حضور شما نمی‌شوند، احساس می‌کنیدکه شاید نامرئی هستید.

آیا اوضاع و شرایط دوران کودکیتان به شما آموخت که معتقد باشید: «هیچکس دوستم ندارد.»؟ در این صورت، حتما تنها خواهید بود. حتی اگر دوست یا رابطه‌یی وارد زندگیتان شود، دوامی نخواهد داشت.

آیا خانواده‌تان به شما آموختند که: «پول چندانی در بساط نیست.»؟ در این صورت، به شما اطمینان می‌دهم که اغلب با قفسه‌های خالی روبه‌رو می‌شوید، یا احساس می‌کنید فقط به اندازه بخور و نمیر پول دارید، یا همیشه زیر قرض هستید.

پروازه دوستم در خانه‌ای بزرگ شده بود که همه خانواده او معتقد بودند همه چیز خراب است و تنها می‌تواند خراب‌تر شود. بزرگ‌ترین شادی زندگی‌اش بازی تنیس بود. تا اینکه زانویش ضرب دید. نزد هر پزشکی که می‌شد رفت، اما کارش خراب‌تر شد، تا جایی که دیگر نتوانست به بازی ادامه دهد.

عطا دوست دیگرم فرزند یک واعظ بود. پر بچه که بود، به او آموخته بودند که نخست باید دیگران را در نظر گرفت. اعضای خانواده واعظ همیشه آخر از همه بودند. اکنون، نقش او در یاری به مراجعانش اعجاب انگیز است و بزرگ‌ترین موفقیت‌ها را به زندگی آن‌ها فرا می‌خواند، اما خودش با پول تو جیبی اندک می‌سازد و همیشه زیر قرض است. اعتقادش هنوز او را در آخر خط نگاه می‌دارد.

اگر به چیزی معتقد باشید، حقیقت به نظر می‌آید

چه بارها که گفته‌ایم: «من این طوری هستم.» یا «همین است که هست.» این به آن معناست که ما معتقدیم که آن برای ما حقیقت دارد. اما معمولا آنچه به آن اعتقاد داریم، عقیده کس دیگری است که وارد نظام اعتقادی ما شده است. البته اگر با دیگر اعتقادات ما جور در نمی‌آمد وارد نظام اعتقادی ما نمی‌شد.

آیا شما نیز از کسانی هستید که اگر صبح بیدار شوید و ببینید که باران می‌آید، می‌گویید: «وای چه روز ملال انگیزی!»؟

هر چند روزی نمناک است، روز ملال انگیزی نیست. اما اگر لباس مناسب بپوشیم و طرز فکر خود را تغییر دهیم «تغییر در طرز فکر و اعتقادات» می‌توانیم از روزهای بارانی لذت فراوان ببریم. اگر واقعا معتقد باشیم که روزهای بارانی ملال انگیزند، آنگاه همواره با دلی چرکین به پیشواز باران خواهیم رفت و به جای اینکه در رویداد لحظه شناور باشیم، تمام روز را به پیکار سرگرم خواهیم بود.

هوای «خوب» یا «بد» وجود ندارد. تنها هوا وجود دارد و طرز برخورد ما نسبت به آن.

واکنش‌های مشخص فیزیکی در اثر باورهایی تحریک می‌شوندکه به اختیار خود و یا از روی بی ارادگی می‌پذیریم و در نتیجه ترغیب، تلقین و تجربه مورد قبول قرار می‌گیرند. مثلا از طریق هیپنوتیزم که یک شکل قدرتمند از تلقین است می‌توان کاری کرد که یک فرد در یک اتاق کاملا سرد عرق بریزد و کت خود را در بیاورد چون ذهنش او را متقاعد کرده که در صحرای آفریقاست.

یک آزمایش معروف که چندی پیش در دانشگاه مینه‌سوتا[1] انجام شد در اینجا شایان ذکر است. به چند دانشجو که پس از مصرف قهوه نمی‌توانستند بخوابند اندکی قبل از ساعت خواب کمی شیر غنی شده با کافئین گرفته شده از قهوه دادند به تعداد دیگری از دانشجویان که چنین تصوری را نسبت به کافئین داشتند نیز این ماده را خوراندند. گروه اول که از وجود کافئین در شیر بی خبر بودند سریع به خواب عمیق رفتند و خواب خوبی داشتند اما گروه دوم که از وجود کافئین خبر داشتند چند ساعت در بستر خود به اطراف چرخیدند.

---

[1] University of Minnesota

یک آزمایش جالب و مربوط نیز چند سال پیش توسط یک سازمان صنعتی بزرگ انجام شد. گروهی از عوامل کارخانه از کمبود نور در بخش مورد نظر خود شکایت داشتند یک برقکار لامپ نئون که مورد اعتراض همه بود از سقف که در معرض دید کارگران بود برداشت او قول داد در ساعت ناهار لامپ‌های جدیدی را که با دقت زیر یک نیمکت جمع شده بودند و در معرض دید کارگران ناراضی قرار داشتند نصب کند. زمانی کارگران نبودند برقکار لامپ‌های استفاده نشده را به محل خود در سقف برگرداند. وقتی کارگران برگشتند با این باور که مدیریت به شکایت آنان رسیدگی کرده است، رضایت خود را از میزان نور جدید بیان کردند و دست از شکایت برداشتند. عدم حضور کارگران در محیط باعث شد از میزان شکایت آنها کاسته شود. هیچ چیز تغییر نکرد مگر باور چند کارگر که شکایت داشتند. باور...

برای تایید این فرضیه که باور و نه عوامل خارجی مسئول شفای فیزیکی است گروهی از پزشکان در دانشکده پزشکی در یک دانشگاه معروف در وست فالن[1] آزمایشی را انجام دادند. شش بیمار مبتلا به سرطان پوست شرطی شدند که از معالجات با اشعه ایکس نتیجه خوب انتظار داشته باشند. سه بیمار به جای دریافت این درمان‌ها به اتاقی برده شدند که دارای ابزار و وسایل کافی بودند اما هرگز روشن نمی‌شدند بخش بیمار بدن آنها در مقابل دستگاهی قرار داده می‌شد که فعال نبود. و باقی بدنشان با پوشش حفاظتی پوشانده شد. پزشکان و پرستاران در اطراف این بیماران طوری برخورد می‌کردند که گویی اشعه ایکس به بدن بیمار تابانده می‌شود. این بیماران کاملا متقاعد شده بودند که تحت معالجه‌اند بدون اینکه بافت

[1] North Rhine-Westphalia

بدن آنها تخریب شود درمان شدند از میان بقیه بیناران یکی شفا یافت اما دو بیمار دیگر پیشرفتی نکردند اما هر سه بیمار با آثار تخریب بافت مواجه شدند. به آنها گفته بودند که چنین می‌شود و آنها انتظارش را داشتند.

به این ترتیب حوادثی که سابقا قابل درک نبودند ناگهان درک شدند حتی می‌توانیم اسامی چند بیمار را که به سرطان قلابی دچار شدند توسط کمیته قانونگذاری سرطان در ساکرامنتو[1] پیدا کنیم آنها مدعی هستند که بیماران زیادی را معالجه کرده‌اند این بیماران مدعی هستند که بیماری آنها با این درمان قلابی درمان شد آن هم هنگامی که معالجات معمول پزشکی پاسخگو نبودند. از طرف دیگر افسران انجمن پزشکی آمریکا شواهدی را به دست آوردند که طبق آنها هیچ موردی با روش غیر ارتدکس معالجه نشده است قانونگذاری و مطبوعات و اکثر مردم نتیجه گرفتند که متهمین مظنون به کلاهبرداری هستند. شاهدان انها را فریب خوردگان نامیدند. بر اساس بحثی که ما کردیم اکنون این امکان هست که فرض کنیم این به اصطلاح کلاهبرداری و حامیان مشتاق آن به روش‌های غیر ارتدکس اطمینان کنند در حالی که پزشکان چنین باوری ندارند، باید این را بپذیریم که هر کس مطابق با باور و عقاید خود به نتیجه می‌رسد.

اگر خواهان زندگی شادمانیم، باید از اندیشه‌های شاد سرشار باشیم. اگر می‌خواهیم از زندگی کامیاب بهره‌مند باشیم، باید اندیشه‌های ما غنی باشند. اگر زندگی شیرین می‌خواهیم، باید از اندیشه‌های مهرآویز لبریز باشیم. هر آنچه با ذهن یا با زبان از خود بیرون بفرستیم، به همان شیوه به ما باز می‌گردد.

---

[1] Sacramento

درسی که از یک کودک آموختم

کشیشی در روز شنبه خود را برای اجرای مراسم دعا و نیایش آماده می‌کرد. زنش به قصد خرید خانه را ترک کرده بود. هوا بارانی و پسر کوچکش بی‌قرار و ناراحت بود. حوصله‌اش سر رفته بود. کشیش مجله قدیمی را برداشت و آن را ورق زد تا به یک عکس روشن رسید. نقشه جهان بود. کشیش صفحه را کند و آن را به قطعات ریز پاره کرد بعد تکه‌های کاغذ را به اکناف اتاق پخش کرد و به پسرش گفت:

«جانی اگر همه این تکه پاره‌های کاغذ را کنار هم بگذاری و نقشه اصلی را درست کنی به تو ۲۵ سنت جایزه می‌دهم.»

کشیش خیال می‌کرد این کار دست کم تا ظهر پسرش را سرگرم نگه می‌دارد. ۱۰ دقیقه بعد صدای دق الباب اتاق مطالعه‌اش بلند شد. پسرش بود که نقشه کامل شده را برایش آورده بود. کشیش از این که پسرش به این سرعت نقشه را تهیه کرده بود تعجب کرد.

کشیش پرسید: «پسرم چطور شد که به این سرعت این کار را انجام دادی؟»

و جانی جواب داد: «خیلی ساده بود. در سمت دیگر عکس مردی بود. قطعه کاغذی برداشتم و آن را در پایین عکس قرار دادم کاغذ دیگری در بالای عکس گذاشتم و صفحه را برگرداندم. می‌دانستم که اگر تصویر مرد را درست در بیاورم نقشه جهان نیز درست کنار هم قرار می‌گیرد». کشیش لبخندی زد و سکه ۲۵ سنتی را به پسرش داد و گفت: «تو برنامه مناجات مرا هم برای فردا آماده ساختی.

می‌دانم درباره چه حرف بزنم. موضوع سخنرانی من این خواهد بود «اگر انسان درست بشود، جهان درست خواهد شد».

این جاست که درس بزرگی می‌آموزیم اگر از دنیای خود راضی نیستید و می‌خواهید آن را تغییر دهید. نقطه شروع باید خود شما باشد. اگر شما درست شوید دنیای شما درست خواهد شد. ذهنیت مثبت موضوعی جز این ندارد. با تلقی مثبت مسائل و مشکلات دنیا در برابر شما سر تعظیم فرود می‌آورند.

شما قهرمان به دنیا آمده‌اید. آیا تا به حال فکر کرده‌اید که از زمان تولد تا کنون در چه زمینه‌هایی موفق بوده‌اید؟ آیا به این فکر کرده‌اید که چقدر موفقیت داشته‌اید. آمرام شین فلد[1]، متخصص ژنتیک می‌گوید «لحظه‌ای درنگ کنید و به خود بیندیشید. در تمام تاریخ جهان موجودی که دقیقا مثل شما باشد وجود خارجی نداشته است و در بی‌شمار سال‌هایی که در پیش است هرگز نظیر شما به وجود نخواهد آمد».

شما انسانی ویژه و منحصر به فرد هستید. برای اینکه موجودی مثل شما متولد شود، اتفاقات و تلاش‌های موفق متعددی صورت گرفته است. کمی فکر کنید ده میلیون سلول اسپرم در یک نزاع بزرگ شرکت کردند و در میان آنها تنها یکی موفق شد. همان که شما را ساخت. مسابقه بزرگی برای رسیدن به یک شی واحد بود. تخمک گرانبهایی که انتظار می‌کشید. هدفی که اسپرم‌ها برای رسیدن به آن تلاش می‌کردند از یک سر سوزن کوچک‌تر بود هر اسپرم به قدری کوچک بود

---

[1] Amram Scheinfeld

که برای دیدن آن با چشم غیر مسلح باید هزاران برابر درشت‌تر می‌شد. زندگی شما در این جبهه نبرد میکروسکپی شکل گرفت.

در سر هر یک از این میلیون‌ها اسپرم بار گرانبهایی حاوی ۲٤ کروموزوم قرار داشت، درست به همان شکل که داخل هر تخمک نیز ۲٤ کروموزوم یافت می‌شد. هر یک از این کروموزوم‌ها سرهای نرمی دارند که به هم پیوند خورده‌اند. در سر هر کدام از این‌ها صدها ژن وجود دارد که دانشمندان عوامل ارثی را به آن نسبت می‌دهند.

کروموزوم‌های اسپرم تمایلات و خصوصیات پدر و اجداد او را در خود دارند و کروموزوم‌های تخمک نیز همین‌ها را از مادر و اجداد او با خود دارند. پدر و مادر شما خود حاصل دو میلیارد سال مبارزه در جبهه بقا هستند و در این میان تنها یک اسپرم سریع‌ترین، سالم‌ترین و پیروزترین آنها با تخمک در انتظار وحدت کرد.

اینگونه زندگی مهم‌ترین شخصیت زنده شروع شد. شما برای پیروزی و قهرمانی آفریده شده‌اید و بدون توجه به اینکه بر سر راه شما چه مشکلات و چه موانعی وجود دارد، به اندازه یک دهم مشکلاتی که قبلا، هنگام بارداری بر سر راه شما وجود داشته نمی‌رسد.

پیروزی برای زندگی همه موجودات زنده در نظر گرفته شده است. به ایروینگ بن کوپر[1] یکی از مشهورترین قضات آمریکا توجه کنید. این شخصیت با آنچه ایروینگ بن کوپر جوان و کم سال فکر می‌کرد تفاوت کلی داشت.

[1] Irving Ben Cooper

حال ببینم که چگونه یک پسر هراسان ذهنیت مثبت را در خود ایجاد کرد. بن در یک خانواده فقیر در سن ژوزف رئونیون[1] بزرگ شد. پدرش خیاط مهاجری بود که درآمد فقیرانه داشت. اغلب روزها غذایی برای خوردن نداشت. به منظور تهیه سوخت برای گرم کردن خانه، بن سطل زغال را بر می‌داشت و تا ایستگاه راه آهن پیاده می‌رفت تا تکه زغالی بیابد و آن را برای گرم کردن هوای خانه به منزل بیاورد. بن از این کار خجالت می‌کشید و برای اینکه هم کلاسی‌هایش او را نبینند اغلب از کوچه پس کوچه‌ها می‌رفت.

اما اغلب او را می‌دیدند، سر به سر او می‌گذاشتند، آزارش می‌دادند و کلوخه‌های زغال را روی زمین می‌ریختند و او را گریان به منزل می‌فرستادند. در نتیجه بن در شرایط ترس و تحقیر دائم به سر می‌برد.

اما اتفاقی افتاد، اتفاقی که برای گسستن انگاره شکست لازم بود. تا آماده نباشیم پیروزی درون ما خود را نشان نمی‌دهد. اما بن تحت تاثیر یک کتاب به این موفقیت رسید. اسم این کتاب «تلاش رابرت کوردیل[2]» اثر هوراتیوالگر[3] بود.

بن در این کتاب سرگذشت جوانی با مشخصات خودش را خواند که با دشواری‌های فراوان رو به رو بود اما با شجاعت و با رعایت اخلاق که بن به آنها راغب بود توانست بر این مشکلات چیره شود.

بن پس از خواندن این کتاب تا جایی که توانست به سایر آثار این نویسنده دست یافت و آنها را حریصانه مطالعه نمود. با خواندن این کتاب‌ها روحیه‌اش تغییر کرد.

---

[1] Saint-Joseph, Réunion

[2] Robert Coverdale's Struggle: Or, On the Wave of Success

[3] Horatio Alger Jr.

حالا خود را جای قهرمانان این کتاب‌ها می‌گذاشت. در تمام مدت زمستان در آشپزخانه سرد و یخ کرده به خواندن حکایت حاکی از شجاعت و موفقیت سرگرم بود و بی آنکه بداند و متوجه باشد ذهنیتی مثبت در او ایجاد شد.

بن کوپر چند ماه پس از خواندن نخستین کتاب هوراتیوالگر بار دیگر به قصد آورن زغال راهی ایستگاه قطار شد. کمی دورتر از خود کنار ساختمانی چشمش به سه تن از جوان‌های شرور افتاد. نخستین فکری که به ذهنش رسید این بود که راه فرار در پیش گیرد. در این زمان به یاد شجاعتی افتاد که آن را در قهرمانان کتابش تحسین کرده بود. بن کوپر به جای فرار دسته سطل را محکم گرفت و به راه خود ادامه داد. انگار که شجاعت یکی از قهرمانان کتاب الگر را به نمایش می‌گذارد.

نبرد بی رحمانه‌ای در گرفت. سه پسر شرور همزمان به بن حمله کردند. سطل حاوی زغال از دستش رها شد. اما بن با چنان جسارتی به جوان‌ها حمله کرد که حیرت آنها را برانگیخت. مشت راست بن بر صورت و بینی یک از آنها فرود آمد و مشت چپش بر شکم او نشست. در میان حیرت و ناباوری بن جوان دست از نزاع کشید، عقب گرد کرد و به سرعت پا به فرار گذاشت. در حالی که بن با این پسر می‌جنگید دو پسر دیگر با مشت و لگد به او ضربه می‌زدند. حالا که بن با فرار پسر اول در شرایط بهتری قرار گرفته بود، پسر دوم را به گوشه‌ای حل داد و پسر سومی را زیر ضربات زانو و مشت‌های خود گرفت. به شدت خشمگین بود. در این لحظه در جمع پسرهای شرور تنها یکی باقی مانده بود که در اصل رهبر گروه بود. بن با یک حرکت او را به گوشه‌ای انداخت، پایش را روی پای او گذاشت. دو پسر لحظه‌ای در چشمان هم نگاه کردند.

در این لحظه پسر شرور گامی به عقب گذاشت و کمی دیرتر او نیز فرار را بر قرار ترجیح داد. بن قطعه زغالی از زمین برداشت و آن را به سوی رهبر پسران شرور که در حال فرار بود پرتاب کرد.

وقتی ماجرا فیصله یافت بن تازه فهمید که از بینی‌اش خون سرازیر است و جای مشت و لگد پسرها در چند جای بدنش کبود شده است. اما ارزش کاری که کرده بود به ناراحتی‌اش می‌ارزید. آن روز برای بن روز بزرگی بود. او به ترسش غلبه کرده بود.

بن کوپر در مقایسه با یک سال قبل خود آنقدر قوی نشده بود. مهاجمان او هم ضعیف‌تر از گذشته نبودند. تفاوت در روحیه و باورهای کوپر بود.

تصویر ذهنی[1] چه می‌گوید؟

رئیس یکی از شرکت‌های واقع در غرب میانه آمریکا از یکی از ادارات شرکت که در سانفرانسیسکو[2] بود دیدن می‌کرد. داخل یکی از اتاق‌ها روی دیوار چشمش به عکس بزرگی از خود افتاد که از او روی دیوار نصب کرده بودند. آقای رئیس خطاب به خانم دوروتی جونز[3] منشی واحد که در آن اتاق کار می‌کرد گفت: «دوروتی عکسی با این ابعاد برای اتاق کوچک تو کمی بزرگ است.»

دوروتی در جوابش گفت: «می‌دانید وقتی به مشکلی بر می‌خورم چه می‌کنم؟» بعد بی آنکه منتظر جواب بماند آرنج‌هایش را روی میز قرار داد. سرش را در میان انگشتانش گذاشت و در حالی که به تصویر خیره شده بود گفت: «آقای رئیس این مسئله را شما چگونه حل می‌کنید؟»

جواب دوروتی به ظاهر شوخی می‌رسد اما جوهر و جان کلام او بسیار حائز اهمیت است ممکن است شما هم در منزل، در اتاق کار یا در کیف خود تصویر

---

[1] سالوادور دالی «Salvador Dali» می‌گوید روانشناسی تصویر ذهنی «از جمله جالب‌ترین موفقیت‌های دنیای پزشکی و علم روانشناسی زمانه ماست»

گاهی اوقات به جای تصویر ذهنی از واژه «سیبرنتیک، Cybernetics» مشتق از کلمه یونانی «کیبرنتز، Kybernetes» به معنای سکان‌گیری، یعنی دریانوردی است یعنی کشتی خود را به بندرگاه می‌رساند. واژه «سایکو سیبرنتیک، Psycho - Cyberenetics» به اقتباس دکتر ماکسول مالتز «Maxwell Maltz» به مفهوم هدایت ذهن خود به سوی هدفی مفید و سودمند است.

[2] San Francisco

[3] Dorothy Jones

کسی را داشته باشید که برای یکی از مسائل دشوار شما جوابی پیدا کند. این تصویر می‌تواند عکس مادر، پدر، همسر یا هر شخص مشهور و سرشناس باشد.

تصویر به شما چه می‌گوید؟ تنها یک راه برای جواب دادن به این سوال وجود دارد: وقتی با مسئله‌ای روبه‌رو می‌شوید از این تصویر سوال کنید و به جوابش گوش دهید.

دنیای خود را تغییر دهید

داشتن هدف مشخص و قصد قاطع نقطه شروع همه موفقیت‌هاست. توجه داشته باشید که شما چه بخواهید و چه نخواهید دنیا تغییر می‌کند. اما شما قدرت آن را دارید که مسیر این تغییر را مشخص سازید. می‌توانید هدف‌های خود را انتخاب کنید. وقتی هدف‌مندی را با ذهنیت مثبت تلفیق می‌کنید گرایشی طبیعی برای استفاده از هفت اصل موفقیت به دست می‌آورید:

۱. ابتکار
۲. نظم و ترتیب
۳. خلاقیت
۴. اندیشه‌های سازمان یافته
۵. توجه
۶. تقسیم بندی پول و زمان
۷. پشتکار

روبرت کریستوفر[1] هدف مشخص و ذهنیت مثبت را با هم داشت.

باب[2] که با خواندن کتاب تخیلی «دور دنیا در ۸۰ روز[3]» اثر ژول ورن[4] تحریک شده بود می‌گوید:

[1] Christopher Rhinelander Robert

[2] Bob

[3] Around the World in Eighty Days

[4] Jules Gabriel Verne

در سال‌های کودکی، انسانی رویایی بودم تا اینکه بزرگ‌تر شدم و فرصتی دست داد که دو کتاب «بیندیشید و ثروتمند شوید[1]، نوشته ناپلئون هیل[2]» و «اعجاز باور[3]، نوشته کاترین کولهمن[4]» را خواندم.

«دور دنیا در ۸۰ روز» با خود گفتم چرا دور دنیا را با ۸۰ دلار سفر نکنم. معتقد بودم با ایمان و اعتقاد کاری که نشدنی باشد وجود ندارد.

«با خود گفتم خیلی‌ها با کار به عنوان خدمه کشتی هزینه مشافرت خود از اروپا به آمریکا با اروپا را تامین کرده‌اند. خیلی‌ها دور دنیا را گشته‌اند چرا من نتوانم؟»

باب خودنویس را برداشت و مشکلات احتمالی سفر را یادداشت کرد و بعد برای هر مشکل راه حلی منطقی یافت.

باب کریستوفر یک عکاس حرفه‌ای بود. دوربین برداشت، در کار عکاسی وارد بود. او تصمیم گرفت هر طوری شده برنامه خود را اجرا کند.

- قراردادی با یکی از شرکت‌های بزرگ دارویی امضا کرد. بر اساس این قرارداد قرار شد که از هر کشوری که می‌گذرد مقداری از خاک آن کشور را برای بررسی‌های دارویی برای شرکت مزبور بردارد.
- گواهینامه رانندگی بین المللی و تعدادی نقشه گرفت و در ازاء آن قول داد که در مراجعت اطلاعاتی درباره وضع جاده‌های کشورهای خاورمیانه جمع آوری کند.
- سفرنامه‌های دریانوردان را جمع آوری کرد.

---

[1] Think and Grow Rich

[2] Napoleon Hill

[3] I Believe in Miracles

[4] Kathryn Johanna Kuhlman

- برگه عدم سوء پیشینه‌ای از پلیس شهر نیویورک[1] گرفت.
- با یک شرکت هواپیمایی باری قراردادی امضا کرد که در ازاء پرواز از آمریکا به اروپا، عکس‌های تبلیغاتی مورد نیاز این شرکت را مجانی به آنها بدهد.
- به عضویت یکی از هتل‌های مخصوص جوانان درآمد.

در پایان این تلاش‌ها، مرد جوان ۲۶ ساله در حالی که ۸۰ دلار در جیب داشت سوار بر هواپیما نیویورک را ترک کرد. هدفش این بود که با ۸۰ دلار دنیا را دور بزند.

در ادامه چند مورد از تجربیات او را برای شما بازگو خواهم کرد:

- در یکی از مشهورترین هتل‌های نیوفاوندلند[2] صبحانه خورد، لابد می‌پرسید که پولش را چگونه پرداخت کرد؟ از آشپزها عکس گرفت و آنها متقابلا صبحانه مجانی به او دادند.
- در شانون ایرلند[3] چهار کارتون سیگار آمریکایی را روی هم رفته به مبلغ ۴/۸۰ دلار خریداری کرد. در آن زمان، در بسیاری از کشورها سیگار به قدر پول ارزش معاوضه داشت.
- از پاریس[4] به وین[5] رفت. می‌دانید پول کرایه را از کجا آورد؟ یک کارتون از سیگارهایی را که در ایرلند تهیه کرده بود به راننده داد تا او را از پاریس به وین ببرد.

---

[1] New York City
[2] Newfound Land
[3] Shannon, County Clare, Ireland
[4] Paris
[5] Vienna

- از کوه‌های آلپ[1] گذشت و از وین به سوئیس[2] رفت. در ازاء این مسافرت ٤ پاکت سیگار را به مامور راه آهن داد تا او را سوار قطار کند.
- با اتوبوس به دمشق[3] سفر کرد. یکی از پلیس‌های سوری به قدری از عکسی که باب از او گرفته بود خوشحال شد که به راننده یکی از اتوبوس‌ها دستور داد او را به دمشق ببرد.
- در ازاء عکسی که از رئیس و کارمندان یک شرکت حمل و نقل عراقی گرفت مجانی از بغداد[4] به تهران[5] سفر کرد.
- در بانکوک[6] صاحب یک رستوران مشهور از او پذیرایی شاهانه کرد. علتش این بود که باب اطلاعات و نقشه‌های مورد علاقه او را تامین نمود.
- از ژاپن[7] به سانفرانسیسکو در لباس یک میهماندار هوایی به طور مجانی حرکت کرد دور دنیا در ۸۰ روز؟ نه رابرت کریستوفر دور دنیا را در ۸٤ روز طی کرد اما به هدفش رسید. او دور دنیا را با ۸۰ دلار پیمود.

و از آنجایی که او هدف مشخص و عزم جزم خود را با ذهنیت مثبت ترکیب کرد به موفقیت دست یافت.

مایلم داستان مشابه ادوارد بوک[8] را برایتان بازگو کنم:

---

[1] Alps

[2] Switzerland

[3] Damascus

[4] Baghdad

[5] Tehran

[6] Bangkok

[7] Japan

[8] Edward Bok

ادوارد بوک در کودکی به اتفاق پدر و مادرش از هلند به آمریکا آمد. از کودکی آرزو می‌کرد که روزی مجله‌ای را اداره کند. با این هدف مشخص از حادثه ای استفاده کرد که اگر بسیاری از ما جای او بودیم بی توجه از کنارش می‌گذشتیم.

او مردی را دید که پاکت سیگاری را باز کرد و از آن کاغذی بیرون کشید و کاغذ را روی زمین انداخت. روی کاغذ عکس یکی از هنرمندان مشهور سینما را چاپ کرده بودند. زیر عکس توضیح داده بودند که این عکس یکی از عکس‌های مجموعه‌ای است که در پاکت سیگار برای علاقه‌مندان گذاشته می‌شود. بعد خریداران را تشویق کرده بودند که همه عکس‌های این مجموعه را جمع آوری کنند. بوک کاغذ را برگردانید پشت آن سفید بود.

فکری به ذهن بوک رسید. فرصت مناسبی پیش آمده بود. بوک با خود فکر کرد که اگر در پشت سفید این عکس بیوگرافی صاحب ان نوشته شود ارزش آن بیشتر می‌شود. به موسسه لیتوگرافی که عکس‌ها را چاپ کرده بود رفت و نظرش را با مدیر آن در میان گذاشت مدیر موسسه بلافاصله گفت:

«اگر برای ۱۰۰ شخصیت مشهور بیوگرافی ۱۰۰ کلمه‌ای بنویسی در ازاء هر کدام به تو ۱۰ دلار می‌دهم. فهرست آنها را برایم بفرست. روی روسای جمهور، سربازان نامی، هنرمندان بزرگ و نویسندگان بیشتر تکیه کن»

این نخستین ماموریت و سفارشی بود که ادوارد بوک برای نویسندگی می‌گرفت. تقاضا برای بیوگرافی خلاصه او به قدری بالا گرفت که دیگر انجام آن به تنهایی از او ساخته نبود. ادوارد بوک به برادرش گفت که اگر در نوشتن به او کمک کند در ازاء هر بیوگرافی ۵ دلار دریافت خواهد کرد. دیری نگذشت که ۵ روزنامه

نگار به طور تمام وقت برای تهیه بیوگرافی‌ها به او کمک می‌کردند. بوک حالا ویراستار و سردبیر آنها بود.

ممکن است نگران باشید که نداشتن سلامت جسمانی شما را زمین‌گیر کند. ممکن است فکر کنید با این شرایط جسمانی نمی‌توانید بر مشکلات خود غلبه کنید. در این صورت از تجربه میلو سی جونز[1] درس بگیرید. میلو وقتی در کمال سلامتی بود اقدامی برای کسب ثروت نکرد تا اینکه بیمار شد و با بیماری‌های فراوان روبه‌رو گردید.

میلو سی جونز در دوران سلامتی زیاد فعالیت کرده بود. در تاریکی فورت اتکینسون، ویسکانسین[2] در مزرعه کوچکی زراعت می‌کرد. اما بیش از حد مصرف خانواده تولید نمی‌کرد. شرایط دشوار زندگی سال‌های متمادی ادامه داشت تا اینکه اتفاقی افتاد.

جونز فلج شد و به بستر افتاد. حالا که سن و سالی از او گذشته بود قدرت حرکتش را از دست داده بود. فلج شده بود و به زحمت می‌توانست خود را تکان دهد. اقوامش مطمئن بودند که او برای همیشه بیمار و ناخشنود باقی خواهد ماند. اما این پیشگویی درست در نیامد. او در زمره اشخاص شادمان زمانه قرار گرفت.

اما چگونه این اتفاق افتاد؟ او از مغز خود استفاده کرد. بله بدنش فلج بود اما مغزش کار می‌کرد. می‌توانست بیندیشد و برنامه بریزد و همین کار را کرد. یکی از روزها که سرگرم تفکر و برنامه‌ریزی بود مهم‌ترین شخصیت زنده را با طلسم

---

[1] Milo C. Jones
[2] Fort Atkinson Wisconsin

جادویی مجهز به ذهنیت مثبت و ذهنیت منفی ملاقات کرد. او به این نتیجه رسید که مغزی با یک بدن دارد. همین جا بود که تصمیم خود را گرفت.

ذهنیت مثبت او را ثروتمند کرد. میلو سی جونز ذهنیت مثبت را خود انتخاب کرد. تصمیم گرفت که امیدوار و خوش‌بین باشد و اندیشه‌های خلاق را به واقعیت تبدیل کند، خواست که مفید باشد. خواست به جای آنکه سربار خانواده باشد از آنها حمایت کند. اما چگونه می‌توانست امتیازات منفی را به امتیازات مثبت تبدیل کند؟ او اجازه نداد که این مسئله حیاتی او را متوقف سازد. او جواب را یافت.

نخست آنکه جونز شاکر باقی ماند. به این نتیجه رسید که چیزهای زیادی دارد که باید به خاطر آن شکر به جای آورد. این سپاس‌گذاری وسیله‌ای شد تا خواهان چیزهای بیشتری شود و چون می‌خواست مفید واقع شود آنچه را که در جستجویش بود یافت.

جونز خوب فکر کرد و برنامه‌ای به ذهنش رسید و آن را با افراد خانواده‌اش در میان گذاشت. به آنها گفت: «من با ذهنم کار می‌کنم، همه شما می‌توانید اگر بخواهید به جای دست‌ها، پاها و جسم من عمل کنید». بیایید سرتاسر مزرعه را ذرت بکاریم. ذرت‌ها را خرج پرورش خوک می‌کنیم و بعد از گوشت خوک‌های جوان سوسیس می‌سازیم و سوسیس‌ها را پس از بسته بندی با نام تجاری خود می‌فروشیم. آنها را در تمام فروشگاه‌های سرتاسر کشور به فروش می‌رسانیم و بعد در حالی که می‌خندید گفت:

«قول می‌دهم که سوسیس‌ها را مثل نقل و نبات بخرند».

و به راستی هم که چنین شد. در مدت چند سال نام تجاری سوسیس تهیه شده توسط آنها در سرتاسر کشور از شهرتی فراوان برخوردار گردید.

میلو سی جونز میلیونر شد. او با ذهنیت مثبت به موفقیت بزرگی رسید. او از طلسم ذهنیت مثبت به سود خود استفاده کرد و با آنکه معلول جسمانی بود به زندگی شاد و رضایت بخش رسید.

اجازه بدهید فرمولی را به شما معرفی کنم که با کمک آن می‌توانید دنیا را تغییر دهید. خوشبختانه همه اشخاص با مشکلاتی تا این حد روبه‌رو نیستند. با این حال هر کس مسئله‌ای دارد که باید نسبت به رفع آن اقدام کند.

اما این کدام فرمول است که به شما امکان می‌دهد که دنیای خود را تغییر دهید. همه روزه بارها این جمله را تکرار کنید و آن را به حافظه بسپارید که هر چه را که مغز انسان می‌تواند تصور کند یا باور کند با ذهنیت مثبت قابل دسترسی است.

بیل[1] پسر زارع بیماری بود که در جنوب شرقی می‌زوری[2] زندگی می‌کرد. یک آموزگار دستور زبان متعهد ویلیام دانفورد[3] جوان را ترغیب کرد تا دنیای خود را تغییر دهد. آموزگار به او گفت: «اگر توانستی سالم‌ترین دانش آموز مدرسه بشوی، من که فکر نمی‌کنم بتوانی».

اما این اتفاق افتاد و او سالم‌ترین دانش آموز مدرسه شد و بیش از آنکه در ۸۵ سالگی بمیرد به هزاران جوان دیگر کمک کرد تا سلامتی خود را باز یابند. او در

---

[1] Bill
[2] Missouri
[3] William Danforth

تمام سال‌های طولانی کار و فعالیت، حتی یک روز نشد که به علت بیماری از حضور در محل کار خودداری کند.

«فکر می‌کنم نتوانی» به او انگیزه داد تا یکی از بزرگترین شرکت‌های آمریکا را بسازد. این عبارت به او امکان داد تا ثروتی کلان بیندوزد. «شرط می‌بندم نتوانی»[1] به او امکان داد تا «بنیاد جوانان آمریکا»[2] را تاسیس کند که بتوانند با معضلات دنیای خود روبه‌رو شوند.

«شرط می‌بندم نتوانی» ویلیام دانفورد را بر آن داشت تا کتابی تحت عنوان «شرط می‌بندم نتوانی» به رشته تحریر در آورد. این کتاب امروزه الهام بخش هزاران دختر و پسر و زن و مرد است تا با شجاعت خویش این جهان را به محل مطبوع‌تری برای زندگی مبدل سازند.

حال ببینیم که کلمنت استون[3] چگونه توانست یک شرکت بیمه به ارزش ۱۶۰۰۰۰۰ دلار را با پول صاحب آن خریداری کند. بهتر است موضوع را از زبان خود او بشنویم:

اواخر سال بود و من سرگرم مطالعه، اندیشیدن و برنامه‌ریزی بودم. تصمیم داشتم صاحب شرکت بیمه‌ای شوم که بتوانم در چندین ایالت آمریکا فعالیت کنم. برای رسیدن به این موفقیت برای خود زمانی را مشخص ساختم. مصمم شدم که تا ۳۱ دسامبر سال بعد صاحب چنین شرکتی شوم.

---

[1] Dare You and Adventures in Achievement
[2] American Youth Foundation (AYF)
[3] William Clement Stone

اکنون می‌دانستم که چه می‌خواهم و زمان دستیابی به آن را هم مشخص ساخته بودم. اما هنوز راه رسیدن به آن را نمی‌دانستم. البته این مهم نبود زیرا یقین داشتم که می‌توانم راهی برای این کار بیابم. با خود فکر کردم که باید در پی یافتن شرکتی شوم که خواسته مرا برآورد کند. این شرکت باید از ویژگی‌های زیر برخوردار می‌بود:

۱. باید مجوز فروش بیمه عمر و حوادث را می‌داشت
۲. باید می‌توانست تقریبا در تمامی ایالات کشور آمریکا فعالیت کند

البته تهیه پولش هم مطرح بود اما با خودم گفتم وقتی شرکت مورد نظر را بیابم فکری هم به حال پولش می‌کنم. من ذاتا یک فروشنده بودم و می‌توانستم در صورت نیاز اوراق بیمه شدگان شرکت را به یک شرکت بزرگ‌تر بفروشم. در این صورت هم صاحب شرکت بودم و سودی عاید من می‌شد.

خوب می‌دانستم که شرکت‌های بزرگ بیمه به در اختیار گرفتن شرکت‌های کوچک‌تر سازمان یافته بسیار راغب هستند. می‌دانستم که اگر شرکت مورد نظر را داشته باشم راه فروش اوراق بیمه را به خوبی می‌دانم. قبلا هم یک بار تشکیلات بزرگ بیمه تاسیس کرده بودم و تجربه خوبی داشتم.

قدم بعدی من این بود که از خداوند تقاضای مساعدت نمودم. به ذهنم رسید که خواسته‌ام را به اطلاع دیگران برسانم و از آنها کمک بگیرم. البته این با توصیه‌های ناپلئون هیل در کتاب «بیندیشید و ثروتمند شوید» منافاتی نداشت. ناپلئون هیل توصیه کرده که هدف‌های قطعی و مشخص خود را جز با نزدیکان و شریکانمان

با دیگران در میان نگذاریم. از این رو می‌دانستم که وقتی شرکت مورد نظرم را بیابم جریان مذاکرات آن را تا پایان قطعی معامله افشا نخواهم کرد.

با این حساب خواسته‌ام را با دیگران در میان گذاشتم. وقتی به اشخاص صاحب نظر در صنعت بیمه بر می‌خوردم خواسته‌ام را با آنها در میان می‌گذاشتم.

جو گیبشون[1] از شرکت بیمه اکسس[2] از جمله این اشخاص بود. او را قبلا یک بار دیده بودم.

سال نو را با دلگرمی و ذوق و شوق آغاز کردم می‌دانستم که چه می‌خواهم و مصمم بودم که به خواسته‌ام برسم. یک ماه و بعد، دو ماه و شش ماه گذشت. به ماه دهم رسیدم و هنوز کاری صورت نداده بودم. با آنکه به اشخاص و شرکت‌های متعددی مراجعه کرده بودم هیچکدام حائز آن دو شرطی که من برای خرید شرکت قائل بودم نبودند.

تا اینکه در یکی از روزهای شنبه ماه اکتبر، در حالی که پشت میزم سرگرم مطالعه، اندیشیدن و برنامه ریزی بودم، فهرست هدف‌هایی که برای آن سال تعیین کرده بودم مطالعه می‌کردم. به همه این هدف‌ها به جز یک مورد رسیده بودم که آن هم خرید شرکت بیمه مورد نظرم بود.

با خود گفتم که فقط دو ماه مانده است. راهی برای این کار باید وجود داشته باشد و با اینکه از این راه بی‌اطلاعم می‌دانم که آن را خواهم یافت. هرگز به فکرم

---

[1] Joe Gibson

[2] Excess Insurance Company

نرسیده بود نتوانم به این هدفم برسم. بار دیگر از خداوند خواستم که مرا در رسیدن به هدفم یاری دهد.

دو روز بعد اتفاق غیر منتظره‌ای افتاد. بار دیگر پشت میز کارم نشسته بودم، مطلبی را می‌نوشتم. تلفن زنگ زد، گوشی را برداشتم، صدایی گفت «سلام کلمن جو گیبسون هستم». مکالمه ما کوتاه بود اما هرگز این مکالمه را فراموش نمی‌کنم. جو به سرعت حرفش را زد.

فکر می‌کنم باید دانستن موضوع برای تو جالب باشد. «شرکت بازرگانی اعتباری بالتیمور[1] با احتمال زیاد شرکت وابسته خود در پنسیلوانیا[2] را به دلیل ضرر فاحش آن به فروش می‌رساند. قرار است هیئت مدیره شرکت پنجشنبه آینده در بالتیمور تشکیل جلسه دهند. همه اوراق بیمه شرکت پنسیلوانیا را در شرکت دیگری که به شرکت بازرگانی اعتباری بالتیمور تعلق دارد، بیمه مجدد کرده‌اند. معاون شرکت اعتباری آقای ئی اچ، وارهایم[3] است.»

صمیمانه از جو گیبسون تشکر کردم. از او یکی، دو سوال کردم و بعد گوشی را روی تلفن گذاشتم. بعد از چند دقیقه صحبت به ذهنم رسید اگر بتوانم طرحی ارائه دهم که شرکت بازرگانی اعتباری به سرعت بیشتری به هدفش برسد، مدیریت آن احتمالا طرح پیشنهادی من را به سهولت بیشتری خواهد پذیرفت.

من آقای وارهایم را نمی‌شناختم و به همین دلیل برای زنگ زدن به او دچار تردید بودم. اما به این نتیجه رسیدم که درنگ جایز نیست. با خود گفتم با تلفن زدن به

---

[1] Baltimore

[2] Pennsylvania

[3] E.H. Warhcim

آقای وارهایم چیزی را از دست نمی‌دهم. اما اگر بتوانم طرحم را بفروشم به همه خواسته‌هایم می‌رسم. با الهام از «همین حالا انجام بده» فورا دست به کار شدم.

با این ذهنیت گوشی را برداشتم و به آقای وارهایم در بالتیمور زنگ زدم. تبسم چهره‌ام را در صدایم منعکس کردم و گفتم «آقای وارهایم برایتان خبر خوبی دارم» خودم را معرفی کردم و گفتم که موضوع فروش شرکت واقع در پنسیلوانیا را شنیده‌ام و می‌توانم کاری کنم که این برنامه به سرعت بیشتری انجام شود. بعد با آقای وارهایم قرار ملاقات گذاشتیم تا روز بعد ساعت ۲ بعد از ظهر با او و همکارانش در بالتیمور جلسه ای داشته باشم. ساعت ۲ بعد از ظهر من به اتفاق وکیلم راسل آرینگتون[1] با آقای وارهایم و همکاران او در بالتیمور ملاقات کردم.

شرکت پنسیلوانیا نیازهای من را برآورده می‌ساخت. این شرکت با توجه به مجوزش می‌توانست در ۳۵ ایالت آمریکا فعالیت کند. تمام اوراق بیمه این شرکت نیز قبلا بیمه مجدد شده بود. شرکت بازرگانی اعتباری به سرعت و با خاطر جمعی به هدفش رسید و از من در ازاء واگذاری مجوز ۲۵۰۰۰ دلار دریافت کرد.

دارایی نقدی شرکت پنسیلوانیا ۱۶۰۰۰۰۰ دلار بود. لابد می‌پرسید من این رقم پرداخت را از کجا تامین کردم. جوابش این است که من از پول دیگران استفاده کردم. ماجرا از این قرار است:

---

[1] Russell Arrington

آقای وارهایم پرسید «۱۶۰۰۰۰۰ دلار دارایی نقدی ما را چگونه می‌پردازید؟ جواب آماده‌ای داشتم. گفتم کار شرکت بازرگانی اعتباری وام دادن است. من این پول را از شما وام می‌گیرم.»

همه خندیدیم و من ادامه دادم «شما در این میان کمترین صرری نمی‌کنید همه چیز به سود شماست. من همه دارایی‌ام و از جمله ۱۶۰۰۰۰۰ دلار دارایی نقدی شرکت را وثیقه می‌گذارم»

از آنجا که شما در حرفه وام دادن هستید خوب می‌دانید وثیقه ای بهتر از آنچه به من می‌فروشید نمی‌توانید پیدا کنید. از آن گذشته بهره وام را هم دریافت می‌کنید.

از همه این‌ها مهم‌تر مشکل شما به سرعت و با اطمینان خاطر برطرف می‌شود.

بعد وقتی لحظه‌ای تامل کردم آقای وارهایم از من سوال بسیار مهمی کرد:

«چگونه می‌خواهید اقساط وام را بپردازید»

برای پاسخ دادن به این سوال هم آماده بودم «من همه مبلغ وام را در ۶۰ روز به شما می‌پردازم»

من و شما خوب می دانیم که هر کس در کار تجارت باشد باید در ازاء منافعش مالیات بپردازد اما من این مشکل را ندارم. شرکت پنسیلوانیا هیچ سودی نداشته است. بنابراین من با دریافت پول حاصل از کاهش سرمایه به شرکت مالیاتی نمی‌پردازم.

«باقیمانده وام را چگونه می‌پردازید؟»

برای پاسخ دادن به این سوال هم آمادگی داشتم: «کار ساده‌ای است. دارایی موجود شرکت پنسیلوانیا از پول نقد و اوراق بهادار تضمین شده تشکیل می‌شود. از آن گذشته خودم هم دارایی‌هایی دارم. در ازاء آنها از بانک وام می‌گیرم و پول شما را می‌پردازم.»

وقتی به اتفاق آقای آرینگتون در ساعت ۵ بعد از ظهر شرکت بازرگانی اعتباری را ترک کردیم، معامله قطعی شده بود.

دنیا لطف ویژه‌ای به این اشخاص نداشت و با این حال آنها در زمره اشخاص بسیار موفق قرار گرفتند. این اشخاص همگی از استعداد درونی خود استفاده کردند و خواستند دنیای خود را تغییر دهند و در این امر موفق شدند.

گریگ اندرسون[۱] بیان می‌کند که کنار بگذارید این آرزو کردن‌های نابخردانه را که «ای کاش همه چیز جور دیگری بود». به جای هدر دادن زمان و نیروی عاطفی و معنوی برای سخن‌سرایی درباره‌ی دلایل وجود فاصله میان ما و آنچه می‌خواهیم، می‌توانیم بگردیم ببینیم چه راه‌های دیگری ما را به هدف می‌رساند.[۲]

---

[1] Greg Anderson

[2] Stop the mindless wishing that things would be different. Rather than wasting time and emotional and spiritual energy in explaining why we don't have what we want, we can start to pursue other ways to get it.

شب‌های تاریک من

رابی سنفورد راجینز[1] توصیف زیبایی از زندگی دارد که من آن را در اینجا بیان می‌کنم:

همه ما از زندگی زخم خوزده‌ایم.

همه ما می‌توانیم از شفا بهره ببریم،

برخی از ما ظاهرا آن را بیشتر از بقیه نشان می‌دهیم،

زندگی کردن صدمه دیدن است، و گاهی سهوا و

گاهی عمدا به دیگران حتی به نزدیکانمان صدمه می‌زنیم.

فکر اینکه به طریقی بتوانیم زندگی را بدون درد بگذرانیم فقط:

یک تصور ذهنی، یک سراب است.

گاهی اوقات از درون، ندایی می‌شنویم که آنقدر بلند فریاد می‌زند که ناگریزیم به آن گوش فرا دهیم. آن، ممکن است گاهی به شکل یک صدای واقعی، یک رویا، یا با انواع نشانه‌های دیگر ظاهر شود. آن، ممکن است به عنوان یک دانش درونی، دانش ساده‌ای که می‌گوید الان زمان تغییر است، ممکن است زمان آن رسیده باشد که مسیر دیگری را دنبال کنیم، نزد ما بیاید. شاید آگاه شویم که باید الان کاری بکنیم، یا احساس کنیم به سمت تغییری که خواهان ان نیستیم مثل یک شغل جدید، تغییر سبک زندگی، رها کردن یک رابطه هدایت شده‌ایم. این ندا می‌تواند

---

[1] Roby Sanford Robbins′

آنقدر قوی باشد که میزان دردناک بودن انجام این تغییر اصلا مهم نباشد، ما احساس می‌کنیم که هیچ انتخاب نداریم.

زمانی یک دوست به من گفت که آن را به شکل موجی که درون او ریخته می‌شده شنیده است که به او می‌گفت همراه من بیا، همراه من بیا، همراه من بیا، تا جایی که او انتخاب دیگری جز تعقیب ندا نداشت. ندا به او می‌گفت به پیام خدمت به خداوند پاسخ بده، او هر چیزی که داشت و هر کسی که می‌شناخت را رها کرد و به صومعه ملحق شد. در پایان، وقتی او تسلیم ندا شد، از تصمیم‌اش بسیار راضی بود.

خودکاوی و کوشش من برای شناخت خودم، استقلال، و هدف گاهی به عنوان یک بلی! رسا. یک دلگرمی و گاهی خیلی ضعیف، یک نه ملایم و زمانی همچون یک غرش ایست، ظاهر می‌شد.

من بعد از مرگ مادر بزرگ مادری‌ام در بوستون[1] متولد شدم و من را روتس لوئیز هاس[2] نامیدند. چون پیش از این نام روتس هاس در خانواده ما بود، والدینم من را لوئیز نامیدند، نامی که احساس می‌کردم کاربرد راحتی ندارد. وقتی من دو سال و نیمه بودم خانواده‌ام به علت شغل پدرم به دیترویت[3]، میشیگان[4] رفتند و چند سال بعد از نقل مکانمان، جنگ جهانی دوم تمام شد. وقتی ما خانه‌ای را اجاره کردیم فقط توانستیم قرارداد یک ساله ببندیم و مجبور بودیم پایان هر سال دوباره

---

[1] Boston

[2] Rootes Louis Has

[3] Detroit

[4] Michigan

اسباب کشی کنیم چون سربازهایی که از جنگ بر می‌گشتند برای گرفتن خانه در الویت بودند. در نتیجه از زمستان کودکستانم تا کلاس چهارم، حداقل چهار بار نقل مکان کردیم.

هنوز هم مثل آن وقت‌ها خاطرات زنده در دیترویت، برای من بسیار شیرین است. بچه‌های زیادی در همسایگی ما بودند و همیشه کاری برای انجام دادن، وجود داشت. آن، زمان سبکساری، و بی پروایی بسیار من، در زندگی بود. درست قبل از ده سالگی‌ام، پدرم کارش را از دست داد و خانواده من تصمیم گرفتند به بوستون برگردند. من مجبور بودم همه دوستانم را ترک کنم. در همان زمان، اصرار شدید داشتم که من را با نام واقعی خودم صدا بزنند. نمی‌خواستم کوتاه بیایم و سازش کنم. زمان مناسبی بود چون ما به خانه جدید نقل مکان کرده بودیم. تنها افرادی که من را با نام لوئیز می‌شناختند اقوامم و افرادی که در دیترویت زندگی می‌کردند، بودند.

وقتی طرح خود را اعلام کردم اول پدر و مادرم، من را جدی نگرفتند و آن‌ها هنوز هم من را لوئیز صدا می‌کردند. وقتی آن‌ها من را لوئیز صدا می‌کردند با کله شقی و لجاجت از جواب دادن امتناع می‌کردم. کم‌کم خانواده‌ام به خودشان قبولاندند که به من به طرز جدیدی نگاه کنند.

تا من به کلاس پنجم برسم مجبور شدیم بیشتر از سه بار به سه شهر در ماساچوست[1] نقل مکان کنیم، چون پدرم به تعویض شغل ادامه می‌داد. در کل، من در سه مدرسه متفاوت برای پنج کلاس حضور داشتم. در نتیجه شجاعت من برای

---

[1] Massachusetts

سال‌ها مخفی بود، و کاملا خجالتی و کمرو شدم و برایم خیلی مشکل بود که دوستان جدیدی پیدا کنم.

آخرین نقل مکان ما به بروکلین[1]، ماساچوست، بود، شهری که در آن زمان به عنوان مکان خانواده‌های مرفه شناخته شده بود. پدرم قادر به یافتن شغل نبود، و سرانجام عمویم شغلی با حقوق پایین در انبار یک کارخانه کفش برای او پیدا کرد. ما پول خیلی کمی داشتیم و خوشبختانه قادر به اجاره طبقه دوم یک خانه برای سکونت دو خانوار در یک محله شیک شدیم.

تمام خانه های دیگر توسط خانواده‌هایی که از نظر مالی در شرایط بهتری بودند که اشغال شده بودند.

من همیشه نسبت به بچه های دیگر احساس پایین بودن می‌کردم و هیجان مادرم را وقتی او توانست شش دست لباس مدرسه جدید به قیمت دستی ۱ دلار از فروشگاه ارزانی برایم بخرد را به یاد می‌آورم. تنها زمانی از پوشش احساس رضایت می‌کردم که من یک بسته پستی که در «پوششی محافظتی پیچیده شده بود» را از پسر عمویم جوآنی که در خانه تک خانوار در واشینگتون دی‌سی[2] زندگی می‌کرد، دریافت می‌کردم. لباس‌هایی که او می‌فرستاد، همه از فروشگاه‌های منطقه شیکی تهیه شده بودند و هنوز داخل آنها برچسب داشت.

در بروکلین مادرم یک دفعه تغییر کرد. شاید به این دلیل که پدرم شغل‌اش را از دست داده بود و حالا ما در کشمکش بودیم او می‌خواست ظاهر ما را طوری

---

[1] Brooklyn

[2] Washington, D.C.

خوب بسازد که با همسایه‌هایمان هماهنگ به نظر برسیم. او می‌خواست من شبیه دخترهای دیگر باشم کسانی که موی‌شان را فر کرده و با عروسک بازی می‌کنند. اما من هنوز شبیه پسرها بودم عاشق بالا رفتن از درخت، بازی با توپ و شوت کردن تیله‌ها بودم.

آن روزها من دو مایل تا مدرسه پیاده روی می‌کردم از کنار خانه‌هایی می‌گذشتم که در زیر زمین‌هایشان زمین بولینگ و در راهروهای ورودی اختصاصی خود کادیلاک داشتند. تقریبا تا هفده سالگی‌ام پدرم نتوانست یک ماشین تهیه کند. بسیاری از دخترهایی که تا آن موقع می‌شناختم وقتی به سن شانزده سالگی رسیدند، ماشین خریده بودند. احساس ناامنی، حقارت می‌کردم و فکر می‌کردم به اندازه آنها خوب نیستم.

وقتی در دانشکده بودم ساخت یک شرکت کارت تبریک سازی را آغاز کردم و وقتی فارغ التحصیل شدم به ساختن آن ادامه دادم. یک سال بعد از فارغ التحصیل شدنم ازدواج کردم.

در نهایت من و همسرم صاحب سه فرزند شدیم و او خیلی زود در شرکت کارت تبریک سازی به من ملحق شد و شرکت به رشد خود ادامه می‌داد. چون کار مال خودمان بود، می‌توانستم هر طوری که دوست دارم بیایم و بروم و همیشه وقتی بچه‌هایم از مدرسه می‌آمدند من آنجا بودم.

از جایی در اعماق وجودم، روحم فریاد می‌زد و کمک می‌خواست. من ندای درونیم را می‌شنیدم که فریاد می‌زد ایست! بارها و بارها تکرار می‌شد، اما نمی‌توانستم.

در زندگی به جایی رسیدم که از خودم متنفر شدم آنقدر که نمی‌توانستم به زندگی به همان شکلی که قبلا زندگی می‌کردم ادامه دهم. فکر می‌کردم که من بدترین مادر، همسر و دختر در سراسر دنیا هستم. احساس پوچی می‌کردم، احساسی که انگار چیزی در من گم شده است، که حفره‌ای در روح یا شب تاریک روح نامیده می‌شد. دشمن من اعتیاد بود. سال‌ها بود که نمی‌توانستم اعتیاد را قطع کنم آن، شب تاریک روح من بود.

در طی سالیان سال معتاد بودن، مرتبا در تلاش بودم تا خداوند را بشناسم و درک کنم و ناامیدانه معنی و هدف زندگی را جستجو می‌کردم. در حالی که شدیدا عاشق کارم و سه فرزندم بودم اما همیشه در جایی از وجودم احساس می‌کردم که باید کار بیشتری انجام دهم اما درک نمی‌کردم که چه چیزی باید انجام شود. من همیشه آرزو و اشتیاق داشتم، گویا چیزی گم شده و من نمی‌دانم باید آن را کجا بیابم.

در واقع احساس می‌کردم که طی سالیانی که نمی‌توانستم از اعتیاد دست بکشم در یک حفره تاریک بوده‌ام. هر روز را با یک امید مجدد شروع می‌کردم که امروز متفاوت خواهد بود، من نباید معتاد باشم، تا زمانی که ماشین من به نظر می‌رسید به طور اتوماتیک به سمت فروشگاه هدایت می‌شد.

من در بدبختی‌هایم احساس تنهایی می‌کردم. احساس می‌کردم تنها دوستم اعتیاد می‌باشد، و چگونه می‌توانستم دست از آن بکشم؟

این پوچی و اشتیاق همیشه به عنوان یک محرومیت معنوی توصیف می‌شد ما احساس هوس و اشتیاق می‌کنیم و سعی می‌کنیم آن را با هر چیزی عوض کنیم و یک احساس بهتر و موقتی پیدا کنیم ولی درد همیشه بر می‌گردد. در سال ۱۹۶۱

در یک نامه به بیل ویلسون[1]، شریک موسس «معتادان گمنام[2]» کارل جانک[3] اعتیاد را معادل سطوح پایین از تشنگی معنوی برای تمامیت توصیف کرد.

خانواده ما همه چیز داشتند یک خانه زیبا، یک قایق و دو ماشین. در ظاهر همه چیز خوب به نظر می‌رسید اما باطنا می‌دانستم که اینطور نیست.

پس از سال‌ها تلاش ناامیدتر شدم، من نزد یک روانپزشک رفتم کسی که داروهای زیادی را برای اعتیاد من تجویز کرد، اما وقتی قرص‌ها را خوردم باز به نوشیدن ادامه دادم. یک شب قبل از اینکه بچه‌هایم را برای صرف غذا به بیرون ببرم، به

پسرم گفتم «من باید برای خرید غذای سگ به فروشگاه بروم». او جواب داد «ما شب گذشته آن را تهیه کردیم» من رفن به فروشگاه را بیاد نمی‌آورم. من در شرایطی که بیهوشی موقت نامیده می شد رانندگی کرده بودم در حالی که فرزندانم هم در ماشین بودند. شرمندگی من آنقدر زیاد بود که اگر روز بعد به همان فروشگاه بروم، فروشنده ممکن است متوجه شود که من معتاد هستم.

حتی هنوز این بینش ترسناک برای من کافی نبود. خیلی زود بعد از این حادثه، به خاطر همه گناه‌ها شرم و احساس تنفری که از خودم داشتم نتوانستم بیش از این با خودم کنار بیایم.

---

[1] William Griffith Wilson

[2] Alcoholics Anonymous (AA)

[3] Carl Gustav Jung

سرانجام من با غم و اندوه عمیق و ناامیدی به برنامه درمانی دوازده گامه[1] ملحق شدم.

من به تلفنی دسترسی پیدا کرده و تقاضای کمک کردم. من با گروهی که به خودشان و دیگران کمک می‌کردند همگام شدم کسانی که مسیری که من تجربه می‌کردم را قبلا طی کرده بودند افرادی که نمی‌توانستند مشروب خوردن را قطع کنند و قادر نبودند زندگی‌اشان را تغییر دهند. این مردم لبخند می‌زدند و سرشار از شادی بودند. آنها عاشق و حامی بودند. آنها شماره تلفن‌هایشان را به من دادند و خواستند که تماس بگیرم. آنها به من گفتند که با کمک به من در واقع به خودشان کمک می‌کنند. یعنی چگونگی مست نبودن آنها در این بود. بالاخره روش جدید زندگی را یافتم. من، شروع به کشف آنچه کردم که باید برای رهایی از همه ناراحتی‌ها، دلسوزی‌ها و شرمی که در اعماق وجودم حمل می‌کردم، انجام می‌دادم.

بالاخره ناامیدی من به حدی رسید که بتوانم به نصیحت دیگران، افرادی که مثل من رنج کشیده بودند اما روش ترک را آموخته بودند، گوش کنم. آنها پیشنهاد کردند که از نیروی بزرگتر از خودم تقاضای کمک کنم. من آماده بودم هر چیزی

[1] **دوازده قدم** برنامه‌ای متشکل از مجموعه‌ای از اصول راهنماست که برای بهبودی از اعتیاد، وسواس‌های رفتاری و دیگر مشکلات رفتاری به کار می‌رود.

دوازده قدم طریقتی با جهت‌گیری روحانی است که بر پایه اقرار به عجز شخصی و پذیرش کمک یک نیروی برتر بنا شده است. این برنامه نخست در انجمن الکلی‌های گمنام ایجاد شد و در سال ۱۹۳۹ در کتاب بزرگ الکلی‌های گمنام منتشر شد.

را امتحان کنم من دعا کردم، «خداوند، تو خواهی فهمید اما لطفا من را از الکل، تمایل به نوشیدن و قرص، دور کن».

همیشه خداوند به شکلی پیش ما نمی‌آید تا بتوانیم آن را تشخیص دهیم. خداوند از طریق مردمی که در مرحله ترک بودندبا من صحبت می‌کرد. افرادی که با درد، تمایل و ناامیدی من آشنا بودند زیرا آنها قبلا در این شرایط بوده‌اند. افرادی که می‌دانستند به منظور هوشیار ماندن خودشان، باید به افرادی که از نوشیدن رنج می‌برندکمک کنند.

روانشناس و نویسنده مارین وودوارد[1] می‌نویسد «در بسیاری از نقاط آسیب پذیر، مکانی وجود دارد که خداوند وارد می‌شود. خداوند از میان زخم‌ها می‌آید.» آن چیزی بود که برای من پیش آمد. معجزه اتفاق افتاد! من توانستم یک روز، بعد دو روز، سپس ده روز را بدون نوشیدن بگذرانم.

به این باور رسیدام که قدرتی بزرگ‌تر از س وجود دارد که آن قدرت، خداوند نام دارد. فهمیدم که خودم به تنهایی نمی‌توانستم از آن دست بردارم. چیزی بزرگ‌تر از خودم این کار را انجام می‌داد. من آموختن تمام راه‌های جدید در زندگی‌ام را آغاز کردم.

خواهد رسید و در آن زمان تمایل من به نوشیدن به طور حیرت انگیزی رفع شده بود.

[1] Marin Woodward's

آن، به حد کافی به من اثبات کرد که من خدایی نبودم. سال های درد و مبارزه کم‌کم پایان یافت و من یک بیداری معنوی داشتم.

زمانی که در دانشگاه بودم یک شعر نوشتم. آن، شعر خیلی خوب نبود اما آن را امروز به یاد می‌آورم زیرا آن، از همه دردی که آن زمان برای فهمیدن زندگی و جایگاه خودم در آن کشیدم، نشات گرفته بود.

یک میلی از درون من را می‌خورد

یک کاری باید انجام می‌دادم

و تا وقتی که ندانم آن چیست

هرگز، هرگز آسوده نخواهم شد.

در تاریک افکارم

من درون گناهم و

در مبارزه برای شناخت خودم غوطه‌ور شدم

و آن تنها مکان برای شروع بود.

ار آنجایی که آن به نتیجه مطلوب رسید، شدیدا متعهد شدم که به دیگران کمک کنم. در یک غروب وقتی من به مدت هفده روز هوشیار بودم، با مردی برخورد کردم که روی صندلی خود نشیته بود و تکان می‌خورد. و نیاز به نوشیدن بود. به یاد می‌آورم که با لبخند آن مرد را نگاه کردم و گفتم محکم باش «آن ارزشش را دارد»، آن عملی است، موفق می‌شوی. من هرگز احساس لذتی که با همدردی

کردن با این مرد به دست آورده بودم را فراموش نخواهم کرد. من چیزی فراتر از همه داشتم که به او ببخشم. احساسی قوی که هرگز تغییر نکرد.

اندرو پست[1] می‌نویسد که جایزه‌ای بالاتر از درخشش لبخند بعد از ریزش اشک‌ها و دانستن اینکه شما مسئول این تغییر حالت بوده‌اید، وجود ندارد. وقتی من به شخصی می‌رسیدم که به تازگی نوشیدن الکل را شروع کرده یا افرادی که این زمان سخت را طی می‌کردند، قلب من با چنین قدردانی لبریز می‌شد. سال‌هاست که من ذهنم را از همه چیزهای قدیمی، همه مفاهیم اشتباه، پاک کردم و قضاوت‌های اشتباه در مورد مورد خودم و دیگران را رها کردم و قلبم را برای دعوت خداوند به زندگی‌ام گشودم. بعد از آن زمانی من حقیقت را آموختم. پاسخ‌ها آنجا نبودند آنها در قلب من بودند جایی که خداوند آنها را قرار داده بود.

[1] Andrew Post

نبردی در زندگی (کشف حقیقت)

ماری مانین موریسی معتقد است تا ما رها نکنیم، نمی‌توانیم با خداوند شراکت کنیم بنابراین هرگز واقعا هدیه‌ای دریافت نمی‌کنیم. بدون رها کردن، حس کردن حضور خداوند، یک مکث و فاصله است. حس کردن راهنمایی خداوند یک فرصت است. و تغییری که ما عمیقا می‌خواهیم، هرگز شانس شکوفه زدن را نخواهد یافت.

داستانی وجود دارد که بیان کرده وقتی کتابخانه کتاب‌های نفیس رالف والدو امرسون[1] آتش گرفت، لوئیزا می‌آلکات[2] سعی کرد او را دلداری دهد. فیلسوف بزرگ بعدا به او گفت، «بله، بله لوئیزا، آنها همه از بین رفتند اما بگذارید که از این آتش مشتعل لذت ببریم. در واقع اکنون رها کنید و در زمان حال زندگی کنید.»

چیزهای زیادی وجود دارند که ما برای سبک‌تر شدن باید آنها را رها کنیم. گاهی اوقات رها می‌کنیم زیرا آن بهترین کاری است که می‌توانیم انجام بدهیم حتی اگر آن باعث شود دردمان بیشتر از شادی شود.

رها کردن یک ازدواج ناسالم، یکی از این مثال‌هاست و گذاشتن والدین در سالمندان مثال دیگر است. بودایی‌ها به ما می‌گویند که ما باید انتظاراتمان را رها کنیم چرا که آنها باعث رنج ما می‌شوند. هنوز ما وقتی کسی یا چیزی را که دوست داریم رها می‌کنیم، رنج می‌کشیم. غرورمان می‌گوید که در این شرایط می‌توانیم

---

[1] Ralph WaldoEmerson
[2] Louisa May Alcott

کار کنیم. وقتی ما به واقعیت آگاه می‌شویم آن به ما می‌گوید که شرایط فراتر از توانایی‌های ما هستند و ما نمی‌توانیم آن را تحت کنترل خود در آوریم.

ما می‌توانیم در جایگاه سعی کردن یا انکار واقعیت مسدود بمانیم و قادر به پیشروی نباشیم یا بتوانیم برای رها کردن تمایلات دعا کنیم. این چالشی بود که دوستی به نام گیتی با آن مواجه شد.

گیتی کسی که سرانجام به این حقیقت رسید که باید برای مادرش یک خانه سالمندان بیابد، می‌گفت: «من به خودم گفتم که باید از این مسئله درسی بیاموزم.» این اتفاق وحشتناک است ولی من می‌دانم که در آن درسی نهفته است که من می‌توانم آن را بیاموزم. «وقتی من با چنین چیزهایی در مسیر برخورد می‌کنم، قلبم خیلی سبک‌تر می‌شود.»

گیتی سال‌ها تلاش کرده بود که از مادرش مراقبت کند، بالاخره پذیرفت که این شغل او نبرد دید مادر هشتاد و چهار ساله او آنقدر محدود شده بود که نمی توانست با هیچ چیزی خارج از خودش ارتباط برقرار کند. گیتی مادرش را تماشا می‌کرد و می‌دید که به محض اینکه مادرش بیمار می‌شد زندگی‌اش فقط به او و عملکرد جسمانی او ختم می‌شد. گیتی می‌فهمد که مادرش همیشه خود محور بوده و او می‌دید که حالا رفتارهای قدیمی مادرش بیشتر شده بود چون او فقدان افزایش شناخت و افق‌های کوچکتر را تجربه می‌کرد.

همچنین گیتی می‌بیند که بعضی از افراد در خانه سالمندانی که او برای مادرش انتخاب کرده است به چیزهایی بیشتر از خودشان علاقه‌مند شده‌اند. آنها ممکن است از پرستار نامش را و یا اینکه آیا او خانواده دارد یا اینکه درباره آخرین حمله

تروریست چه فکر می‌کنند، سوالاتی بکنند. اما مادر او به چیزی فراتر از این که او نمی‌تواند نرم کننده‌اش را پیدا کند نمی‌اندیشد.

گیتی مشاهده می‌کند و می‌آموزد که چگونه مردم وقتی بزرگ‌تر می‌شوند، ایفای نقش می‌کنند. برخی مثل مادرش به دنیای کوچکتر عقب نشینی می‌کنند. و برخی دیگر پذیرنده هستند و در دنیای پیرامون‌شان شرکت می‌کنند.

گیتی می‌داند وقتی او را برای مراقبت برگرداند باید تا آخر عمر از او مراقبت کند. دید اصلی گیتی این بوده که مادرش باید با او زندگی کند و او باید از مادرش تا وقتی که زنده است مراقبت کند. من فکر می‌کردم که قادرم آن را کنترل کنم. همچنین من فکر می‌کردم باید قادر به حفظ سبک زندگی‌ام و مراقبت از مادرم باشم. به هر جال وقتی سلامت مادر او مختل شد، آنها، هردو مضطرب شدند، تقریبا در مجموع او قادر نبود خودش را برگرداند.

دکتر پیشنهاد داد که آنها مراقبت‌های دیگری را هم بررسی کنند. فیزیوتراپ گفت که مراقبت‌های دیگر را بجویند. پرستاری که او را ملاقات می‌کرد هم همان را پیشنهاد کرد. فقط شب‌ها چهار یا پنج بار باید کمک می‌کرد تا او به دستشویی برود گاهی اوقات او خیلی خسته می‌شد و وقتی نمی‌توانست به درستی اقدام کند استرس می‌گرفت، سرانجام گیتی پذیرای این ایده شد.

وقتی تصمیم گرفته شد، مادر او موافق بود. گیتی می‌دانست که او باید موافق باشد زیرا او همیشه موافق بوده است. به خاطر همین موضوع مادر او روز به روز از دنیا و همه مردم اطرافش جدا می‌شد.

بزرگ‌ترین مشکلی که آنها داشتند، دکتر او بود. مادر او قبل از اینکه پرستار برای منزل بگیرید برای ارزیابی‌های اولیه در بیمارستان بوده. وقتی گیتی فکر کرد که وقت آن است که مادرش برود مادر او ناگهان احساس کرد که حالش کمی بهتر شده است. به خاطر همین تصمیم گرفت یک هفته بیشتر را در بیمارستان نباشد. دکتر گفت او هفته گذشته برای مرخص شدن اماده بوده، گیتی بلی اما من هفته گذشته آماده نبودم. من برای این هفته آماده‌ام.

گیتی در روند این تصمیم گیری بزرگ، احساسات مختلفی داشت. بزرگ‌ترین دل شکستگی او پذیرفتن این مسئله بود که وی قادر به نگهداری از مادرش نیست. او سالیان سال نوارهای قدیمی‌ای داشت که به او گفته بود که او مراقبت از مادرش را تجسم کرده بود. گیتی سرانجام یاد گرفت که پرستاری. شغل او نبوده است. او فقط می‌توانست کارهای زیادی را انجام دهد نه اینکه همه چیز را انجام دهد. تصور می‌شود که مادرها از بچه‌هایشان مراقبت می‌کنند و نه بر عکس.

همچنین او می‌دید که هرگز با مادرش یک رابطه واقعی نداشته است. و هرگز قادر نبود کسی را داشته باشد. حالا او همیشه یک ارتباط فیزیکی با او داشت و آنها هرگز ارتباط عاطفی و احساسی نداشتند. دردناک بود ولی او پذیرفته بود که این کل رابطه‌ای بود که می‌توانست با نادرش داشته باشد. او باید برای یافتن یک رابطه سالم، و نیازهایش رابطه داد و ستد عشق بی قید و شرط را بین مردم و افرادی که رابطه سالم داشتند را بررسی می‌کرد. او بالاخره فهمید که از چاه خالی نمی‌تواند آب بردارد.

گیتی در یک خانواده معلول بود و چنین پرورش یافته بود که از هر دوی پدر و مادرش مراقبت کند. وقتی کوچک بود عشق در خانواده او مشروط بود و او از نظر عاطفی مورد سوء استفاده قرار گرفته بود. به محض اینکه، او فهمید هرگز نمی‌تواند از مادرش آن را دریافت کند عصبانی شد. خشم گیتی برای برخورد با نیازهایش تبدیل به یک محرک سالم شد. او دوستان بسیاری داشت.

در سال‌های اخیر، مشاوری از گیتی پرسید «چه احساسی داری؟» او نمی‌توانست جواب دهد چون نمی‌دانست. او برای بررسی این سوال، سال‌ها وقت صرف کرد. تا کشف کند که واقعا چه احساسی دارد نه اینکه چه احساسی باید داشته باشد یا اینکه چگونه باید فکر کند.

این روزها گیتی تلاش کرده تا از افراد دیگر با هزینه خودش مراقبت نکند. او دوستان بسیاری دارد و همیشه در اختیار آنهاست. او شخصی مهربان و خونگرم است، بدون گناه نیست و فکر می‌کند که باید باشد اما آن چیزی است که هست.

حالا که او از مادرش مراقبت نمی‌کند کاری که تقریبا یک شغل تمام وقت محسوب می‌شد. بنابراین او شروع به تمرکز بر روی نیازهایش کرد. در حقیقت اولین کاری که او کرد این بود که همچون یک درمانگر به طور خصوصی با خود تمرین کرد که دیگر از دیگران مراقبت نکند.

هدف جدید گیتی این بود که از قلبش پیروی کند، خودش باشد، همه آنچه می‌تواند باشد. بالاخره او سعی کرد آن چیزی باشد که هست نه آن کسی که دیگران می‌خواهند او باشد.

چرا عقب مانده‌ایم؟

در کشور دانمارک با قطار سفر می‌کردم. بچه‌ای با مادرش همسفر ما بود و بسیار شلوغ می‌کرد. خواستم او را آرام کنم، به او گفتم اگر آرام باشد، برای او شکلات خواهم خرید... آن بچه قبول کرد و آرام شد....

قطار به مقصد رسید و من هم خیلی عادی از قطار پیاده شده و راهم را کشیدم و رفتم. ناگهان پلیس مرا خواند و اعلام نمود شکایتی از شما شده مبنی بر اینکه به این بچه دروغ گفته‌ای. به او گفته‌ای شکلات می‌خرم ولی نخریدی. با کمال تعجب بازداشت شدم!!

در آنجا چند مجرم دیگر بودند مثل دزد و قاچاقچی...

آنها با نظر عجیبی به من می‌نگریستند که تو دروغ گفته‌ای آن هم به یک بچه!

به هر حال جریمه شده و شکلات را خریدم و عبارتی بر روی گذرنامه‌ام ثبت کردند که پاک نمودن آن برایم بسیار گران تمام شد.

«آنها گدای یک بسته شکلات نبودند»

آنها نگران بدآموزی بچه‌شان بودند و اینکه اعتمادش را نسبت به بزرگ‌ترها از دست بدهد و فردا اگر پدر و مادرش حرفی به او زدند او باور نکند.

احمد موحدی در حوزه کودکی می‌نویسد:

هشت ساله بودم که در یک میهمانی شبانه برای اولین بار با پدیده‌ای سرخ رنگ به نام «خرمالو» آشنا شدم. میزبان با لبخندی ملیح خرمالو تعارف کرد و من هم

بدون درنگ نامبرده را شکافته و چشیدم. شوربختانه خرمالوی مذکور به غایت گس[1] بود و تا چند ساعت احساس می‌کردم گونه‌هایم در حال تجزیه شدن هستند.

از آن روز به بعد در نظر من هر کس که خرمالو می‌خورد فردی «مازوخیسمی[2]» و هر کس که خرمالو تعارف می‌کرد شخصی «سادیسمی[3]» قلمداد می‌شد! النهایه تجربه تلخ اولین کام از خرمالو باعث شد که من بیست و دو سال این گردالی سرخ رنگ را به صورت یک طرفه تحریم کنم.

با اصرار فراوان همسرم، دیوار تحریم خرمالو ترک برداشت و من هم در سی سالگی به خرمالو یک فرصت تازه دادم! خرمالو هم از این فرصت به نحو احسن استفاده کرد و چنان مزه‌ای را تجربه کردم که مجبور شدم خرمالو را از لیست سیاه بیرون آورده و ایشان را پس از لیمو ترش و توت فرنگی در «صدر مصطبه» بنشانم!

یک تجربه‌ی تلخ در هشت سالگی، باعث شد که بیست و دو سال از همه خرمالوها متنفر باشم. اولین تجربه‌های کودکی، شالوده‌ی ما را می سازند. چه بسیارند باورها، هنجارها و اعتقاداتی که به خاطر تجربه طعم «گس» آنها در کودکی، هنوز منفور ما هستند.

دروغ نگویید و هر روز تکرار کنید فقط برای امروز با خود و دیگران صادق هستم!

---

[1] Astringent
[2] Masochism
[3] Sadism

جدول زندگی

توی یک جمع نشسته بودم، «بی‌حوصله»

طبق عادت همیشگی مجله را برداشتم

ورق زدم

مداد لای آن را برداشتم

همینکه توی دلم خواندم: سه عمودی، یکی گفت: بلند بگو

گفتم یک کلمه سه حرفیه، از همه چیز برتر است

حاج آقا گفت: پول

تازه عروس مجلس گفت: عشق

شوهرش گفت: یار

کودک دبستانی گفت: علم

حاج آقا پشت سر هم گفت: پول اگه نمیشه طلا، سکه

گفتم: حاج آقا اینها نمیشه

گفت: پس بنویس مال

گفتم : حاج آقا بازم نمیشه

گفت: جاه

خسته شدم با تلخی گفتم: نه نمیشه

دیدم ساکت شد

مادر بزرگ پیر گفت: عمر

سیاوش که تازه از سربازی آمده بود گفت: کار

محسن خندید و گفت: وام

یکی از آن وسط بلند گفت: وقت

یکی گفت: آدم

خنده تلخی کردم و مداد را گذاشتم سرجایش

اما فهمیدم تا همه شرح جدول زندگی کسی را نداشته باشی حتی یک کلمه سه حرفی آن هم درست در نمی آید

باید جدول کامل زندگی‌شان را داشته باشی

بدون آن همه چیز بی معناست هر کس جدول زندگی خود را دارد هنوز به آن کلمه سه حرفی جدول خودم فکر می‌کنم

شاید کودک پابرهنه بگوید: کفش

کشاورز بگوید: برف

لال بگوید: حرف

ناشنوا بگوید: صدا

نابینا بگوید: نور

و من هنوز درفکرم

چرا کسی نگفت

«خدا»

تفاوت نگاه:

پرفسور حسابی می‌گفت در دوره تحصیلاتم در آمریکا

در یک کار گروهی با یک دختر آمریکایی به نام کاترینا[1] و همینطور فیلیپ[2] که نمی‌شناختم‌اش هم گروه شدم!

از کاترینا پرسیدم فیلیپ رو می‌شناسی؟

کاترینا گفت آره

همون پسری که موهای بلوند قشنگی داره و ردیف جلو می‌شینه!

گفتم نمی‌دونم کیو میگی!

گفت همون پسر خوش تیپ که معمولا پیراهن و شلوار روشن شیکی تنش می‌کنه!

گفتم نمی‌دونم منظورت کیه؟

گفت همون پسری که کیف و کفشش همیشه ست هست با هم!

بازم نفهمیدم منظورش کی بود!

کاترینا تون صداشو یکم پایین آورد و گفت فیلیپ دیگه، همون پسر مهربونی که روی ویلچیر می‌شینه...

این بار دقیقا فهمیدم کیو می‌گه ولی به طرز غیر قابل باوری رفتم تو فکر....

---

[1] Katrina
[2] Philip

آدم چقدر باید نگاهش به اطراف مثبت باشه که بتونه از ویژگی‌های منفی و نقص‌ها چشم پوشی کنه...

چقدر خوبه مثبت دیدن!

اگر کاترین از من در مورد فیلیپ می‌پرسید چی می‌گفتم؟

حتما سریع می‌گفتم همون معلوله دیگه!!!

وقتی نگاه کاترینا رو با دید خودم مقایسه کردم خیلی خجالت کشیدم...!!!

هزار سال زیستن:

عرفان نظر آهاری در کتاب دو روز مانده به پایان جهان توصیفی جالب از زیستن دارد که من آن را در اینجا بازگو می‌کنم:

دو روز مانده به پایان عمرش تازه فهمید که هیچ زندگی نکرده...

تقویم‌اش پر شده بود و تنها دو روز خط نخورده باقی مانده بود. پریشان شد و آشفته و عصبانی، نزد خدا رفت تا روزهای بیشتری از خدا بگیرد.

داد زد و بد و بیراه گفت. خدا سکوت کرد. جیغ کشید و جار و جنجال به راه انداخت. خدا سکوت کرد. آسمان و زمین را به هم ریخت. خدا سکوت کرد. به پر و پای فرشته‌ها و انسان پیچید. خدا سکوت کرد. کفر گفت و سجاده دور انداخت. خدا سکوت کرد. دلش گرفت و گریست و به سجاده افتاد. خدا سکوتش را شکست و گفت: «عزیزم اما یک روز دیگر هم رفت تمام روز را به بد و بیراه و جار و جنجال از دست دادی».

تنها یک روز دیگر باقی است. بیا و حداقل این یک روز را زندگی کن. لا به لای هق هقاش گفت: اما با یک روز؟ چه کار می‌توان کرد؟ خدا گفت: آن کس که لذت یک روز زیستن را تجربه کند، گویی که هزار سال زیسته است و آنکه امروزش را در نمی‌یابد، هزار سال هم به کارش نمی‌آید.

و آنگاه سهم یک روز زندگی را در دستانش ریخت و گفت: حالا برو و زندگی کن. او مات و مبهوت به زندگی نگاه کرد که در گوی دستانش می‌درخشید. اما می‌ترسید حرکت کند، می‌ترسید راه برود، می‌ترسید زندگی از لای انگشتانش

بریزد. قدری ایستاد. بعد با خودش گفت: وقتی فردایی ندارم، نگه داشتن این یک روز چه فایده‌ایی دارد؟

بگذار این مشت زندگی را مصرف کنم. آن وقت شروع به دویدن کرد. زندگی را به سرو رویش پاشید. زندگی را نوشید و زندگی را بوئید و چنان به وجد آمد که دید می‌تواند تا ته دنیا برود. می‌تواند بال بزند. او در آن یک روز، آسمان خراشی بنا نکرد، زمینی را مالک نشد، مقامی هم بدست نیاورد، اما در همان یک روز دست بر پوست درخت کشید، روی چمن خوابید، کفش دوزکی را تماشا کرد، سرش را بالا گرفت و ابرها را دید و به آنها که او را نمی‌شناختند سلام کرد و برای آنها که دوستش نداشتند و به قولی چشم دیدن او را نداشتند از ته دل دعا کرد.

او در همان یک روز با دنیا و هر آنچه در آن است آشتی کرد و خندید و سبک شد. لذت برد و شرمسار شد و بخشید و عاشق شد و عبور کرد و تمام شد او در همان یک روز زندگی کرد و فرشته‌ها در تقویم خدا نوشتند:

«امروز او درگذشت، کسی که هزار سال زیسته بود!»

تنبیه خلاقانه

با وجو گذشت سال‌ها هنوز می‌توانم صحبت یکی از استادان دانشگاه را در مورد تفاوت میان والدین آزاد اندیش یا دموکرات و والدین سختگیر و مستبد به خاطر آورم. او چنین می‌گفت: «از خانواده های آزاد یا دموکراتیک همه اعضای خانواده دارای حقوقی یکسان با یکدیگرند، بنابراین اطلاعات فرزندان جنبه تحمیلی و اجباری ندارد، اختلاف عقیده هم از طریق بحث و گفتگو و سازش حل می‌شود. از ویژگی‌های برجسته خانواده‌های دموکراتیک (آزاد) همکاری و نظم است.»

و در حالی که می‌اندیشم چنین روشی تا چه حد می‌تواند موثر و کارساز باشد، به یاد زمانی افتادم که والدینم همواره آزادی‌ام را محدود کرده و در برابر چراهای من، جمله‌هایی مثل «چون من این طور می‌گویم» می‌گفتند.

خانواده‌های مستبد سلسله مراتبی دارند که والدین در طبقه نخست آن جای دارند. فرزندان در صورت عدم اطاعت تنبیه می‌شوند و طبعا اجازه تصمیم گیری نیز ندارند. سازش و کنار آمدن والدین و فرزندان تنها زمانی رخ می‌دهد که والدین آن را خواسته باشند. در این نوع خانواده‌ها اطاعت کورکورانه، جانشین همکاری لذت بخش و مثمر ثمر می‌شود. در همین دوران با مقایسه این دو نوع خانواده با خود عهد کردم هنگامی که زمانش فرا رسید، پدری آزادیخواه و دموکرات بشوم. اما در عمل با مشکلاتی مواجه شدم، چرا که چهار سال بعد از تولد پسرم، از آنجا که برای او حقوقی یکسان با خود قائل شده بودم، هر گاه تصمیمات مرا مطابق با میل و خواسته خود نمی‌یافت، آنقدر لجاجت می‌کرد و به نشانه مخالفت روی زمین می‌غلتید که از تصمیم منصرف می‌شدم و مطابق میل او عمل می‌کردم. و از

آنجا که به اطاعت وا داشتن فرزندم را به نشانه بی عدالتی می‌پنداشتم، او هم هیچ گاه از دستوراتم اطاعت نمی‌کرد و سرانجام به این نتیجه رسیدم که چنین تجربه‌ای نه تنها هماهنگی و نظم نیست، بلکه به ارمغان آوردن هرج و مرج و بی نظمی است.

بعد از مدتی تصمیم گرفتم که به داشتن یک خانواده آزاد پایان دهم و دیگر برای فرزندان آن پدر دموکرات و آزادیخواه قبلی نباشم! و پس از آن بود که فرزندانم به تدریج از من و مادرشان اطاعت می‌کردند و دیگر از اینکه مستقلا و بدون کمک ما تصمیم گیری کنند لذتی نمی‌بردند. با این وجود ما به آنان این امتیاز را دادیم تا بتوانند در مواقع ضروری به اختیار خود و مستقلا تصمیم بگیرند، ولی اختیار پس گرفتن این امتیاز را در مواردی که از حق خود تجاوز می‌کردند یا زمانی که نتیجه آن به صلاحشان نبود، به خود اختصاص دادیم.

و به این ترتیب طولی نکشید که ما موفق شدیم خانواده‌ای جدی و منضبط تشکیل دهیم. من و همسرم نیز دیکتاتورهای این خانواده محسوب می‌شدیم. البته دیکتاتورهایی مهربان و یاری رسان!

در ادامه نمونه‌ای از تنبیهات خلاقانه ارائه می‌گردد:

پدر من هرگز ما را نزد و همواره تنبیهات خلاقانه‌ای در کف داشت. مثلا اگر فحش بد می‌دادیم، باید می‌رفتیم و دهانمان را سه بار زیر شیر آشپزخانه می‌شستیم و اگر فحش خوب می‌دادیم، یک بار. من روزهای پر فحش کودکی‌ام را یادم است که هر چند دقیقه یک بار بالای روشویی مستراح ایستاده‌ام و دارم آب می‌گردانم توی دهانم.

هم زمان، نبردهای مرگباری را هم یادم است که بین خواهران و برادرانم به راه می‌افتاد و میادینی که کم از رینگ خونین نداشت تنبیه پدرم در این مورد، بستن طرفین دعوا به همدیگر بود البته سفت نمی‌بست اما شل هم نمی‌بست طنابِ زردی داشت که از بالای کمد می‌آورد و دو طرف متنفر از هم را به هم می‌بست.
زجر این تنبیه به این صورت است که شما حالاتی از آزار روانی تدریجی را مدام تجربه می‌کنید چون طناب‌پیچ شده‌اید دقیقا به کسی که چند ثانیه پیش با او کتک‌کاری کرده‌اید.

یک بار هم که در خانه فوتبال بازی می‌کردم و پنجره را با ضربه‌ای کات‌دار، خاکشیر کردم، پدرم چیزی نگفت نگاهش کردم که آرام و با طمأنینه قندشکن را از داخل کابینت آشپزخانه بر می‌دارد و می‌رود به اتاق داخل پذیرایی ایستادم و چند دقیقه بعد صدای ضربه‌هایی را شنیدم که از اتاق می‌آمد آهسته سمت اتاق رفتم و پدرم را دیدم که مشغول شکستن قلکم است اسکناس‌های قلّکی را که یک سال برای جمع آوری پول‌هایش دندان روی جگر گذاشته بودم، می‌شمرد وقتی آن‌ها را گرفته بود و دسته می‌کرد، پوزخند به لب داشت فردا هم شیشه‌بر آورد و همان پول‌ها را هزینه‌ی ساخت و ساز شیشه‌ی پنجره کرد.

تنبیه والدینِ دیگر در چنین مواردی، سیلی و چَک‌های افسری بود اما پدرم در مقابل این سنت ایستاد و دست به ابداعات بدیع زد خاطرم هست در ایام سیزده یا چهارده سالگی یک باری که کیف پولش را گذاشته بود روی طاقچه، دستم لغزید و دویست تومانی کش رفتم اما فردای آن روز در کمال ناباوری دیدم که برخی وسائل کیف مدرسه‌ام نیست پدرم در اقدامی مشابه، از غفلتم استفاده کرده

بود و دقیقا مثل خودم به اموالم دستبرد زده بود البته تمام این‌ها به خاطر هیبتی بود که در آن سال‌ها از «بزرگ‌تر» در ذهن‌مان می‌ساختند و به خاطر احترامی که ناخواسته در چشم‌مان داشتند.

در عوض، دیروز وقتی به بچه‌ام گوشزد کردم نباید دوستان مدرسه‌اش را به القاب «عوضی» و «خل» و «چل» بخواند، چیزی نگفت سرش توی تبلت بود و مشغول بازی‌های خونبار با لحن محکم‌تری گفتم: هیچ خوشم نمیاد پسرم از این حرف‌ها بزنه!
اما دیدم همان القاب را دارد حواله می‌دهد به یکی از شخصیت‌های بازی باخته بود و از دست آدمکش‌های رایانه دمغ بود رفتم بالای سرش ایستادم و گفتم: اگه یه بار دیگه حرف زشت بزنی، باید بری دهنت رو آب بکشی سرش را از روی تبلت بلند کرد و با تعجب گفت: «هان؟» نگاهم می‌کرد حرفم را دوباره تکرار کردم و دیدمش که تبلت را رها کرده روی مبل. روی پا می‌زد و بلند بلند قهقهه می‌زد. در نفس نفس زدن‌های بین خنده‌هایش گفت: «یعنی این حرفت صد تا لایک داشت بابا!»

دستم به دامنتون اگر دانایی ندارید اول دانا بشید بعد بچه‌دار. باور کنید پرورش گوسفند امروز علم می‌خواهد چه برسد به پرورش کودک. این طرز فکر قدیمی که بچه‌ها رو ول کنید خودشون بزرگ می‌شوند را کنار بگذارید گیاه که نیستند همین طوری بزرگ شوند دوم مهربانی ندارید و در واقع مهر طلب و در پی جبران بچه‌ها در آینده یا همان عصای دست شدن هستید بچه‌دار نشید و سوم بچه‌ها را عقده‌ای نکنید. پول نداری نی‌نی نیار نی‌نی عقده‌ای که در جوانی کارش فقط می‌شود عدم حرمت نفس و حسادت به داشته‌های دیگران به چه کار می‌آید باور

کنید اگر بچه نیارید هیچ اتفاق عجیبی نمی‌افتد جهان الان بیشتر از ٦ و نیم میلیارد آدم ناسالم دارد هر وقت کم شد بهتون خبر می‌دیم...

بزرگترین اکتشاف برای من این بود که فهمیدم «فرزندم مهمانی در خانه‌ام هست و روزی از کنارم می‌رود»

روزها با سرعت عجیبی می‌گذرد و او به زودی زود از من جدا می‌شود. به خودم گفتم: کدام مهمتر است؟ نظم خانه یا اینکه فرزندم به خوبی از من یاد کند؟ و کدام یک مهم‌تر است: خانه یا اخلاق و روحیه و حسن تربیت فرزندم؟

چون دانستم که او مهمان خانه من است، این باعث شد اولویتم را تغییر دهم، بعد از این مهمترین چیز نزد من آرامش خاطر من و اوست...

شروع کردم به پیاده کردن نقشه‌ام، وطبعا مجموعه کمی از قوانین مهم را انتخاب کردم و خود را ملزم به اجرای آنها دانستم و مابقی چیزها را بدون هیچ قید و شرطی رها کردم.

از عصبی شدن و داد و فریاد زدن کم کردم و به آرامش رسیدم...

از وسواس‌هایم گذشتم و به خانه ای راضی شدم که مقداری به هم ریخته و نامنظم است و کمی شلختگی در آن به چشم می‌خورد...

اما... فرزندی را تحویل گرفتم که آرامش دارد و از من و خشم‌هایم نمی‌نالد و رابطه‌ای قوی و زیبا بین ما حاکم گشته است چون میدانم او مهمان زودگذر خانه من است...

قطار ساعت ده و بیست و هفت

ما چگونه می‌توانیم اطلاعات را در زندگی‌مان به کار ببریم؟ بگذارید با نگاه انداخت به قدرت کلمات که آیا ما خوشحال هستیم یا خیر آغاز کنیم. ما انرژی کلماتی که به آنها می‌اندیشیم را احساس می‌کنیم. انرژی به فرکانس‌های مختلف مرتعش می‌شود. اگر ما به افکاری با انرژی بالا بیندیشیم در ما احساس سبکی، لذت، عشق ایجاد می‌شود و اگر ما به افکاری با انرژی پایین بیندیشیم احساس سنگینی، تاریکی، ناراحتی و افسردگی می‌کنیم.

تحقیقات علمی زیادی وجود دارد که این حقیقت را اثبات می‌کند. مطالعات اسکن مغز نشان می‌دهد که وقتی ما به افکار مثبت فکر می‌کنیم اندروفین[1] در بدن ما ترشح می‌شود و انتقال دهنده‌های عصبی احساس خوبی دارند و ما احساس عظمت می‌کنیم. وقتی به افکار منفی فکر می‌کنیم جریان اندروفین متوقف می‌شود اگر ساده هستند ساده باقی می‌مانند اگر پیچیده هستند، پیچیده باقی می‌مانند.

هر چیزی که در جریان است را بدون هیچ قضاوتی کاملا بپذیرید. آن نه درست است و نه نادرست نه بد است نه خوب است. آن فقط هست. هر چیزی که در حد توان‌تان هست را بپذیرید آیا تا کنون بلیط بخت آزمایی برده‌اید؟ شغل‌تان را از دست داده‌اید؟ مخالف عقاید رئیس‌تان هستید؟ این به این معنی نیست که شما احساسات مطلوب یا درد آلود را احساس نکنید اما پذیرش، کلید آن است.

---

[1] Endorphins

جک کورنفیلد،[1] معلم و نویسنده بودایی می‌نویسد: «وقتی ما مبارزه خود را رها می‌کنیم و قلب‌هایمان را برای پذیرش چیزها به همان شکل که هستند باز می‌کنیم، سپس ما در لحظه کنونی به آرامش می‌رسیم. این شروع و پایان تمرینات معنوی‌ست».

چهار سال قبل از مرگ پسرم باب،[2] کتابی در زمینه مدیتیشن[3] روزانه به نام «زمانی برای شادی»،[4] نوشته روتس فیشر[5] را نوشتم. یادم می‌آید بعد از مرگ او مدتی بسیار غمگین بودم. از خودم پرسیدم من چگونه توانستم چنین کتابی را نوشته باشم. ما همیشه نمی‌توانیم شاد باشیم، گاهی اتفاق می‌افتد که حتی ماه‌ها شادی را احساس نمی‌کنیم. چگونه می‌توانستم اجازه بدهم که مردم فکر کنند که شادی به سادگی آن چیزی بود که من نوشتم؟ این را به خاطر داشته باشید که فرشتگان پرواز می‌کنند چرا که خودشان را سبک می‌گیرند.

جان گاردنر[6] معتقد است ترحم به خود، به راحتی، مخرب‌ترین مواد مخدر غیر دارویی است: آن اعتیاد آور است خوشی لحظه‌ای می‌دهد و قربانی را از واقعیت جدا می‌سازد.

«من بیچاره»، «آخی» «یکی دلش به حال من نمی‌سوزه»، «هیچ کس من را دوست ندارد!». ما هرگز جایی نمی‌رویم. به خودمان اجازه می‌دهیم که عمیق و عمیق‌تر

---

[1] Jack Kornfield
[2] Bob
[3] Meditation
[4] Time for joy
[5] Ruth Fishel
[6] John Champlin Gardner Jr.

در مرداب افسردگی فرو رویم چیزی را جستجو کنید که ما را بیرون بکشد و حس خوبی را در ما ایجاد کند. ترحم و شهادت دست به دست می‌شوند. ببین چقدر سخت کار می‌کنم. «به همه آن کارهایی که برایت انجام دادم نگاه کن! و غیره».

آرتور شوپنهاور[1] بیان می‌کند که «اگر خوشبین‌ترین انسان‌ها را به میدان‌های جنگ، آنجا که قصابان بزرگ کشتار می‌کنند، به تماشا برید و یا آنها را از برابر اتاق‌های جراحی عبور دهید که دست و پاها را در آنها قطع می‌کنند، و یا به زندان‌های قرون وسطائی بکشانیدشان که در آنجا مجرمان و محکومان را برای تفریح آنقدر گرسنه نگه می‌داشتند تا در وقت خواب عضلات یکدیگر را بدرند و بخورند، آن وقت خوشبینی شما بعد از یک سیر و سیاحت به یک بدبینی کبیر بدل خواهد شد. زندگی برای این زیباست که نگرش ما همواره در سطح است، اما اگر به ژرفنای آن خیره شویم، آنجا که همه برای یکدیگر چنگ و دندان تیز می‌کنند و انسان گرگ انسان است، دیگر خوشبینی شاعرانه، دروغی بیش نخواهد بود».

سوار قطار ساعت ده و بیست و هفت به سمت خونه شدم. شب یکشنبه بود و قطار تقریبا خالی بود. چند ایستگاه جلوتر، پیرمرد مستی وارد کوپه شد. تکیه داد به پنجره و سرش رو چسبوند به شیشه‌ی سرد. دست کردم توی کیفم و کارتی که مادرم همراه با چند تا خرت و پرت برام فرستاده بود رو نگاه کردم. مادرم نوشته بود: دختر گلم،.. نه، هیچ اتفاق بدی نیفتاده بود. من رفته بودم خونه‌ی دوست مادرم که سوغاتی‌هایی رو که مادرم از ایران فرستاده بود رو بگیرم. ازم پذیرایی کردن؛ با شراب و کباب، گفتیم، خندیدیم، و شب گذشت. بعد سوار قطار ده و

---

[1] Arthur Schopenhauer

بیست و هفت شدم. کیسه‌ی سوغاتی‌ها توی دستم. مرد مستی که سرش رو به شیشه تکیه داده بود حالا داشت بلند بلند با خودش حرف می‌زد. مادرم نوشته بود: دختر گلم؛ سلام. مرد مست داشت با صدای بلند توی کوپه به چیز نا معلومی فحش می‌داد. یک لحظه فکر کردم کاش بهم حمله کنه، گردنم رو فشار بده و انقدر فشار بده که نفسم بند بیاد؛ دست و پا بزنم و برای یک نفس به هوا چنگ بندازم؛ بعد کم کم دست و پام شل بشه؛ و چشم‌هام از حدقه بزنه بیرون و بمیرم. مادرم نوشته بود دختر گلم؛ سلام، امیدوارم حالت خوب باشد. مرد مست تلو تلو خوران از قطار پیاده شد و همه‌ی آرزوهای من رو با خودش برد. کارت رو پرت می‌کنم تو کیفم. قبل از این که پرتش کنم تو کیفم یک عکس می‌گیرم و می‌فرستم برای زویا اون سر دنیا. می‌نویسم این دست خط مامانه. بلافاصله جواب میده «آخی». آره؛ واقعا آخی که ما تو عصر ارتباطات اینجوری تنهاییم و هر کدوم یک سر دنیا پرت شدیم.

هیچ اتفاق بدی نیفتاده بود. همه چی خوب بود. فقط دلم می‌خواست بمیرم. افتاده بودم توی پستو. توی روح هر کسی؛ یه پستو هست. همه‌ی ما یاد می‌گیریم که احساسات مزاحممون رو بندازیم توی این پستو و درش رو ببندیم و ادامه بدیم. من یه پستو دارم که توش خیلی چیزها ریختم. همه‌ی دلتنگیم، عشقم، عاطفه‌ام رو. من چهار ساله که همه چی رو ریختم توی این پستو. هی به خودم گفتم الان وقتش نیست، الان وقت دلتنگی نیست، الان وقت فکر کردن به دوری‌ها نیست، الان وقت غصه خوردن برای چیزهایی که از دست دادی نیست. حتی دیگه زیاد در موردشون حرف نمی‌زنم. چون بقول یونگ؛ یه بیمار روانی هیچ وقت در مورد چیزهایی که اذیتش می‌کنه حرف نمی‌زنه. من خیلی وقته که به هیچ کس نگفتم

که چقدر سخته که آدم توی یک قاره‌ای زندگی کنه که توش هیچ کی، هیچ کی، مردن و زنده بودن آدم براش مهم نباشه. سعی کردم یادم بره که یه روزگاری خانواده داشتم؛ زندگی داشتم، کشور داشتم و برای گفتن ساده‌ترین جمله‌ها دنبال کلمه نمی‌گشتم. اینجور چیزها رو ریختم توی اون پستو و سعی کردم فراموش کنم. سعی کردم مثل یه بولدوزر برم جلو. خوب این کار معقولانه‌ای بود. همه‌ی آدم‌ها احساسات دست و پا گیرشون رو میریزن توی اون پستو. بعد یک کارت دستت می‌رسه. با دست خط مادرت. چیز خاصی توی اون کارت نوشته نشده اما در پستو باز شده و همه‌ی اون حس‌هایی که این همه سال به زور فشار داده بودی ته کمد روی سرت آوار شده. تو نشستی توی یک واگن خالی توی آخرین قطار شب؛ اما چیزی داره روحت رو رنده می‌کنه. تیکه‌های روحت رو می‌بینی که ازش داره خون می‌چیکه. تیکه‌های روحت رو که ریختی اون تو؛ که یه روز سر فرصت بری سراغشون. همه‌ی اون قسمت‌هایی که تو رو تبدیل به یک انسان می‌کنه و تو برای زنده موندن لازم بوده که نادیده بگیریشون. در پستو باز شده. تو توی پستو؛ سرت رو تکیه دادی به شیشه‌ی سرد یک پنجره‌ی تاریک؛ سرت مثل یه پیرمرد مست، طاسه، چند تا تار موی سفید بیشتر کف سرت نمونده و چشم‌هات توی چشم خونه‌ی خالی می‌گرده. تو به چیزی که نمی‌دونی چیه به یه زبون بیگانه فحش میدی، توی قطار خالی تلو تلو میخوری و وقتی به ایستگاه می‌رسی پیاده می‌شی. همه چی سر جاشه. نه؛ هیچ اتفاق بدی نیفتاده.

اصل قورباغه‌ای (قانون زوال)

افسانه‌ای قدیمی درباره قورباغه و یک سطل آب وجود دارد که در حقیقت مثالی از «قانون زوال» است: اگر یک قورباغه‌ی شاد و براق و باهوش را بگیرید و درون یک سطل آب جوش بیندازید چه واکنشی نشان خواهد داد؟ بی‌درنگ بیرون خواهد پرید! او به خود می‌گوید: «اصلاً لذت ندارد. من که رفتم!» حالا همان قورباغه، یا یکی از اقوامش را بگیرید و داخل سطل آب سرد بیندازید بعد سطل را روی اجاق بگذارید و به تدریج گرمش کنید. به نظر شما عکس‌العمل قورباغه چیست؟ قورباغه راحت و آسوده می‌نشیند و چند دقیقه بعد به خودش می‌گوید: «به نظر می‌رسه اینجا یکم گرمه» و تا چشم به هم می‌زنید یک قورباغه آب‌پز مهیا شده است.

به نظر شما پیام این داستان چیست؟

وقتی تغییر تدریجی اتفاق می‌افتد، قورباغه متوجه نمی‌شود که چه اتفاقی در حال افتادن است تا زمانی که دیگر کار از کار می‌گذرد. ما هم ممکن است گاهی مانند قورباغه دچار اشتباه بزرگ شویم و وقتی به خودمان می‌آییم می‌بینیم که کار از کار گذشته است.

آیا اگر فردا از خواب بیدار شوید و ببینید که بیست کیلو چاق شده‌اید، نگران می‌شوید؟ قطعاً جواب شما بله است. تلفن را بر می‌دارید و به اورژانس زنگ می‌زنید و می‌گویید «الو! اورژانس من چاق شده‌ام!» اما وقتی این اتفاق به تدریج رخ می‌دهد، یک کیلو این ماه، یک کیلو ماه آینده و... بی خیال از کنارش می‌گذریم و ناگهان می‌بینیم که بیست کیلو چاق شده‌ایم.

اگر در یک روز ۱۰ هزارتومن بیشتر از بودجه خود خرج کنید مشکلی حاصل نمی‌شود. اما اگر فردا و روزهای دیگر هم این اتفاق تکرار شود، نهایتاً ورشکست می‌شوید. کسانی که ورشکسته می‌شوند، اضافه وزن می‌آورند و یا در امتحانات مردود می‌شوند. معمولاً ما به یک باره در معرض این مصیبت‌ها قرار نمی‌گیریم، یک ذره امروز، فردا ذره‌ای دیگر و ناگهان بمب! و تازه اینجاست که همه می‌پرسند: «چی شده؟»

مسائل جزیی دست به دست هم می‌دهند و مصیبت‌های بزرگ را می‌سازند. مثل قطره‌های آب که به سنگ‌ها و صخره‌ها می‌خورند و کم کم آن‌ها را می‌فرسایند. اصل قورباغه‌ای به ما هشدار می‌دهد که مراقب انحرافات باشیم.

باید هر روز از خود بپرسیم: «من به کجا می‌روم؟ آیا من شادتر، سلامت‌تر، متناسب‌تر و سعادتمندتر از سال گذشته خود هستم؟»

و اگر پاسخ منفی است، باید در شیوه زندگی خود تجدید نظر کرد و این جاست که یاد ضرب‌المثل معروف می‌افتیم:

«قطره قطره جمع گردد، وانگهی دریا شود»

نکته‌ی ترسناک ماجرا اینجاست که هیچ سکونی در کار نیست. همه ما یا به پیش می‌رویم و یا از قافله باز می‌مانیم.

جهش انسان

نیل آرمسترانگ[1] (فضانورد آمریکایی) در بخشی از خاطرات خو توصیفی جالب از جهش و پیشرفت انسان دارد که من آن را در اینجا بازگو می‌کنم:

من آدم حساسی نیستم...

وقتی خانه‌ی والدینم را ترک کردم گریه نکردم؛

وقتی گربه‌ام مرد گریه نکردم؛

وقتی در ناسا کار پیدا کردم گریه نکردم؛

و حتی وقتی روی ماه پا گذاشتم گریه نکردم؛

اما وقتی از روی ماه به زمین نگاه کردم، بغضم گرفت...

با تردید با پرچمی که بنا بود روی ماه نصب کنم بازی می‌کردم.

از آن فاصله رنگ و نژاد و ملیتی نبود. ما بودیم و یک خانه‌ی گرد آبی.

با خود گفتم انسان‌ها برای چه می‌جنگند!؟

شصت دستم را به سمت زمین گرفتم و تمام دارایی‌ام و کره زمین با آن عظمت پشت شصتم پنهان شد و من اشک ریختم.

پ.ن: یه جا خوندم «وقتی آرمسترانگ پا روی کره ماه گذاشت گفت: این گامی کوچک برای یک انسان و جهشی بزرگ برای بشریت است...

---

[1] Neil Alden Armstrong

من و دیگری

آیا من، بنده و اسیر دیگران است؟ و یا به قول ژاک لاکان[1] روانکاو فرانسوی «هر انسانی در وجود دیگری است؟»

من و دیگری در رابطه متقابل سبب هویت یابی یکدیگر می‌شوند، من با به رسمیت شناختن دیگری او را دیگری می‌کند، بدین معنا که من قبول و پذیرفتن اخلاق، قانون، سنت، پادشاه، خدا و مد، در دیگری جان می‌دهد. من خودش را آن طور که دیگران می‌شناسد، خود را هویت یابی می‌کند. آیا من و دیگری آزاد هستند؟ دیگران آزاد نیستند زیرا هویت آنها در دست من است، مثلا یک هویت یک زن، قاضی، اعتبار، نان، خانه، ماشین و دیگر وسایل امرار معاش او و به دزدان و خلافکاران وابسته است و آزاد نیست، زیرا به محض این که آنها نباشند، وجود قاضی هم محو می‌شود. هر چند من از دیگران و نمی‌تواند جدا باشد اما می‌تواند با توانایی‌ها، خلاقیت‌ها، استعداد، هوش و هنرهایش ویژگی‌ها خود را باز یابد و خود را آزاد کند. زن و مرد به هم وابسته‌اند یکی بدون دیگری وجود ندارند، سرمایه‌دار و کارگر به هم وابسته‌اند و یکی بدون دیگری وجود ندارند، اما سرمایه‌دار آزاد نیست، زیرا آنها بدون کارگران نمی‌توانند زندگی کنند زیرا هزینه عیاشی، خانه، تفریح، ماشین و... را کارگران می‌دهند، کارگران هر چند وابسته دستمزد برای امرار معاش هستند، اما آزاد هستند، زیرا آنها هویت‌شان را در کارشان و تولید محصولات‌شان که خلاقیت، استعداد، هنر و دیگر نیازهای مادی و معنوی آنها بوجود می‌آورد، می‌یابند.

---

[1] Jacques Marie Émile Lacan

علاوه بر منی که اسیر و برده سنت‌ها، دین، اخلاق، سیاست و رابطه‌های اقتصادی و اجتماعی است، من دیگری هم وجود دارد که واقعیت‌ها جهان بیرونی، مسائل و مشکلات روانی و تمام باورها، عادت‌ها و آموخته‌هایی را که در هنگام کودکی به او آموزش داده‌اند، را باید، بشناسد و آنها را مورد نقد و بررسی قرار دهد. این من بدین وسیله هویت و شخصیت واقعی خود را بوجود می‌آورد.

این من که با شناخت هستی و جهان درونی‌اش می‌تواند پی به ارزش و حرمت والای انسان ببرد، در فرهنگ عمومی و تاریخ ما همواره مورد هجوم قرار گرفته است و آن را نوعی خودخواهی و خودمداری تصور می‌کنند. این من در جامعه ما باید نابود شود و من حقیر، ناچیز، نادان، سگ درگاه، نوکر، کلفت، چاکر، غلام و بنده و هیچ و پوچ، خاک درگاه جانشین آن شود.

این من، که نشانه ای از فرهنگ بیمار گونه‌ای است، در جامعه مورد تقدس قرار می‌گیرد و به عنوان بالاترین مقام انسانی تحسین می‌شود. همین من نادان، سگ درگاه و هیچ و پوچ حاضر است که خود را در میان جمعیتی منفجر کند، روی معشوق خود بخاطر جواب رد اسید بپاشد.

این من حقیر شده و هیچ و پوچ و سگ درگاه توسط کسانی مورد تقدیر قرار می‌گیرد که هر وقت خواستند برای منافع‌شان بجنگند، زیرا زمانی که من حقیر و پوچ باشد، جهان دیگر برای او اهمیتی ندارد و می‌توانم به راحتی آدم بکشد.

محمد جعفری (مصفا) در این مورد می‌نویسد: «هویت فکری حاصل یک محیط ناامن است، حاصل اذیت و آزار و مقایسه و رقابت است.

به میزانی که ناامنی، ترس، تهدید، مقایسه و رقابت شدیدتر باشد، فکر هم به عنوان ابزار دفاعی و ابزار چاره‌جویی بیشتر به حرکت می‌افتد و تقویت می‌شود و به میزانی که فکر، نقش چاره‌جویی پیدا می‌کند، احساسات، عواطف و مجموعه حالات و کیفیات غیر فکری ضعیف‌تر و رشد نکرده‌تر باقی می‌مانند.

فکر است که باید ما را در یک محیط پرخطر و پرآزار حفظ کند، نه احساس و عاطفه».

کارت دعوت را با احترام از چند هفته‌ی قبل دم در تحویل داده اند. مثل همیشه دو کبوتر عاشق و آشیانه‌ی عشق و صرف شام و شیرینی را با حروف طلایی در کارت نوشته‌اند. یاد بچگی‌هایمان می‌افتم؛ چقدر با پسرهای خان دایی از درخت بالا رفتیم و آتش سوزوندیم. پرهام هم سن من است و پژمان دو سال از ما کوچک‌تر. باورم نمی‌شود که این همه سال گذشته و آن دو پسر بچه‌ی شیطون و تخس هر دو پزشک و متخصص‌های موفقی شده‌اند. باورم نمی‌شود انقدر بزرگ شده‌ایم. اصغر گره کراواتش را جلوی آیینه مرتب می‌کند. رژ لبم را روی میز توالت می‌گذارم و می‌گویم باور نمی‌شود که پرهام داماد می‌شود. با نگاه سرد و بی‌تفاوتی نگاهم می‌کند، رابطه‌ی ما به سرعت رو به افول می‌رود. می‌گویم اگر دوست نداری تو می‌تونی نیای، خودم یه دروغی سر هم می‌کنم. کارت عروسی رو از روی میز توالت بر می‌دارد و می‌گیرد جلوی چشمم و پشتش را نشانم می‌دهد که نوشته «آقای مهندس .. و بانو». کارت را روی تخت پرت می‌کند. حق دارد، دعوت شده، اسمش را هم اول نوشته اند. به نظرم رسم عجیب و مردسالارانه‌ای است که اسم من زیر اسم او باشد، اما این فکر مبهم ساعتی بعد توی عروسی وسط تور و حریر و رقص و هلهله گم می‌شود.

شش ماه بعد «عروسی پژمان»

چند ماه پیش از اصغر جدا شده‌ام. از وقتی جدا شدم از پسرهای خان دایی که گاه گداری زنگ می‌زدند هیچ خبری ندارم؛ انگار نه انگار که دوست‌های کودکی من بوده‌اند. مادرم می‌گوید مادر جان؛ شما الان یک زن تنها هستی، شاید نخواستن که مزاحمت بشن، همیشه احوالت را از من می‌پرسن. نمی‌فهمم چرا احوالم را از خودم نمی‌پرسند. مادرم پای تلفن خبر می‌دهد که پژمان هم ماه دیگه با گلاره ازدواج می‌کند و من خوشحال می‌شوم. این بار اما هیچ کارت دعوتی برای من نمی‌رسد. یک هفته مانده به عروسی یک روز جمعه که برای ناهار خونه‌ی پدری هستم از مادرم به شوخی می‌پرسم من چون مطلقه‌ام دعوت نیستم؟ می‌خندد و می‌گوید چرا عزیز دلم و کارتی را نشانم می‌دهد که رویش نوشته‌اند «جناب آقای امیری و خانواده». با تعجب نگاهش می‌کنم و می‌پرسم: پس کارت من کو؟ در حالیکه برنج را توی آبکش می‌ریزد می‌گوید کارت تو را هم با مال ما یک جا فرستادند. می‌گویم یعنی چی؟ مگه آدرس من را ندارن؟ من که حتی آدرسم هم عوض نشده... از روی برنج داغ بخار مطبوعی بلند می‌شود» سخت نگیر مادر، خوب تو هم عضو خانواده‌ی ما هستی دیگه...» می‌پرم توی حرفش: ولی من عضو خانواده‌ی خودم هستم! سیزده ساله که دیگه با شما زندگی نمی‌کنم و خان دایی و همه‌ی فامیل هم این رو می‌دونن. چرا نباید برای من کارت بفرستن؟ چون دیگه نمی‌شد نوشت آقای مهندس و بانو؟ خوب می‌نوشتند خانم دکتر و خودش! من این عروسی نخواهم آمد. مادرم با کلافگی از توی آشپزخانه نگاهی به پدرم می‌اندازد. پدرم با لحن قاطعی می‌گوید: دختر جان! حالا یه چیزی شده، اصلا چه اهمیتی داره؟ شما به احترام خان دایی و دوستی با پسر داییت کوتاه بیا... کارت

دعوت را از روی کابینت بر می‌دارم و جلوی چشم پدرم می‌گیرم: پدر جان، شما اینجا اسم من رو می‌بینید؟ اسم من همیشه باید زیر اسم یک مرد قرار بگیرد، وگرنه من از خودم هویتی ندارم. چطور چیزی نشده؟ من محو شده‌ام؛ هویت من از بین رفته، در واقع من وجود ندارم! و کسی که وجود ندارد نمی‌تواند عروسی برود!

و این گونه می شود که عروسی پسر دایی کوچک‌تر نمی‌روم. نرفتن من خانواده‌ی خان دایی را به شدت می‌رنجاند و سر آغاز کلی حرف و حدیث و دلخوری می‌شود. مادرم اما در کمال ناباوری پشت مرا می‌گیرد و به برادر عزیزتر از جانش که اتفاقا یک جراح بسیار حاذق و تحصیل کرده‌ی خارج است می‌گوید که به نظر او هم حق با من است. برای من البته چندان فرقی هم نمی‌کند. برای هویتم با چنگ و دندان جنگیده‌ام و راضی‌ام. کلا هر کسی خودش باید برای هویتش بجنگد، مگر اساسا ادم بی‌هویتی باشد. الان که فکرش را می‌کنم می‌بینم که نرفتن به اون عروسی یکی از قشنگ‌ترین کارهایی بوده که برای خودم کرده‌ام. علی الخصوص که من کلا از عروسی رفتن بیزارم.

سیمون دو بووار[1] در کتاب جنس دوم[2] در مورد محدودیت‌های زنان را چنین بیان می‌کند:

سیمون دو بووار در کتابش ابتدا به محدودیت‌های زیست شناختی زنان اشاره می‌کند. سپس به این می‌پردازد که این محدودیت‌ها اگرچه مهم‌اند، اما نمی‌توانند عامل انقیاد زن توجیه شوند. سپس به دوران زن سالاری در تاریخ می‌پردازد. البته

---

[1] Simone Lucie Ernestine Marie Bertrand de Beauvoir

[2] The Second Sex (French: Le Deuxième Sexe)

معتقد است که با وجود الهه بودن زن، او از حقوق اجتماعی محروم بوده است. بعد به این می‌پردازد که قبل از دوران سرمایه داری زن کلا موجودی پست بود و پس از آن، زن تنها مایه احترام بود. بعد از صنعتی شدن و ورود زن به کارگاه‌ها، وضع او به شدت رقت انگیز می‌شود. در ادامه به جنبش حق رای اشاره می‌کند و بعد به این می‌پردازد که علت عقب ماندگی زنها، کهتری آنها در تاریخ بوده است. پس از آن است که خواست‌های زنان را مطرح می‌کند. در ادامه کار خانه داری را زیر سوال می‌برد. او می‌گوید زن با ازدواج رعیت مرد می‌شود. سپس می‌گوید به واقع زنها از تماس جنسی در ازدواج لذت نمی‌برند. به نظر دو بووار ازدواج زن را نابود می‌کند و استعدادهای او را به فنا می‌دهد. دو بووار سپس به مادری می‌پردازد و اینکه جلوگیری از سقط جنین موجب تولد فرزندان زجر کش می‌شود. به نظر دو بووار چیزی که به آن غریزه مادری می‌گویند، اساسا پدیده‌ای اجتماعی است و می‌تواند وجود نداشته باشد. سپس به آرایش و لباس اشاره می‌کند و می‌گوید جامعه از زن می‌خواهد خود را یک شیء جنسی ببیند. علاوه بر پوشش و آرایش، یکی دیگر از بیگاری‌هایی که اجتماع به زن تحمیل می‌کند دید و بازدید است. او باید به بهترین وجه پذیرایی کند؛ ظرف‌های کریستال خود را به معرض نمایش بگذارد و... سپس به بردگی زن در روسپی گری می‌پردازد و البته می‌گوید در واقع این روسپی‌گری[1] هم مانند ازدواج نوعی معامله است. او در بحثاش از زن مستقل می‌گوید این حقوق اگر با استقلال اقتصادی همراه نباشد فایده‌ای ندارد. او با اشاره به وظایف مادری که بصورت سنتی بر عهده زن گذاشته شده است اشاره می‌کند که زن مستقل امروزه بین منافع حرفه‌ای و امیال طبیعی‌اش دو پاره

---

[1] Prostitution

شده است. درباره زن و هنر نیز نویسنده معتقد است هنر تنها به زنان کمک می‌کند که خودشان را به نمایش بگذارند و نارسیسم‌اشان[1] را بروز دهند. او در رابطه با نظام تعلیم و تربیت معتقد است تمام آموزش‌های زن توطئه‌ای است که راه‌های طغیان را بر او ببندند. در پایان نویسنده دنیای برابر را دنیایی می‌داند که در آن هیچ مرزی ناشی از طبقه یا جنسیت به وجود نیاید.

تهمینه میلانی در داستانی تحت عنوان «مادر من بدترین مادر دنیاست[2]» چنین می‌نویسد:

مادر من بدترین مادر دنیاست

می‌دانید آخر او هیچ وقت کارهایی را که مادران فداکار و مهربان انجام می‌دهند، انجام نداده است. مثلا هیچ وقت نشده که باقیمانده‌ی غذای مرا بخورد یا لقمه‌ی دهنی مرا به دهانش بگذارد. او هیچ وقت به خاطر خراب کردن امتحانم برای من زار زار گریه نکرده یا مثلا برای اینکه غذایم را تمام کنم بشقاب به دست دنبال من دور خانه راه نیفتاده است. به نظرم او اصلا من را دوست نداشته باشد چون او هیچ گاه فقط برای من بستنی نمی‌خرد او همیشه همراه من بستنی می‌خورد و بستنی خوردن من را هم تماشا می‌کند. یا مثلا وقتی من بازی کرده‌ام به کناری نایستاده و برایم کف نزده او همیشه خودش همراه من در بازی‌ها شرکت می‌کند. به نظرم مادرم اصلا شبیه مادران مهربان و ایثارگر داستان‌ها نیست، مادران فداکار قصه‌ها کمی چاق هستند اما او همیشه مواظب سلامتی و هیکل خودش هم هست

---

[1] Narcissism

[2] My mother's worst mother in the world

یا مثلا هیچ وقت با موهای ژولیده و لباس‌های کثیف و نامرتب به تمیز کردن خانه و غذا پختن برای من نپرداخته.

گاه گاهی او بسیار از من زیباتر بوده! او به جای بوی پیاز داغ همیشه بوی خوب می‌دهد! هیچ وقت نشده که مادر من به خاطر نبودن من به مهمانی یا گردش نرود یا بدون من اصلا به او خوش نگذرد. هیچ وقت کارهایی را که دوست دارد کنار نگذاشته تا فقط به کارهای من و زندگی من برسد اصلا او کارهایی را که مادر بزرگ‌ها می‌گویند انجام نمی‌دهد.

او هیچ وقت نشده که به من نصیحت کند و ساعت‌ها به من بگوید چه کار کنم و چه کار نکنم. او به تنهایی همه‌ی کارهای خانه را انجام نمی‌دهد تا من خسته نشوم بلکه همیشه از من کمک می‌گیرد و مرا به کار می‌کشد. او صبح به صبح مهربانانه اتاق را مرتب نمی‌کند و انجام کارهای مرا به عهده نمی‌گیرد. او همیشه دلش را به بافتن موهای من یا درست کردن غذای مورد علاقه‌ام خوش نمی‌کند، گاهی به علاقه‌ی خودش و دیگران هم توجه می‌کند و برای خودش کتاب می‌خواند. اصلا او هر کاری را که دلش می‌خواهد انجام می‌دهد. شاید یادش رفته که مادر است و مادران نباید کارهای مورد علاقه‌شان را انجام دهند! ولی در هر حال مادر من اینطوری است. ولی یک چیز را می‌دانید؟ مادر من مادری‌ست که مرا از مادر شدن نمی‌ترساند.

حالا خوب می‌دانم که می‌شود هم مادر باشم و هم زندگی خودم را از دست ندهم، مادر بشوم و هویت انسانی خودم را به کناری نگذارم. می‌دانم که لزومی ندارد برای مادر بودن دچار خود فراموشی شوم و ادامه زندگی خودم را در زندگی

فرزندانم جستجو کنم. حالا می‌دانم که هم می‌شود خودم باشم و هم یک مادر حتی یک مادر خوب!

و شاید بشود گفت: بهترین مادر دنیا...

وفور ساده

وقتی ما زمان سختی را سپری می‌کنیم یا آنچه را که می‌خواهیم به دست نمی‌آوریم سپاسگزاری یکی از سخت‌ترین کارهایی است که در نظر گرفته شده است. چگونه می‌توانیم سپاسگزاری کنیم در حالی که دنیا به کاممان نیست؟ یا هنگامی که خشمگین، افسره و پر از استرس هستیم؟ هنوز سپاسگزاری چیزی است که می‌تواند حالت ما، درک ما و حتی در یک آن ظاهر ما را دگرگون کند.

اگر ما تمایل داشته باشیم، من از یک تمرین جالب برای سپاسگذاری استفاده می‌کنم که در هر زمانی نیجه خواهد داد. وقتی زمان سختی را سپری می‌کنیم سه دلیل برای سپاسگزاری از چیزهایی که شما را به بوته آزمایش می‌کشانند دارید. وقتی این کتاب را می‌نوشتیم، مثال عالی در این مورد داشتیم. انگشت پایم شکست، اما به راحتی می‌توانم سه دلیل برای سپاسگزار بودن را بیابم. اول اینکه آن اتفاق برای پای چپم افتاد بنابراین می‌توانستم رانندگی کنم دوم اینکه در زمان پاییز این اتفاق برایم افتاد و من نگران سر خوردن و افتادن بر روی یخ‌ها نبودم. و سوم اینکه من در نیمه‌های نگارش این کتاب بودم به این معنی که من بیشتر روز را پشت کامپیوترم می‌نشستم و می توانستم به شصت پایم استراحت دهم تا بهبود یابد.

من این اصول را در کلاس‌های مدیتیشنم آموزش می‌دادم و از تماشای چهره‌های فشرده و منقبض که سعی می‌کردند آرامش یابند و از لبخند آکنده می‌شدند، لذت می‌بردم. برای مثال مردی زمان‌های وحشتناکی داشت و تحت کنترل نامادری خود محوری بود. به همان اندازه که او سعی کرده بود در حالت سلامتی به زنان بپردازد،

او هنوز می‌توانست مشاهده کند که چگونه توانسته است صبر، تحمل و پذیرش را بیاموزد.

سپاسگزاری، تنش و فشار را از روی قلب‌های ما بر می‌دارد، قلب ما را نرم می‌سازد و اجازه می‌دهد تا ما احساس شادی و لذت کنیم. لیست‌های سپاسگزاری روزانه بسیار عالی می‌باشند. وقتی یافتن چیزی برای سپاسگزاری مشکل است، خواندن روزانه آنها کار را بسیار راحت می‌کند.

سارا برتسنچ[۱] در کتابش به نام «وفور ساده[۲]» می‌نویسد، شما همان شخص دو ماه قبل نیستید از حالا به بعد هر روز برای وفوری که در زندگیتان هست آگاهانه تشکر کنید. و شما این حرکت را در قانون کهن روحی قرار خواهید داد. بیشتر داشته باشید، بیشتر به خاطر آن سپاسگذار خواهید بود و بیشتر به شما داده خواهد شد.

تلمود[۳] می‌گوید «وقتی نبوکدنزر[۴]، پادشاه مقتدر بابلی‌ها می‌خواست خداوند را ستایش کند، فرشته‌ای آمد و سیلی بر گوش وی نواخت». کوتزکر[۵] پرسید، «چرا این کار را کردی او سزاوارش نبود هدف او ستایش پروردگار بود». او پاسخ داد تو می‌خواهی خداوند را زمانی ستایش کنی که تاج بر سر می‌گذاری؟ «بگذار بشونم چگونه آن زمان که سیلی بر صورتت نواختم مرا ستایش خواهی کرد».

---

[1] Sarah Ban Breathnach

[2] Simple Abundance: A Daybook of Comfort and Joy

[3] Talmud

[4] Nebuchadnezzar

[5] Coates Kerr

داستان نیما و همسرش که در ادامه بیان می‌شود نشان دهنده این وضعیت می‌باشد.

ته پیاز و رنده رو پرت کردم توی سینک، اشک از چشم و چارم جاری بود. در یخچال رو باز کردم و تخم مرغ رو شکستم روی گوشت ، روغن رو ریختم توی ماهیتابه و اولین کتلت رو کف دستم پهن کردم و خوابوندم کفش ، برای خودش جلز جلز خفیفی کرد که زنگ در را زدند، پدرم بود. بازم نون تازه آورده بود. نه من و نه نیما حس و حال صف نونوایی نداشتیم. می‌گفت نون خوب خیلی مهمه! من که بازنشسته‌ام، کاری ندارم، هر وقت برای خودمون گرفتم برای شما هم می‌گیرم. در می‌زد و نون رو همون دم در می‌داد و می‌رفت. هیچ وقت هم بالا نمی‌آومد، هیچ وقت.

دستم چرب بود، نیما در را باز کرد و دوید توی راه پله. پدرم را خیلی دوست داشت. کلا پدرم از اون جور آدم‌هاست که بیشتر آدم‌ها دوستش دارند، این البته زیاد شامل مادرم نمی‌شود . صدای نیما از توی راه پله می‌اومد که به اصرار تعارف می‌کرد و پدر و مادرم را برای شام دعوت می‌کرد بالا. برای یک لحظه خشکم زد. ما خانواده‌ی سرد و نچسبی هستیم. هم رو نمی‌بوسیم، بغل نمی‌کنیم، قربون صدقه هم نمیریم و از همه مهم‌تر سرزده و بدون دعوت جایی نمیریم. خانواده‌ی نیما اینجوری نبود، در می‌زدند و می‌آمدند تو، روزی هفده بار با هم تلفنی حرف می‌زدند؛ قربون صدقه هم می‌رفتند و قبیله‌ای بودند. برای همین هم نیما نمی‌فهمید که کاری که داشت می‌کرد مغایر اصول تربیتی من بود و هی اصرار می‌کرد، اصرار می‌کرد.

آخر سر در باز شد و پدر مادرم وارد شدند. من اصلا خوشحال نشدم. خونه نا مرتب بود؛ خسته بودم. تازه از سر کار برگشته بودم، توی یخچال میوه نداشتیم... چیزهایی که الان وقتی فکرش را می‌کنم خنده‌دار به نظر میاد اما اون روز لعنتی خیلی مهم به نظر می‌رسید. نیما توی آشپزخونه اومد تا برای مهمان‌ها چای بریزد و اخم های در هم رفته‌ی من رو دید. پرسیدم برای چی این قدر اصرار کردی؟ گفت خوب دیدم کتلت داریم گفتم با هم بخوریم. گفتم ولی من این کتلت‌ها رو برای فردا هم درست می‌کردم. گفت حالا مگه چی شده؟ گفتم چیزی نیست، اما... در یخچال رو باز کردم و چند تا گوجه فرنگی رو با عصبانیت بیرون آوردم و زیر آب گرفتم. پدرم سرش رو توی آشپزخونه کرد و گفت دختر جون، ببخشید که مزاحمت شدیم. میخوای نون‌ها رو برات ببرم؟ تازه یادم افتاد که حتی بهشون سلام هم نکرده بودم. تمام شب عین دو تا جوجه کوچولو روی مبل کز کرده بودند. وقتی شام آماده شد پدرم یک کتلت بیشتر بر نداشت. مادرم به بهانه‌ی گیاه خواری چند قاشق سالاد کنار بشقابش ریخت و بازی بازی کرد. خورده و نخورده خداحافظی کردند و رفتند و این داستان فراموش شد و پانزده سال گذشت.

چند روز پیش برای خودم کتلت درست می‌کردم که فکرش مثل برق از سرم گذشت: نکنه وقتی با نیما حرف می‌زدم پدرم صحبت‌های ما را شنیده بود؟ نکنه برای همین شام نخورد؟ از تصورش مهره‌های پشتم تیر می‌کشد و دردی مثل دشنه در دلم می‌نشیند. راستی چرا هیچ وقت برای اون نون سنگک‌ها ازش تشکر نکردم؟ آخرین کتلت رو از روی ماهیتابه بر می‌دارم. یک قطره روغن می‌چکد توی ظرف و جلز محزونی می‌کند. واقعا چهار تا کتلت چه اهمیتی داشت؟ حقیقت مثل یک تکه آجر توی صورتم می‌خورد: «من آدم زمختی هستم». زمختی یعنی ندانستن

قدر لحظه‌ها، یعنی نفهمیدن اهمیت چیزها، یعنی توجه به جزییات احمقانه و ندیدن مهم‌ترین‌ها.

حالا دیگه چه اهمیتی داشت این سر دنیا وسط آشپزخانه‌ی خالی چنگال به دست کنار ماهیتابه‌ای که بوی کتلت می‌داد آه بکشم. آخ. لعنتی، چقدر دلم تنگ شده براشون؛ فقط... فقط اگر الان پدر و مادرم از در تو می‌آمدند، دیگه چه اهمیتی داشت خونه تمیز بود یا نه... میوه داشتیم یا نه... همه چیز کافی بود: من بودم و بوی عطر روسری مادرم، دست پدرم و نون سنگک. پدرم راست می‌گفت. نون خوب خیلی مهمه. من این روزها هر قدر بخوام می‌تونم کتلت درست کنم، اما کسی زنگ این در را نخواهد زد، کسی که توی دست‌هاش نون سنگک گرم و تازه و بی منتی بود که بوی مهربونی می‌داد. اما دیگه چه اهمیتی دارد؟ چیزهایی هست که وقتی از دستش دادی اهمیتش را می‌فهمی. نون سنگک خشخاشی دو آتشه هم یکی‌اش.

مایستر اکهارت[1] بیان می‌کند «اگر تنها دعای شما در کل زندگی‌تان این بوده که بگویید متشکرم، آن کافی خواه بود».

---

[1] Eckhart von Hochheim commonly known as Meister Eckhart

کیک شکلاتی

معمولا فکر می‌کنیم غم احساسی است که ما وقتی شخصی یا حیوان دست آموز دوست داشتنی خود را از دست می‌دهیم، داریم. هنوز خسارت‌های زیادی وجود دارند که ما را ملزم می‌کنند، زمانی را در غم و غصه بگذرانیم. وقتی ما شغل، رابطه، تجارت، یا یک سبک زندگی را از دست می‌دهیم، زمان می‌برد تا به احساسات پوچی و فقدان غلبه کنیم. ما باید به احساساتی که تجربه می‌کنیم افتخار کنیم. وقتی ما عادات و اعتیادها را رها می‌کنیم، یک فضای خالی به وجود می‌آید. بعضی چیزها گم شدند و صدمه دیدند. مواد مخدر، سیگار، پرخوری و تمامی عادات دیگر را رها کنید و فضای خالی و فواصل را ایجاد کنید. این فواصل با احساسات مثبت پر می‌شوند. اما فقدان آنها را احساس کردن، یک حس سالم است. ما برای مسدود کردن احساسات درد، بی کفایتی و ترس از سرگرمی‌های بسیاری استفاده می‌کنیم.

آه، آیا می‌توانیم بیاموزیم که در لحظه زندگی کنیم و متفکر باشیم بدون اینکه در گذشته سیر کنیم بدون اینکه بیندیشیم چه چیزی بر اساس تفکرات گذشته برای ما و دیگران درست و مطلوب و چه چیزی نادرست و نامطلوب است.

ملودی بیتی[1] می‌نویسد «انتظارات‌تان را رها کنید. جهان آنچه باید را انجام خواهد داد، گاهی اوقات رویاهای‌تان به واقعیت خواهد پیوست و گاهی اوقات نخواهد پیوست. وقتی شما رویای منقطع خود را رها خواهید کرد، رویای دیگری به آرامی جایگزین آن می‌شود».

---

[1] Melody Beattie

برای جذب آرزوهای‌تان ابتدا خود را باید شایسته رسیدن به آنها بدانید. در غیر این صورت جریان طبیعی انرژی الهی را به زندگی‌تان مختل کرده و باعث ایجاد موانع مختلف، در نتیجه ناکامی در رسیدن به آرزوها خواهید شد.

وفور نعمت در جهان بیکران است و کافی است دریچه ذهن‌تان را بر روی این موهبت‌های لایتناهی بگشایید. برای رسیدن به آرزوها نیازی نیست که در دنیای بیرون به دنبا آنها باشید، بلکه کافی است باور کنید که لایق دریافت تمام موهبت‌های مادی و معنوی هستید.

در ادامه داستانی به نقل از رخساره ابراهیم نژاد بیان می‌گردد:

من الان دلم کیک شکلاتی می‌خواد. الان می‌خواد! همین الان. ندارم ولی! لواشک دارم، ولی کیک شکلاتی ندارم! باید تا فردا که قنادی‌ها باز می‌کنن، صبر کنم. معلوم هم نیست دیگه فردا دلم کیک شکلاتی بخواد... من فقط می‌دونم که الان دلم کیک شکلاتی می‌خواد و ندارم، پس قبول می‌کنم که ندارم. ندارم دیگه. ولی خب دلم می‌خواد. اما ندارم! ولی خب.... اما.... ولی.... اما... ولی.... اما! یه روز مامانم اومد خونه، گفت زود باش. پرسیدم چی رو؟ گفت سورپرایزه! مبل‌ها و فرش و میز ناهارخوری و کلن دکور خونه رو تو ده دقیقه عوض کرد و زنگ در رو زدن. هول شد از خوشحالی. گفت چشماتو ببند. چشمامو بستم. دستمو گرفت برد دم در. در رو باز کرد. گفت حالا چشماتو باز کن. چشمامو باز کردم دیدم یه پیانو یاماها مشکی، همونی که ده سال قبلش هزار بار رفته بودم از پشت ویترین دیده بودمش دم در بود. حالا نمی‌دونم همون بود یا نه. اما همونی بود که من ده سال قبل واسه داشتنش پرپر زده بودم. خیلی جا خورده بودم. گفت چی می‌گی؟

گفتم چی می‌گم؟ می‌گم حالا؟ الان؟ واقعا حالا؟ بیشتر ادامه ندادم. پیانو رو آوردن گذاشتن اون جای خالی‌ای تو خونه که مامان خالی کرده بود. من هم رفتم تو اتاقم. نمی‌خواستم بزنم تو پرش. ولی هزار بار دیگه هم از خودم پرسیدم آخه حالا پیانو به چه درد من می‌خوره! من که خیلی سال از داشتنش دل کندم. ده سالی تو خونمون خاک خورد و آخرش هم مامانم بخشیدش به نوه‌ی عموم.

یه روز اولین عشق زندگیم که چهارده سال ازم بزرگتر بود، رفت فرانسه، اون جا با یه زن فرانسوی که چند سال ازش بزرگتر بود ازدواج کرد. منم که نمی‌خواستم قبول کنم از دست دادمش شروع کردم واسه خودم داستان ساختن. ته داستانم هم اینطوری تموم می‌شد که یه روزی بر می‌گرده، وسط داستان هم اینجوری بود که داره همه‌ی تلاشش رو می‌کنه که برگرده. این وسطا هم گاهی به من از فرانسه زنگ می‌زد و ابراز دلتنگی می‌کرد. بعد از هفت سال خیالبافی دیدم چاره‌ای ندارم جز اینکه با واقعیت مواجه شم. شروع کردم به دل کندن. من هی دل کندم و هی خوابش رو دیدم که برگشته. دوباره دل کندم و باز خوابش رو دیدم که برگشته، تا اینکه بالاخره واقعا دل کندم! چند سال بعدش تو فیس بوک پیدا کردیم همو. اومد حرف بزنه، گفتم حالا؟ واقعن الان؟ من خیلی وقته که دل کندم!

یه دوستی داشتم کاسه‌ی صبرش خیلی بزرگ بود. عاشق یه پسری شده بود که فقط یک ماه باهاش دوست بود. اون یک ماه که تموم شده بود، پژمان رفته بود پی زندگیش و سایه مونده بود با حوضش! بعد چند سال یه روز بهش گفتم دل بکن. خودت می‌دونی که پژمان بر نمی‌گرده. گفت ولی من صبر می‌کنم. هر کاری هم لازم باشه می‌کنم. یک سال بعد رفت پیش یک دعا نویس. شش ماهه بعدش با پژمان ازدواج کرد. اون روزا دوست بیچاره‌ام خیلی خوشحال بود. به خودم گفتم،

حتما استثنا هم وجود داره! دو سال بعدش شنیدم که از هم جدا شدن. پیداش کردم. خیلی عصبانی بود. پرسیدم چی شده. گفت پژمان اونی نبود که من فکر می‌کردم. گفتم پژمان همونی بود که تو فکر می‌کردی، ولی اونی نبود که الان می‌خواستی. پژمان اونی بود که تو اون روزا، همون چند سال قبل ترا می‌خواستی که باشه، و وقتی نبود، باید دل می‌کندی!

من الان دلم کیک شکلاتی می‌خواد. الان می‌خواد ولی...

آزادی بیان اندیشه و احساس

من با سخن شما کاملا مخالف هستم اما جانم را می‌دهم تا اینکه تو بتوانید حرفت را بزنید. این سخن ولتر[1] یکی از اندیشمندان عصر روشنگری در فرانسه است که حاضر بود برای این که مخالفانش عقایدشان بیان کنند، تا مرگ پیش برود.

منع بیان اندیشه و احساس به شکل های مختلفی در همه‌ی بخش‌های زندگی ما وجود دارد. بچه‌ها نباید حرفی روی حرف بزرگتر بزنند، به سنت‌ها نباید انتقاد کرد، آموزش و پرورش با امتحان و نمره دانش آموخته‌ی مقلد بار می‌آورد، در اداره، رئیس حرف اول و آخر را می‌زند، دولت هم مهره جاسوس را برای انتقاد کنندگان می‌زند و از همه بدتر بسیاری از روشنفکران از نقد آشفته می‌شوند زیرا افراد را دارای صلاحیت و دانش برای نقد اندیشه خودشان نمی‌دانند.

بیان آزاد اندیشه و احساس حتی در ناپسندترین، بی احترام‌ترین و توهین آمیزترین شکل‌اش بهتر از خفه کردن آن است، زیرا فقط با بیان آزاد می‌توان جلوی تهمت، افترا و ناسزا و فحش که در جامعه ما ابعاد گسترده‌ای دارد، گرفت. زمانی که بیان افکار و احساس آزاد نباشد، نمی‌توان با این آشفته فکری و مهمل گویی که نشانی از اختلال روانی و قدرت طلبی و منفعت پرستی است، مبارزه کرد.

اینیاتسیو سیلونه[2] می‌گوید «ما در اجتماعی زندگی می‌کنیم که در آن جایی برای آزاد مردان نیست؛

---

[1] François-Marie Arouet known by his Voltaire
[2] Ignazio Silone

تنها کشیشانی در امان‌اند که مذهب را به خدمت حکومت و بانک بگمارند و هنرمندانی که هنر خود را بفروشند و حکیمانی که با دانش خود سوداگری کنند؛

بقیه هر قدر هم که معدود باشند به زندان می‌افتند، تبعید می‌شوند و تحت نظر قرار می‌گیرند! مشروط بر این که مامور حاکم بنا به مقتضیات سرشان را بی صدا زیر آب نکند. باید دانست دولت یک دست دراز دارد و یک دست کوتاه دست دراز به همه جا می رسد و برای گرفتن است، و دست کوتاه برای دادن است و فقط به کسانی می رسد که خیلی نزدیکند!

آزادی چیزی نیست که آن را به کسی هدیه کنند. می‌توان در یک کشور دیکتاتور زندگی کرد و آزاد بود. فقط کافی ست علیه دیکتاتور مبارزه کرد! مردی که با مغز خودش فکر می‌کند، آزاد است. مردی که به خاطر آنچه بر حق می داند، مبارزه می کند، آزاد است... آزادی را نباید از دیگران گدایی کرد، بلکه باید با جنگ به چنگ آورد!»

مراقب مورچه دیگران باشیم!

بنا به روایت، لوسیانو[1] نویسنده‌ی ایتالیایی به خاطر اندیشه‌هایش مجرم شناخته شد و محکوم به حبس در سلولی چهار متری شد، آن هم به مدت ۱۷ سال. نخستین روزی که وارد آن سلول منفور شد همه چیز عادی بود. چند هفته‌ای گذشت، لوسیانو به فکر افتاد.

هفده سال در این سلول به چه شکلی خواهد گذشت...

---

[1] Luciano

ماه‌ها گذشت، مثل اینکه با گذشت هر روز، محکومیت‌اش برای زندگی در این سلول بیشتر می‌شد. یک روز صبح مورچه‌ای بینی‌اش را گاز گرفت و او از خواب بیدار شد. با وسواس مورچه را سر انگشتش جا داد و گفت: «عجبا». «آیا می‌توانم با تربیت این مورچه او را به یک دوست تبدیل کنم؟»

چیزی برای از دست دادن نبود و ارزش امتحان کردن را داشت. مورچه را روی پارچ آبی که کنارش بود، گذاشت. مورچه می‌خواست فرار کند اما لوسی رهایش نکرد. با محاصره‌ی اطرافش مانع فرار او شد. برای تربیت مورچه و صحبت کردن با او مصمم بود. اگر موفق می‌شد تنهایی‌اش به سر می‌آمد. درست سه سال با مورچه سر و کله زد. با این که جوابی نمی‌شنید با او صحبت و درد و دل می‌کرد. اسمی هم برایش گذاشت: تیتو[1].

یک روز صبح لوسیانو با صدای صبح بخیر مورچه از خواب بیدار شد. این با شکوه‌ترین صدایی بود که می‌توانست بشنود.

با هیجان از رختخوابش بیرون پرید و فریاد کشید: حرف زدی، تیتو تو حرف زدی، بالاخره به حرف اومدی، صبح بخیر، صبح بخیر، هزاران بار صبح بخیر دوست من.

حالا دیگر لوسیانو دوستی داشت و کسی از این مساله با خبر نبود. وجود تیتو بزرگ‌ترین راز نویسنده بود. نباید کسی خبردار می‌شد. نباید نگهبان می‌شنید و این رویا نباید تمام می‌شد. این دوستی بزرگ تا انتهای هفده سال حبس ادامه داشت. هیچ کس از وجود تیتو باخبر نشد. لوسیانو هر چه می‌توانست به تیتو یاد داد.

---

[1] Tito

حرف زدن، خواندن، نوشتن، رقص، آواز خواندن و تفکر را... هر چه می‌توانست را به دوستش یاد داد، گاه با هم گریه کردند و گاه خندیدند.

سال‌های زیادی گذشت و هفده سال حبس تمام شد، روزی نگهبان با قیافه‌ای اخمو و صورتی سرد در آهنین را باز کرد و با صدای گوش خراشی گفت: «آماده باش، فردا بیرون میروی».

نگهبان که رفت، لوسیانو با گریه رو به مورچه کرد و گفت:

«تمام شد تیتو، بالاخره تمام شد دوست بزرگ من، فردا بیرون می‌رویم، فردا آزادیم». تیتو هم گریه کرد. لوسی از تیتو پرسید: «بگو ببینم دوست من، فردا که بیرون رفتیم، اولین کاری که می‌کنیم چیه؟» تیتو گفت: «به یک رستوران برویم و مثل حیوان غذا بخوریم!» قهقهه زدند. تا صبح خواب به چشمانشان نیامد، در عالم خیال رفتند و رویا پردازی کردند و برای نخستین بار در این سلول مستطیلی شکل که هیچ تفاوتی با لانه‌ی موش نداشت خوش گذراندند. در یک آن به نظر رسید که سلول بزرگ شده است. با روشنایی اول صبح در آهنی برای آخرین بار باز شد. نویسنده ایتالیایی با بیرون آمدن از در برای آخرین بار به عقب برگشت و به تخت‌خوابش نگاه کرد. آن‌چه از دهانش بیرون آمد تنها این دو کلمه بود: «وای نه»...

تیتو روی شانه‌ی لوسیانو بود، اول صبح یک روز زمستانی بود و به شدت برف می‌بارید. لوسیانو چمدانش را به هوا انداخت و فریاد زد: «آزادی». به برف اهمیتی ندادند، راه رفتند. مگر در برابر گرمای آزادی برف و زمستان می‌تواند دوام بیاورد؟...

سرانجام به رستورانی رسیدند. تیتو فریاد زد: «حالا می‌توانیم وارد اینجا شویم؟» لوسیانو با تمام توان فریاد کشید: «ما دیگر آزاد هستیم». داخل شدند. داخل رستوران غیر از سه، چهار نفر و صاحب آنجا که داشت چرت می‌زد کسی دیگر نبود. سر میزی نشستند.

لحظه‌ای چشم لوسیانو به آینه‌ای که روی میز بود افتاد. درست مثل زمانی که از زندان بیرون آمدند زمزمه کرد: «وای» موهایش سفید سفید شده بود. چهره‌اش پر چروک بود، لوسیانو مسن شده بود تبسمش با قطرات چشم‌هایش همراه شد. با صدایی لرزان گفت: «آقا دوتا نوشیدنی برای ما بیاور». مرد فوری نوشابه‌ها را آورد و آن‌ها نوشابه‌ها را خوردند.

بی‌گمان باید این مساله را برای کسی تعریف می‌کرد.

وقتی انسان کار بزرگی انجام می‌دهد، شاید شیرین‌ترین بخش آن تعریف کردن کار برای دیگران باشد.

اما لوسیانو هفده سال تمام این لذت را تجربه نکرده بود.

در نخستین روز آزادی‌اش، باید این راز بزرگ و افتخار آمیز را که سال‌ها از دیگران پنهان کرده بود برای یکی تعریف می‌کرد. اطرافش را نگاه کرد، غیر از صاحب رستوران فرد دیگری را نیافت. صدا زد:«آقا، آقا». مرد، خواب‌آلود نزد لوسیانو آمد. لوسیانو با هیجان زیاد و با اشاره به تیتو که در حال رقص بود گفت: «این را ببین تو رو خدا، این را ببین...» مرد به آرامی انگشت خود را روی تیتو برد و با گفتن «خیلی می‌بخشید سرورم» مورچه را له کرد...

تیتو برای لوسیانو بزرگترین دوست بود، حاصل هفده سال تلاش او بود و برای صاحب رستوران یک حشره معمولی.

مورچه هر کسی را محترم بشمار و هیچ وقت فراموش نکن! مورچه هر کسی برای خودش مهم‌ترین است.

کینتسوگی[1]

وقتی یک مرمت‌کار ژاپنی می‌خواهد جسم شکسته‌ای را مرمت کند، ترک‌های آن را با طلا پر می‌کند.

آنها معتقدند که وقتی چیزی دچار صدمه می‌شود و آسیب می‌بیند، آنگاه بسیار زیباتر از قبل می‌شود.

این هنر باستانی، اتصال طلایی یا کینتسوگی نام دارد.

اما دلیل این کار چیست؟

فلسفه‌ی این هنر بسیار جالب و آموزنده است.

کینتسوگی بر مفاهیمی مانند پذیرش کاستی‌ها و شکست‌ها در زندگی و خارج نشدن از چرخه‌ی زندگی تاکید دارد.

حال چرا شکستگی را با طلا پر می‌کنند؟

کینتسوگی می‌گوید که شما بعد از شکست نه تنها دچار کاستی و ضعف نمی‌شوید بلکه بسیار ارزشمند شده و می‌درخشید.

شکست‌ها، نتایج بسیار ارزشمندی‌ست که افراد موفق کوله‌باری از آنها را جمع کرده‌اند.

---

[1] Kintsugi (Kintsukuroi)

اُکتاویو پاز لوزانو[1] (شاعر، نویسنده، دیپلمات و منتقد مکزیکی) بیان می‌کند «من نیمه‌ی دوم زندگی‌ام را در شکستن سنگ‌ها، نفوذ در دیوارها، فرو شکستن درها و کنار زدن موانعی گذرانده‌ام، که در نیمه‌ی اول زندگی به دست خود، میان خویشتن و نور نهاده‌ام...[2]»

از شکست نهراسید!

از سقوط نهراسید!

شکست‌های پی‌درپی نشانه‌ی زنده بودن و پویایی شماست.

تنها در گورستان است که هیچ‌کس شکست نمی‌خورد.

شکست، پیش‌نیاز پیروزی است.

از تنه‌ی درختی که می‌شکند و سقوط می‌کند، شاخه‌های متعددی سر برمی‌آورد و هر کدام به درختی شکوه‌مند بدل می‌شوند.

بدون شک، شکست درخت، سبب رشد و موفقیت و زیاد شدن آن است.

اما:

درختی که شکست، هرگز گریه نمی‌کند، افسرده نمی‌شود و به در و دیوار لعنت نمی‌فرستد.

---

[1] Octavio Paz Lozano

[2] I have spent the second part of my life breaking the stones, drilling the walls, smashing the doors, removing the obstacles I placed between the light and myself in the first part of my life.

بلکه آرام و صبور می‌ماند تا جوانه بزند.

و این‌بار سبزتر، وسیع‌تر و پرثمرتر به آسمان می‌رود!

آهای شکست‌خوردگان! بپاخیزید.

به گمان خویشتن، اگر شکست خورده‌اید،

مثل تنه‌ی درخت، فقط آرام و خونسرد باشید تا دوباره جوانه بزنید، سبز شوید و به آسمان بروید!

سبزتر، جوان‌تر و وسیع‌تر!

از سقوط نهراسید.

از شکست نهراسید!

شکست و سقوط، پیش‌نیاز سرسبزی و آسمانی شدن است!

داستان زندگی هنری فورد (کارآفرین، مخترع و نظریه پرداز آمریکایی) درباره شکست خوردن و پیروزی بعد از آن که من آن را در اینجا بازگو می‌کنم:

مطمئنا همه افراد موفقی که امروزه می‌بینیم، مسیر رسیدن به موفقیت‌اشان بدون شکست نبوده است. اغلب این افراد موفق، آن زمان‌هایی را که با موانع روبرو شده‌اند و این موانع، آنها را وادار به تلاش و عزم بیشتری نسبت به دیگران کرده است، به خوبی به یاد دارند. دفعه بعد اگر احساس افسردگی و پریشانی در مورد شکست خود، چه در کنکور و چه در زندگی‌تان، داشتید، فراموش نکنید که این شکست می‌تواند اولین قدم در جهت موفقیت شما باشد.

یکی از افراد بسیار موفقی که امروزه به دلیل مونتاژ نوآورانه و خط تولید ماشین‌های ساخت آمریکا شهرت فراوانی دارد، قبل از رسیدن به چنین موفقیتی، چندین بار شکست را تجربه کرده است. هنری فورد[1]، قبل از اینکه بتواند شرکت فورد موتور را تاسیس کند، در کسب و کار اولیه خود چندین بار با شکست مواجه شد.

هنری فورد، ۲۳ ساله بود که برای اولین بار یک موتور بنزینی را می‌دید، و همان جا بود که عاشق آن شد. فورد در آن زمان به عنوان کارآموز سازنده ماشین مشغول به کار بود و روی هرگونه وسیله ممکن کار کرده بود، ولی هیچ کدام از آنها برای وی، قابل مقایسه با موتور بنزینی نبودند؛ موتوری که خود قدرتش را تامین می‌کرد. در همان زمان بود که او وسیله حمل و نقل بدون اسبی را در ذهنش تجسم کرد که می‌توانست تحولی بزرگ در این عرصه ایجاد کند. فورد هدف زندگی‌اش را پیشرو بودن در ساخت چنین اتومبیلی قرار داد.

او با شب‌کاری در کارخانه نوری ادیسون[2]، روزها می‌توانست به سرهم کردن موتوری که در حال ساختش بود بپردازد. وی یک کارگاه در آلونک پشت خانه درست کرد و شروع به ساختن موتور خود از قطعات فلزی که پیدا می‌کرد، نمود. او در سال ۱۸۹۶، با کمک دوستانش، نمونه اولیه کامل شده خود را که فورد کوادریسایکل[3] نامیده بود عرضه کرد.

در آن زمان، تعداد افرادی که روی موتورهای بنزینی کار می‌کردند افزایش یافته بودند و رقابت بین آنها بسیار تنگاتنگ شده بود. فورد کوادریسایکل ساخت فورد

---

[1] Henry Ford
[2] Thomas Alva Edison
[3] Ford Quadricycle

بسیار خوب کار می‌کرد، ولی برای تولید انبوه هنوز کوچک و ناکامل بود. به همین دلیل، او شروع به ساخت دومین اتومبیل خود کرد و یک سال بعد، ساخت اتومبیلی را که طراحی شگفت‌انگیزی داشت به اتمام رساند. همه چیز در جهت سادگی و راحتی راندن آن طراحی شده بود و تنها چیزی که فورد به آن نیاز داشت حمایت مالی برای تولید انبوه آن بود.

در سال‌های آخر دهه ۱۸۹۰، با در نظر گرفتن اینکه تمام قطعات خودرو باید تولید می‌شد، ساخت اتومبیل کاری بسیار پیچیده و دشوار محسوب می‌شد، ولی فورد به سرعت توانست یک سرمایه گذار مناسب به نام ویلیام مورفی[1] را که در شهر دیترویت کسب و کاری موفق داشت پیدا کند. شرکت جدید به نام شرکت اتومبیل دیترویت نامگذاری شد، ولی چیزی نگذشت که شرکت دچار مشکلاتی شد. ماشینی که فورد به عنوان نمونه اولیه طراحی کرده بود نیاز به اصلاح داشت. قطعات از جاهای مختلفی می‌آمدند و برخی از قطعات کمبودهایی داشتند و یا آن قدر سنگین بودند که مورد پسند فورد واقع نمی‌شدند. او تلاش کرد تا طراحی‌اش را اصلاح کند تا بتواند به آنچه ایده‌آل خود وی بود نزدیک شود؛ ولی این کار زمان زیادی را نیاز داشت و همین باعث شد که کم کم صبر مورفی و شرکایش به پایان برسد. در سال ۱۹۰۱، یک سال و نیم بعد از شروع به کارِ شرکت، اعضای هیات مدیره امیدشان را نسبت به فورد از دست داده و تصمیم به منحل کردن شرکت نمودند.

---

[1] William Parry Murphy

با وجود تمام این ناکامی‌ها، فورد همچنان با درس گرفتن از دلایل شکست خود، دوباره آغاز به کار کرد و این بار تصمیم گرفت تا اتومبیلی سبک‌تر و کوچکتر را طراحی کند. او توانست مورفی را راضی کند تا شانسی دوباره به وی بدهد. مورفی نیز پذیرفت و آنها با یکدیگر شرکت فورد را تاسیس کردند؛ ولی این بار هم، مورفی با فشار آوردن به فورد برای جلوگیری از بروز مشکلات گذشته، باعث شد که در کمتر از یک سال فورد شرکت را ترک کند. از آن زمان بود که کسی فورد را در صنعت ساخت اتومبیل نمی‌پذیرفت و حاضر نمی‌شد تا سرمایه‌ای را در اختیار او که دو بار دچار شکست شده بود قرار دهد؛ ولی فورد همچنان امیدش را از دست نداد و به همه عنوان کرد که تمام این شکست‌ها تنها تجربه‌هایی با ارزش برای او به حساب می‌آیند. وی به تمام دلایل شکست‌هایش خوب فکر کرد تا بتواند ریشه اصلی آنها را بیابد: هیچ کس زمان کافی برای اصلاح طراحی‌های او به وی نداده بود و سرمایه گذاران برای سرعت بخشیدن به پروسه، ایده‌های او را تخریب می‌کردند؛ در حالی که تمام آنچه برای وی مهم بود، یک طراحی بدون نقص بود.

تنها راه حل این مشکل این بود که راهی برای استقلال یافتن کامل از سرمایه گذاران پیدا کند. این روشِ کار کردن چندان در آمریکا معمول نبود. او باید موسسه مستقل خود را تاسیس می‌کرد، کسب و کار مستقل خود را تشکیل می‌داد و تیمی را که به آنها اطمینان داشت دور هم جمع می کرد و تصمیم نهایی را نیز خودش می‌گرفت. وی با توجه به سابقه‌ای که داشت، پیدا کردن شریک و سرمایه‌گذار برایش اصلاً کار ساده‌ای نبود؛ تا اینکه فردی به نام الکساندر ملکومسن[1] را که در

[1] Alexander Y. Malcomson

کار زغال سنگ بود پیدا کرد. وی مانند فورد اهل ریسک کردن بود و قبول کرد تا از نظر مالی او را حمایت کند؛ بدون اینکه در پروسه ساخت و تولید هیچ دخالتی داشته باشد. فورد تصمیم به طراحی مدلی گرفت که سبک‌ترین ماشین، ساده و با دوام باشد؛ بهترین طراحی که تا به حال انجام داده بود. سرهم بندی آن نیز در همان زمان تولید انجام می‌شد تا سرعت تولید را افزایش دهد. وی حتی در تمام مراحل مربوط به سرهم کردن ماشین حضور داشت. سفارش‌ها به دلیل طراحی عالی و در عین حال نه چندان گرانِ این اتومبیل شروع به افزایش کردند، و در سال ۱۹۰٤ کارخانه موتور فورد توانست فعالیت‌های خود را گسترش دهد و خیلی زود یکی از بزرگترین‌ها در صنعت ساخت ماشین شود. امروزه، کارخانه موتور فورد، یکی از سه شرکت اول خودروی آمریکایی به حساب می‌آید.

این را به یاد داشته باشید که همواره دو نوع شکست وجود دارد:. اولین نوع آن، شکستی است که شما را ترسو کرده و باعث می‌شود تا از تلاشی دوباره و امتحان کردن ایده‌های خود بهراسید و هیچ گاه نتوانید از اشتباهات خود درس بگیرید؛ اما دومین نوع شکست، از روحیه خطر پذیر شما بر می‌آید. این شکست، شما را قوی‌تر کرده و به شما نشان می‌دهد که چه مسیرهایی را اشتباه رفته‌اید؛ آن وقت است که مهم نیست برای رسیدن به موفقیت، چند بار شکست خورده‌اید؛ زیرا در نهایت به هر آنچه که هدفتان است، دست پیدا خواهید کرد.

هنری فورد می‌گوید «شکست، تنها یک فرصت برای شروعی دوباره است؛ این بار ولی هوشمندانه‌تر».

عروسک مسافر

یک روز فرانتس کافکا[1] نویسنده‌ی فرانسوی، در حال قدم زدن در پارک، چشمش به دختر بچه‌ای افتاد که داشت گریه می‌کرد. کافکا جلو می‌رود و علت گریه‌ی دخترک را جویا می‌شود. دخترک همان طور که گریه می‌کرد پاسخ می‌دهد: عروسکم گم شده...

کافکا با حالتی کلافه پاسخ می‌دهد: امان از این حواس پرت، گم نشده، رفته مسافرت! دخترک دست از گریه می‌کشد و بهت زده می‌پرسد: از کجا میدونی؟ کافکا هم می‌گوید:

برات نامه نوشته و اون نامه پیش منه... دخترک ذوق زده از او می پرسد که آیا آن نامه را همراه خودش دارد یا نه؟

کافکا می‌گوید: نه، توی خانه‌ست.

فردا همین جا باش تا برات بیارمش...

کافکا سریعاً به خانه‌اش باز می‌گردد و مشغول نوشتن نامه می‌شود و چنان با دقت که انگار در حال نوشتن کتابی مهم است. این نامه نویسی از زبان عروسک را به مدت سه هفته هر روز ادامه می‌دهد و دخترک در تمام این مدت فکر می‌کرده آن نامه‌ها به راستی نوشته عروسکش هستند.

---

[1] Franz Kafka

در نهایت کافکا داستان نامه‌ها را با این بهانه عروسک که «دارم عروسی می‌کنم» به پایان می‌رساند این ماجرای نگارش کتاب «کافکا و عروسک مسافر[1]» است. اینکه مردی مانند فرانتس کافکا سه هفته از روزهای سخت عمرش را صرف شاد کردن دل کودکی کند و نامه‌ها را «به گفته همسرش دورا[2]» با دقتی حتی بیشتر از کتاب‌ها و داستان‌هایش بنویسد، واقعا تاثیرگذار است.

«او واقعا باورش شده بود». اما باور پذیری بزرگترین دروغ هم بستگی به صداقتی دارد که به آن بیان می‌شود. امّا چرا عروسکم برای شما نامه نوشته؟

این دوّمین سوال کلیدی بود! و او (کافکا) خود را برای پاسخ دادن به آن آماده کرده بود. پس بی هیچ تردیدی گفت: چون من نامه رسان عروسک‌ها هستم. کافکا دارای دکترای حقوق بود اما هرگز به وکالت نپرداخت. روحیات لطیفش این اجازه را نمی‌داد. او در اثر سل در جوانی در گذشت. وی از بزرگترین نویسندگان جهان است.

---

[1] Kafka and the Doll Traveler (Kafka y la muñeca viajera)
[2] Dora Diamant

گل و بلبل[1]

داستان کوتاه شاهکار اسکار وایلد[2] (ترجمه محمد مجلسی)

کلام تنها یک نشانه یا یک نماد مکتوب نیست. کلام قدرتمند ترین ابزاری است که بشر در اختیار دارد. کلام به قدری قدرتمند است که یک کلمه می‌تواند زندگی یک فرد را عوض کند و یا زندگی میلیون‌ها انسان را نابود سازد هیتلر[3] مردم آلمان را با ابزار کلام آلت دست قرار داد و با کلام خویش به سوی جنگ جهانی سوق داد و مردم آلمان را با کلام خود متقاعد کرد تا هولناک‌ترین اعمال خشونت بار را علیه مردمان دیگر کشورها انجام دهند.

هر انسانی یک جادوگر است: ما می‌توانیم با کلام خویش طلسمی را به گردن سایرین بیاویزیم و یا بالعکس طلسمی را باطل کنیم. کلام می‌تواند با جلب توجه ما وارد ذهن ما شود و کل باور ما را در جهت مثبت یا منفی تغییر دهد. معصوم بودن در کلام، یعنی استفاده درست و مناسب از انرژی، یعنی بکار گرفتن انرژی در جهت حقیقت و عشق به خود و دیگران.

فرانسوا ولتر می‌گوید «بر سر دوراهی‌های زندگی گاهی اتفاق می افتد که عاطفه و وظیفه با هم تماس پیدا می کنند؛ کسانی که از عاطفه پیروی کنند، همیشه از خود شادمانند، اما مردمی که در این گونه از مراحل، تبعیت عقل و وجدان را ترجیح داده و انجام وظیفه نمایند، غالباً از کرده‌ی خود پشیمان هستند.»

---

[1] The Nightingale and the Rose
[2] Oscar Fingal O'Flahertie Wills Wilde
[3] Adolf Hitler

بلبلی خون دلی خورد و گلی حاصل کرد باد غیرت به صدش خار پریشان دل کرد...

متن بلند است. ولی بسیار ساده و عمیق... فریدون مشیری هم شعری در این باب سروده

بلبل بانگ برداشت:

«مرگ بهای گزافی یرای یک شاخه گل سرخ است و زندگی برای همه عزیز است. نشستن در جنگل سرسبز و خورشید را در ارابه... دانشجوی جوان فریاد زد: او گفت اگر برایش گل سرخ ببرم، با من می‌رقصد، اما در سراسر باغ ام گل سرخی نیست...»

بلبل از آشیانه‌اش در درخت شاه بلوط صدای او را شنید و از لابه‌لای برگ‌ها فرو نگریست و در شگفت شد.

دانشجو فریاد زد. «در سرتا سر باغ من گل سرخی نیست! دریغ که خوشبختی به چه چیزهای کوچکی بسته است! آنچه خردمندان نوشته‌اند مو به مو خوانده‌ام و بر تمام رمزهای حکمت دست یافته‌ام، و با این همه تنها نیاز به یک گل سرخ زندگیم را به شوربختی می‌برد». و چشمان زیبایش پر از اشک شد.

دانشجوی جوان زیر لب زمزمه کرد: «فردا شب شاهزاده مجلس رقصی دارد و یار من در میان آن جمع است. اگر برایش گل سرخ ببرم، تا سپیده دم با من می‌رقصد اگر برایش گل سرخ ببرم او را در آغوش خواهم گرفت و او سر بر شانه‌ام خواهد نهاد و دستش در دستانم گره خواهد خورد .

اما دریغ که در باغ من گل سرخ به هم نمیرسد!

پس ناگزیر تنها خواهم نشست و او از کنارم خواهد گذشت، به من اعتنا نخواهد کرد و قلبم خواهد شکست.

بلبل گفت: «به راستی عاشقی پاکباز است. او گرفتار همان دردی است که من به نغمه می‌خوانم، آنچه مایه شادمان من است، رنجورش می‌دارد! راستی که عشق چه شگفت انگیز است».

مارمولک سبز کوچکی که با دم علم کرده از کنارش می‌گذشت پرسید: «چرا گریه می‌کند؟»

پروانه‌ای که سراسیمه در پی پرتو از آفتاب پر می‌زد گفت: «به راستی، چرا؟»

گل مرواریدی با صدای نرم و نازک در گوش همسایه‌اش نجوا کرد: «به راستی، چرا؟»

بلبل گفت : «به خاطر یک گل سرخ می‌گرید».

آنها فریاد زدند: «برای یک گل سرخ؟ آه چه مسخره است!» و مارمولک که از شمار عیب جویان بود، غش غش خندید.

اما بلبل راز پنهان غم دانشجو را دریافت و خاموش بر درخت شاه بلوط نشست و به رمز و راز عشق اندیشید. ناگاه بال‌های قهوه‌ای رنگش را برای پرواز گشود و در دل آسمان اوج گرفت. چون سایه از میان بیشه گذشت و سایه وار پهنای باغ را پیمود.

در میان چمنزار درخت گل سرخ زیبائی ایستاده بود و بلبل همین که آن را دید، راست به سویش پر کشید و فریاد زد: «یک گل سرخ به من بده من نیز برایت آواز می‌خوانم». اما درخت گل سرش را بالا برد و پاسخ داد: گل‌های من سفید است،

سفیدتر از برف کوهسار، اما پیش برادرم برو که در پای ساعت قدیمی روئیده است و شاید آنچه را که می‌خواهی به تو بدهد».

از این رو بلبل به سوی درخت گلی که در پای ساعت آفتابی قدیمی روئیده بود، پر کشید. فریاد زد: یک گل سرخ به من بده و من شیرین‌ترین آوازم را برایت می‌خوانم. اما درخت گل سرش را بالا برد و پاسخ داد: گل‌های من زرد است، به زردی گیسوان پری دریائی که بر تخت عنبرین می‌نشیند. اما پیش برادرم برو که زیر پنجره دانشجو روئیده است، او شاید آنچه را که می‌خواهی به تو بدهد.

از این رو بلبل به سوی درخت گلی که زیر پنجره دانشجو روئیده بود، پر کشید. فریاد زد «گل سرخی به من بده و من شیرین ترین آوازم را برای تو می‌خوانم».

اما درخت گل سرش را بالا برد و پاسخ داد «گل‌های من سرخ است، به سرخی پای کبوتران و سرخ‌تر از خوشه‌های بزرگ مرجان که در غارهای دریای پیوسته در پیچ و تاب است. اما زمستان رگ‌هایم را از سرما فسرده، یخبندان جوانه‌هایم را خشکانده و طوفان شاخه‌هایم را شکسته است و امسال گل سرخی نخواهم داشت».

بلبل فریاد زد: «تنها یک گل سرخ می‌خواهم، تنها یک گل سرخ! آیا راهی وجود ندارد که بتوانم گل سرخی پیدا کنم؟ «درخت پاسخ داد»: تنها یک راه وجود دارد اما چنان وحشت آور است که یارای گفتنش را ندارم».

بلبل گفت: «بگو، نمی‌ترسم»، درخت گفت: اگر گل سرخ می‌خواهی، باید آن را در مهتاب از نغمه و نوا بسازی و با خون دل خویش بدان رنگ دهی. باید سینه‌ات

را بر خار بفشاری و برایم بخوانی. سراسر شب باید برایم بخوانی و خار در قلبت بخلد و خون‌مایه زندگی‌ات در رگ‌هایم روان شود و خون من گردد».

بلبل بانگ برداشت: «مرگ بهای گزافی برای یک شاخه گل سرخ است و زندگی برای همه عزیز است. نشستن در جنگل سرسبز و خورشید را در ارابه طلاییش و ماه را در ارابه مرواریدش نگریستن بسیار دلنواز است. اما باز عشق از زندگی برتر است، و قلب پرنده در برابر قلب انسان چه وزنی دارد؟»

پس بال‌های قهوه‌ای رنگش را باز کرد و در دل آسمان اوج گرفت. شتابان از فراغ باغ گذشت و سایه وار در میان بیشه زار پر زد.

دانشجو در همان جا که بلبل او را دیده بود و از کنارش رفته بود، روی چمن زار دراز کشیده بود و اشک چشمانش هنوز نخشکیده بود. بلبل بانگ زد: «شاد باش، شاد باش! گل سرخ را خواهی یافت. آن را در روشنائی مهتاب از نغمه و نوا می‌سازم و با خون دل خود بدان رنگ می‌دهم، اما در برابر آن تنها خواهشی از تو دارم و آن این است که عاشقی پاکباز باشی. دانشجو از روی چمن فرا نگریست و گوش داد، اما از گفته‌های بلبل هیچ در نیافت. اما درخت شاه بلوط فهمید و اندوهگین شد، زیرا به بلبل کوچک که بر شاخه‌هایش آشیانه ساخته بود، مهر می‌ورزید. درخت زمزمه کرد: واپسین سرودت را برای من بخوان. وقتی تو بروی من سخت تنها خواهم ماند!! بدینسان بلبل برای درخت شاه بلوط آواز خواند و صدایش بسان غلغل ریزش آب از تنگ نقره بود.

هنگامی‌که ماه در آسمان درخشیدن گرفت، بلبل به سوی درخت گل سرخ پر کشید و نشست و سینه‌اش را بر خار فشرد. سراسر شب خواند و خواند و سینه‌اش

بر خار بود. و خار هر لحظه بیشتر در سینه‌اش خلید و خون‌مایه هستی‌اش از او بیرون تراوید. نخست از پیدایش عشق در دل یک پسر و دختر خواند تا بر بلندترین شاخه درخت، گل سرخی دلفریب شکفت، هر نغمه‌ای که در پی نغمه‌ای بر می‌آمد، گلبرگی بر گلبرگ‌های دیگر می‌افزود. گلبرگ نخست بی رنگ بود همچون مه‌ای شناور بر فراز رودخانه، همچون پای بامدادان بی رنگ. اما درخت بر بلبل بانگ زد تا سینه‌اش را هر چه بیشتر بر خار بفشرد. درخت فریاد زد: «بلبل کوچک! بیشتر بفشار و گرنه پیش از آنکه گل سرخ را تمام کنی، روز در می‌رسد». از این رو بلبل خود را بیشتر بر خار فشرد و آوازش پیوسته بلندتر شد، زیرا از پیدایش اشتیاق در جان یک مرد و زن می‌خواند. بدین گونه بلبل خود را باز هم بیشتر بر خار فشرد و خار به قلب او رسید و دردی جانکاه بر جانش چنگ زد و در سراسر تنش دوید. درد هر دم جانکاه‌تر می‌شد و آوازش هر چه عنان گسیخته‌تر، زیرا از عشقی می‌سرود که با مرگ کامل می‌شود، عشقی که در گور هم نمی‌میرد! صدای بلبل هر دم ناتوان‌تر گردید و بال‌های کوچکش لرزیدن گرفت. آوازش هر دم ضعیف‌تر شد و ناگهان حس کرد چیزی سخت راه گلویش را می‌بندد. آنگاه واپسین نوایش را از حنجره برآورد. ماه سپید آن را شنید و دمیدن سپیده را از یاد برد و در آسمان درنگ ورزید. گل سرخ آن را شنید و سراپایش با شوق و شادی لرزید و گلبرگ‌هایش را از خواب ناز برانگیخت. درخت فریاد زد: نگاه کن! نگاه کن! گل سرخ کامل شده!! اما بلبل پاسخ نداد، چه مرده در میان سبزه‌های بلند افتاده بود و خاری در دل داشت.

باری ظهر هنگام دانشجو پنجره اتاقش را گشود و به بیرون نگاه کرد و فریاد زد: آه خدایا! چه بخت بلندی گل سرخی در اینجا شکفته است! در تمام عمرم گل

سرخی به این زیبائی ندیده‌ام. چه زیباست. آنگاه کلاهش را بر سر نهاد و گل سرخ به دست به خانه استاد رفت. دختر استاد در آستانه در نشسته بود، دانشجو با صدای بلند گفت: گفتی اگر برایت گل سرخ بیاورم با من خواهی رقصید، این هم سرخ‌ترین گل جهان! امشب آن را بر سینه‌ات، کنار قلب خود بیاویز و هنگامی که با هم می‌رقصیم به تو خواهم گفت که چقدر دوستت دارم. اما دختر رو در هم کشید و پاسخ داد: گمان نمی‌کنم به لباس‌هایم بیاید و از این گذشته پسر برادر پیشکار برایم چند جواهر اصل فرستاده و پیداست که ارزش جواهر بسیار بیش از گل است. دانشجو با خشم و برافروختگی گفت: باشد، اما به شرفم قسم که تو بسیار ناسپاسی و گل سرخ را به خیابان افکند و گل یک راست در میان لای و لجن افتاد و درشکه‌ای از روی آن گذشت!!!

اسکار وایلد داستان «بلبل و گل سرخ» را به تاثیر از اساطیر ایرانی و مخصوصا اشعار حافظ نوشت. بلبل با خون دل و نثار کردن جان شیرینش گل سرخ را برای دانشجوی عاشق به دست می‌آورد و دانشجو به راحتی گل سرخی را که به بهای جان بلبل به دست آمده در خیابان می‌اندازد.

در حقیقت دانشجو و دختر هیچ کدام معنی واقعی عشق را نمی‌فهمند. عاشق واقعی خود بلبل است «الن تری[۱]» هنرپیشه معروف تئاتر، پس از انتشار شاهزاده خوشبخت[۲] در نامه‌ای به وایلد نوشت: اسکار عزیز داستان‌هایت واقعاً زیبا هستند

---

[1] Dame Alice Ellen Terryknown professionally as Ellen Terry

[۲] مضمون اکثر داستان‌های شاهزاده خوشبخت این است که انسان از طریق عشق ورزیدن به دیگران می‌تواند انسان بودنش را ثابت کند و به زیبایی درونی برسد. (The Happy Prince and Other Tales)

و من به خاطر آنها از صمیم قلب از تو سپاسگزارم. من از داستان «بلبل و گل سرخ» بیش از داستان‌های دیگر خوشم آمد. امیدوارم روزی یکی از داستان‌های این مجموعه را برای آدم‌های خوب بخوانم؛ شاید هم برای آدم‌های بد بخوانم و آنها را خوب کنم.

محکوم به نیستی[1]

جوی فیلدینگ[2] در بخشی از کتاب «محکوم به نیستی، مترجم تکین حمزه‌لو» گفته است:

گاهی به جای دیگران بودن دشوارترین کار دنیاست اما گاهی خود را به جای دیگران گذاشتن لازم است...

هر چند دلهره آور باشد. باید به جای یک مادر بود تا احساس او را دریافت:

«مامان... میشه وقت مرگ باهم بمیریم؟»

«میشه دست‌های همدیگه رو بگیریم؟»

«قول میدی...؟»

این مادر در دوران حاملگی‌اش دچار سرطان سینه شده بود و مجبور شد یک سینه‌اش رو بردارد و شیمی‌درمانی رو شروع کنه، مجبور شد پسر قوی‌اش رو ۳۶ هفته‌ای به دنیا بیاره تا درمان بیشتری رو انجام بده. نوزاد قوی این زن که انگار قدرتش رو از مادرش به ارث برده بود در مقابل درمان‌های سنگین سرطان در رحم مادرش مقاومت کرد و برای کمک به مادرش زنده موند و هر دو درکنار هم برای «زندگی» جنگیدن.

مادر با تنها سینه‌اش می‌خواست به پسرش شیر بده، تمام کسانی که شاهد این صحنه بودند به زندگی و قدرت «عشق مادری» ایمان آوردند.

---

[1] Life Penalty
[2] Joy Fielding

آرزوها

اول از همه برایت آرزو می‌کنم که عاشق شوی،

اگر هستی، کسی هم به تو عشق بورزد،

و اگر اینگونه نیست، تنهاییت کوتاه باشد،

و پس از تنهاییت، نفرت از کسی نیابی.

آرزومندم که اینگونه پیش نیاید...

اما اگر پیش آمد، بدانی چگونه به دور از ناامیدی زندگی کنی.

برایت همچنان آرزو دارم دوستانی داشته باشی،

از جمله دوستان بد و ناپایدار...

برخی نادوست و برخی دوستدار...

که دست کم یکی در میانشان بی تردید مورد اعتمادت باشد.

و چون زندگی بدین گونه است،

برایت آرزومندم که دشمن نیز داشته باشی...

نه کم و نه زیاد... درست به اندازه،

تا گاهی باورهایت را مورد پرسش قرار دهند،

که دست کم یکی از آنها اعتراضش به حق باشد...

تا که زیاده به خود غره نشوی...

و نیز آرزومندم مفید فایده باشی، نه خیلی غیر ضروری...

تا در لحظات سخت،

وقتی دیگر چیزی باقی نمانده است،

همین مفید بودن کافی باشد تا تو را سر پا نگاه دارد،

همچنین برایت آرزومندم صبور باشی،

نه با کسانی که اشتباهات کوچک می‌کنند....

چون این کار ساده‌ای است،

بلکه با کسانی که اشتباهات بزرگ و جبران ناپذیر می‌کنند....

و با کاربرد درست صبوریت برای دیگران نمونه شوی.

و امیدوارم اگر جوان هستی،

خیلی به تعجیل، رسیده نشوی...

و اگر رسیده‌ای، به جوان نمائی اسرار نورزی،

و اگر پیری، تسلیم ناامیدی نشوی...

چرا که هر سنی خوشی و ناخوشی خودش را دارد و لازم است

بگذاریم در ما جریان یابد.

امیدوارم سگی را نوازش کنی، به پرنده‌ای ئانه بدهی و به آواز یک سهره گوش کنی، وقتی که آوای سحرگاهیش را سر می‌دهد...

چرا که به این طریق، احساس زیبایی خواهی یافت...

به رایگان...

امیدوارم که دانه‌ای هم بر خاک بفشانی...

هر چند خرد بوده باشد...

و با روییدنش همراه شوی،

تا دریابی چقدر زندگی در یک درخت وجود دارد.

به علاوه امیدوارم پول داشته باشی، زیرا در عمل به آن نیازمندی...

و سالی یکبار پولت را جلو رویت بگذاری و بگویی:

«این مال من است»،

فقط برای اینکه روشن کنی کدامتان ارباب دیگری است!

و در پایان، اگر مرد باشی، آرزومندم زن خوبی داشته باشی...

و اگر زنی، شوهر خوبی داشته باشی،

که اگر فردا خسته باشید، یا پس فردا شادمان،

باز هم از عشق حرف برانید تا از نو بیاغازید...

اگر همه اینها که گفتم برایت فراهم شد،

دیگر چیزی ندارم برایت آرزو کنم...

ویکتور هوگو[1]

---

[1] Victor Marie Hugo

انسان کامل

انسان کامل کسی نیست که هویت خاصی داشته باشد. انسان کامل اصلا به دنبال هویت نیست. بلکه کسی است که کامل زندگی می‌کند. تمام و کمال و شسته و رفته با لحظات عمرش در تعامل است. با این تعریف کسی ممکن است در لحظاتی از عمرش کامل باشد و در لحظاتی نباشد. مهم این است که سمت و سوی زندگی و برنامه‌ریزی‌هایمان در جهتی باشد که تعداد لحظه های کمالمان را به صورتی روز افزون افزایش بدهیم و هر روز بیشتر از روز قبل با تمامیت وجودی حرکت کنیم و کامل تر از دیروز زندگی کنیم. کمال به معنای قدیمی آن رسیدن به هویتی بی نقص بود که به قول خود مولانا هم «یافت می نمی‌شد» اما امروز می‌گوییم باید قید هویتی موهوم و موعود و بی نقص را در آینده‌ای نامعلوم بزنیم و در عوض همین لحظات موجود را دریابیم و کامل زندگی کنیم. «کمال این است و بس». لحظه‌های کامل وجود دارند نه انسان های کامل. پس بکوشیم لحظه‌های کامل را جانشینِ سودای انسان کامل کنیم. سر ناموفق بودن کوشش‌های سوداییانِ کمال در این نکته عمیق و مهم است که به محض آن که بخواهی کامل باشی، نقص خودت را به نمایش گذاشته‌ای. در این پارادکس مهم که سودای کمال عین نقص است و خود را به چشم دیگران و مانند دیگران دیدن، عین کمال. چرا که در حقیقت باز این نفسانیت ماست که این بار با زبان عرفان سخن می‌گوید ولی در واقع می‌خواهد تافته‌ای جدا بافته و مورد توجه دیگران باشد در حالی که کمال، در بی تمایزی و اتحاد با عالم و آدم است نه در تشخص و تمایز.

اعجاز زندگی

«سنگریزه» ریز است و ناچیز...

اما اگر در جوراب یا کفش باشد، ما را از راه رفتن باز می‌دارد!!!

در زندگی هم؛ بعضی مسائل ریزند و ناچیز...

اما مانع حرکت ما به سمت خوبی ها و آرامش می‌شوند!!!

کم احترامی یا نامهربانی به والدین؛

نگاه تحقیر آمیز به فقرا؛

تکبر و فخر فروشی به مردم؛

منت گذاشتن هنگام کمک کردن؛

نپذیرفتن عذر خطای دوستان؛

بخشی از سنگریزه‌های مسیر تکامل ما هستند!!!

آنها را به موقع کنار بگذاریم... تا از زندگی لذت ببریم. پاهایتان را هنگام راه رفتن تصور کنید....

پای جلویی غروری ندارد، پای پشتی شرمنده نیست.

چون هر دو می‌دانند موقعیت‌شان تغییر خواهد کرد.

زندگی همیشه در حال تغییر است، بدون غرور زندگی کنیم.

به کجا می‌رویم؟

ثانیه به ثانیه عمر را با لذت سپری کن

در هر کار و هر حال

کار، تفریح، رانندگی، آموختن، مطالعه، آشپزی، نظافت، خوردن و آشامیدن، عشق ورزی، حرف زدن، سکوت و تفکر، رابطه، نیایش و...

زندگی فقط در رسیدن به هدف خلاصه نشده

ما به اشتباه اینگونه می‌اندیشیم:

درسم تمام شود راحت شوم

غذایم را بپزم راحت شوم

اتاقم را تمیز کنم راحت شوم

بالاخره رسیدم... راحت شدم

اوه چه پروژه‌ای... تمام شود راحت شوم

تمام شود که چه شود؟

مادامی که زنده هستیم و زندگی می‌کنم هیچ فعالیتی تمام شدنی نیست بلکه آغاز فعالیتی دیگر است...

پس چه بهتر که در حین انجام دادن هر کاری لذت بردن را فراموش نکنیم نه مانند یک ربات فقط به انجام دادن بپردازیم به تمام شدن و فارغ شدن...

حتی هنگامی که دست‌ها را می‌شوییم نیز می‌توانیم بالذت اینکار را انجام دهیم

یکبار امتحان کنید

آب چه زیبا آرام پوست دستتان را نوازش می‌کند

به آب نگاه کنید و لذت ببرید

و آنجاست که احساس خوب زندگی کم‌کم به سراغتان می‌آید...

لذت باعث قدرتمند شدن می‌شود به طرز باور نکردنی باعث بالا رفتن اعتماد به نفس می‌شود....

لذت بردن هدف زندگی است

تا می‌توانی همه کارها و فعالیت‌ها را با لذت همراه کن... حتی نفس کشیدن که کمترین فعالیت توست...

دو تعریف جدید و جالب که خوب است به عمقش فکر کنیم:

عصبانیت؛ یعنی، تنبیه خود به خاطر اشتباه دیگران!

کینه؛ یعنی، خوردن زهر برای کشتن دیگران!

هیچ انسانی به خوشبختی و سعادت نمی‌رسد،

مگر آنکه دو بار زاده شود:

یک بار از مادر خویش

و بار دیگر از خویشتن خویش، تا حقیقت درونش،

در زایش دوم، هویدا شود

و حیات واقعی او آغاز گردد!

آری نقص یا کمبود زیبایی در چهره یک فرد را اخلاق خوب تکمیل می‌کند...

اما کمبود یا نبود اخلاق را، هیچ چهره‌ی زیبایی نمی‌تواند تکمیل کند...

پایه و بنای شخصیت انسان‌ها بر رفتار و کردارشان می‌باشد، و زیباترین شخصیت‌ها متعلق به خوش اخلاق‌ترین انسان‌های دنیاست.

داستان جالبی وجود دارد درباره مردی که به سرعت و چهار نعل با اسبش می تاخت. این طور به نظر می‌رسید که جای بسیار مهمی می‌رفت.

مردی که کنار جاده ایستاده بود، فریاد زد: «کجا می‌روی؟» مرد اسب سوار جواب داد: «نمی‌دانم، از اسب بپرس!» این داستان زندگی خیلی از مردم است؛ آنها سوار بر اسب عادت‌هایشان می‌تازند، بدون این که بدانند کجا می‌روند. وقت آن رسیده است که کنترل افسار را به دست بگیرید و زندگی‌تان را در مسیر رسیدن به جایی قرار دهید که واقعا می‌خواهید به آنجا برسید.

خوشبختی

همه ما خودمان را چنین متقاعد می‌کنیم که با ازدواج زندگی بهتری خواهیم داشت، وقتی بچه‌دار شویم بهتر خواهد شد، و با به دنیا آمدن بچه‌های بعدی زندگی بهتر...

ولی وقتی می‌بینیم کودکانمان به توجه مداوم نیازمندند، خسته می‌شویم.

بهتر است صبر کنیم تا بزرگ‌تر شوند.

فرزندان ما که به سن نوجوانی می‌رسند، باز کلافه می‌شویم، چون دایم باید با آنها سروکله بزنیم. مطمئنا وقتی بزرگ‌تر شوند و به سنین بالاتر برسند، خوشبخت خواهیم شد.

با خود می‌گوییم زندگی وقتی بهتر خواهد شد که:

همسرمان رفتارش را عوض کند،

یک ماشین شیک‌تر داشته باشیم،

بچه‌هایمان ازدواج کنند،

به مرخصی برویم

و در نهایت بازنشسته شویم...

حقیقت این است که برای خوشبختی، هیچ زمانی بهتر از همین الان وجود ندارد.

اگر الان نه، پس کی؟ زندگی همواره پر از چالش است.

بهتر این است که این واقعیت را بپذیریم و تصمیم بگیریم که با وجود همه این مسائل،

شاد و خوشبخت زندگی کنیم.

خیالمان می‌رسد که زندگی، همان زندگی دلخواه،

موقعی شروع می‌شود که موانعی که سر راهمان هستند، کنار بروند:

مشکلی که هم اکنون با آن دست و پنجه نرم می‌کنیم،

کاری که باید تمام کنیم،

زمانی که باید برای کاری صرف کنیم،

بدهی‌هایی که باید پرداخت کنیم و...

بعد از آن زندگی ما، زیبا و لذت بخش خواهد بود!

بعد از آنکه همه این‌ها را تجربه کردیم،

تازه می‌فهمیم که زندگی، همین چیزهایی است که ما آنها را موانع می‌شناسیم.

این بصیرت به ما یاری می‌دهد تا دریابیم که جاده‌ای بسوی خوشبختی وجود ندارد.

خوشبختی، خود همین جاده است

پس بیایید از هر لحظه لذت ببریم.

برای آغاز یک زندگی شاد و سعادتمند لازم نیست که در انتظار بنشینیم:

در انتظار فارغ التحصیلی، بازگشت به دانشگاه، کاهش وزن، افزایش وزن،

شروع به کار، ازدواج، شروع تعطیلات، صبح جمعه،

در انتظار دریافت وام جدید، خرید یک ماشین نو، باز پرداخت قسط‌ها،

بهار و تابستان و پاییز و زمستان،

اول برج، پخش فیلم مورد نظرمان از تلویزیون، مردن، تولد مجدد و...

خوشبختی یک سفر است، نه یک مقصد.

هیچ زمانی بهتر از

همین لحظه

برای شاد بودن وجود ندارد.

زندگی کنید و از حال لذت ببرید.

اکنون فکر کنید و سعی کنید به سوالات زیر پاسخ دهید:

۱. پنج نفر از ثروتمندترین مردم جهان را نام ببرید.
۲. برنده‌های پنج جام جهانی آخر را نام ببرید.
۳. آخرین ده نفری که جایزه نوبل[1] را بردند چه کسانی هستند؟
۴. آخرین ده بازیگر برتر اسکار[2] را نام ببرید.

---

[1] Nobel Prize
[2] The Academy Awards, or "Oscars"

نمی‌توانید پاسخ دهید؟ نسبتا مشکل است، این طور نیست؟

نگران نباشید، هیچ کس این اسامی را به خاطر نمی‌آورد.

روزهای تشویق به پایان می‌رسد!

نشان‌های افتخار خاک می‌گیرند!

برندگان به زودی فراموش می‌شوند!

اکنون به این سوال‌ها پاسخ دهید:

۱. نام سه معلم خود را که در تربیت شما موثر بوده‌اند، بگویید.
۲. سه نفر از دوستان خود را که در مواقع نیاز به شما کمک کردند، نام ببرید.
۳. افرادی که با مهربانی‌هایشان احساس گرم زندگی را به شما بخشیده‌اند، به یاد بیاورید.
۴. پنج نفر را که از هم صحبتی با آنها لذت می‌برید، نام ببرید.

حالا ساده‌تر شد، این طور نیست؟

افرادی که به زندگی شما معنی بخشیده‌اند، ارتباطی با «ترین‌ها» ندارند، ثروت بیشتری ندارند، بهترین جوایز را نبرده‌اند، ....

آنها کسانی هستند که به فکر شما هستند، مراقب شما هستند، همان‌هایی که در همه شرایط، کنار شما می‌مانند.

کمی بیندیشید. زندگی خیلی کوتاه است.

و شما در کدام لیست قرار دارید؟ نمی‌دانید؟

اجازه دهید کمکتان کنم.

شما در زمره مشهورترین نیستید...،

اما از جمله کسانی هستید که برای در میان گذاشتن این پیام در خاطر من بودید.

مدتی پیش، در المپیک سیاتل[1]،

۹ ورزشکار دو و میدانی که هرکدام گرفتار نوعی عقب ماندگی جسمی یا روحی بودند،

بر روی خط شروع مسابقه دو ۱۰۰ متر ایستادند،

مسابقه با صدای شلیک تفنگ، شروع شد.

هیچکس، آنچنان دونده نبود، اما هر نفر می‌خواست که در مسابقه شرکت کند و برنده شود.

آنها در ردیف‌های سه تایی شروع به دویدن کردند،

پسری پایش لغزید، چند معلق زد و به زمین افتاد، و شروع به گریه کرد.

هشت نفر دیگر صدای گریه او را شنیدند.

حرکت خود را کند کرده و از پشت سر به او نگاه کردند...

ایستادند و به عقب برگشتند... همگی...

---

[1] Seattle

دختری که دچار سندرم دان[1] (ناتوانی ذهنی) بود کنارش نشست،

او را بغل کرد و پرسید «بهتر شدی ؟»

پس از آن هر ۹ نفر دوشادوش یکدیگر تا خط پایان گام برداشتند.

تمام جمعیت روی پا ایستاده و کف زدند. این تشویق‌ها مدت زیادی طول کشید.

شاهدان این ماجرا، هنوز هم در باره این موضوع صحبت می‌کنند. چرا؟

زیرا از اعماق درونمان می‌دانیم که

در زندگی چیزی مهم‌تر از برنده شدن خودمان وجود دارد.

مهم‌ترین چیز در زندگی، کمک به سایرین برای برنده شدن است.

حتی اگر به قیمت آهسته‌تر رفتن و تغییر در نتیجه مسابقه‌ای باشد که ما در آن شرکت داریم.

اگر این پیام را با عزیزانمان در میان بگذاریم،

---

[1] سندرم داون که در گذشته منگلیسم نیز نامیده می‌شد، (Down syndrome (DS or DNS), also known as trisomy 21) یک بیماری ژنتیکی است که به دلیل حضور تمام یا بخشی از یک کروموزوم اضافی در جفت کروموزوم ۲۱ به وجود می‌آید که در اصطلاح علمی تریزومی ۲۱ نامیده می‌شود. این بیماری دارای علایم مختلف از جمله ناهنجاری‌های عمده و یا خفیف در ساختار یا عمل کرد ارگان‌ها می‌باشد. نام این سندرم از نام یک پزشک انگلیسی به نام جان لانگدان داون (John Langdon Down) گرفته شده‌است که برای اولین بار این سندرم را در سال ۱۸٦٦ توصیف نمود.

شاید موفق شویم تا قلبمان را تغییر دهیم، شاید هم قلب شخص دیگری را، ...

«شعله یک شمع با افروختن شمع دیگری خاموش نمی‌شود»

آغاز مرگ

به آرامی آغاز به مردن می‌کنی

اگر سفر نکنی،

اگر چیزی نخوانی،

اگر به اصوات زندگی گوش ندهی،

اگر از خودت قدردانی نکنی.

به آرامی آغاز به مردن می‌کنی

زمانی که خود باوری را در خودت بکشی،

وقتی نگذاری دیگران به تو کمک کنند

به آرامی آغاز به مردن می‌کنی

اگر برده عادات خود شوی،

اگر همیشه از یک راه تکراری بروی...

اگر روزمرگی را تغییر ندهی

اگر رنگ‌های متفاوت به تن نکنی،

یا اگر با افراد ناشناس صحبت نکنی

تو به آرامی آغاز به مردن می‌کنی

اگر از شور و حرارت،

از احساسات سرکش،

و از چیزهایی که چشمانت را به درخشش و امیدارند

و ضربان قلبت را تندتر می‌کنند،

دوری کنی...

تو به آرامی آغاز به مردن می‌کنی

اگر هنگامی که با شغلت، یا عشقت شاد نیستی، آن را عوض نکنی

اگر برای مطمئن در نامطمئن خطر نکنی

اگر ورای رویاها نروی،

اگر به خودت اجازه ندهی

که حداقل یکبار در تمام زندگیت

ورای مصلحت اندیشی بروی.....

امروز زندگی را آغاز کن!

امروز مخاطره کن!

امروز کاری بکن!

نگذار که به آرامی بمیری...

شادی را فراموش نکن!

من از خدا خواستم

من از خدا خواستم...

من از خدا خواستم که پلیدی‌های مرا بزداید

خدا گفت: نه

آنها برای این در تو نیستند که من آنها را بزدایم. بلکه آنها برای این در تو هستند که تو در برابرشان پایداری کنی

من از خدا خواستم که بدنم را کامل سازد

خدا گفت: نه

روح تو کامل است. بدن تو موقتی است

من از خدا خواستم به من شکیبائی دهد

خدا گفت: نه

شکیبائی بر اثر سختی‌ها به دست می‌آید. شکیبائی دادنی نیست بلکه به دست آوردنی است

من از خدا خواستم تا به من خوشبختی دهد

خدا گفت: نه

من به تو برکت می‌دهم

خوشبختی به خودت بستگی دارد

من از خدا خواستم تا از دردها

آزادم سازد

خدا گفت: نه

درد و رنج تو را از این جهان دور کرده و به من نزدیک‌تر می‌سازد

من از خدا خواستم تا روحم را رشد دهد

خدا گفت: نه

تو خودت باید رشد کنی ولی من تو را می‌پیرایم تا میوه دهی

من از خدا خواستم به من چیزهایی دهد تا از زندگی خوشم بیاید

خدا گفت: نه

من به تو زندگی می‌بخشم تا تو از همه آن چیزها لذت ببری

من از خدا خواستم تا به من کمک کند تا دیگران همان طور که او دوست دارد، دوست داشته باشم

خدا گفت: ... سرانجام مطلب را گرفتی

امروز روز تو خواهد بود

آن را هدر نده

باشد که خداوند تو را برکت دهد...

برای دنیا تو ممکن است فقط یک نفر باشی ولی برای یک نفر، تو ممکن است به اندازهٔ دنیا ارزش داشته باشی

داوری نکن تا داوری نشوی. آنچه را رخ می‌دهد درک کن و برکت خواهی یافت

می‌گویند مرا آفریدی

- می‌گویند مرا آفریدند از استخوان دنده چپ مردی به نام آدم حوایم نامیدند یعنی زندگی تا در کنار آدم یعنی انسان همراه و هم صدا باشم

- می‌گویند میوه سیب را من خوردم شاید هم گندم را و مرا به نزول انسان از بهشت محکوم می‌نمایند بعد از خوردن گندم و یا شاید سیب چشمان‌شان باز گردید مرا دیدند مرا در برگ‌ها پیچیدند مرا پیچیدند در برگ‌ها تا شاید راه نجاتی را از معصیتم پیدا کنند

- نسل انسان زاده منست من حوا فریب خوردهٔ شیطان و می‌گویند که درد و زجر انسان هم زاده منست زاده حوا که آنان را از عرش به خاکی دهر فرو افکند

- شاید گناه من باشد شاید هم از فرشته‌ای از نسل آتش که صداقت و سادگی مرا به بازی گرفت و فریبم داد مثل همه که فریبم می‌دهند اقرار می‌کنم دلی پاک معصومیت از تبار فرشتگان و باوری ساده تر و صاف‌تر از آب‌های شفاف جوشنده یک چشمه دارم

- با گذشت قرن‌ها باز هم آمدم ابراهیم زاده من بود و اسماعیل پرورده من گاهی در وجود زنی از تبار فرعونیان که موسی را در دامنش پرورید گاهی مریم عمران، مادر بکر پیامبری که مسیح‌اش نامیدند و گاه خدیجه، در رکاب مردی که محمداش خواندند

- فاطمه من بودم زلیخای عزیز مصر و دلباخته یوسف هم من بودم زن لوط و زن ابولهب و زن نوح ملکه سبا[1] من بودم و فاطمه زهرا هم من

- گاه بهشت را زیر پایم نهادند و گاه ناقص العقل و نیمی از مرد خطابم نمودند گاه سنگبارانم نمودند و گاه به نامم سوگند یاد کرده، و در کنار تندیس مقدسم اشک ریختند گاه زندانیم کردند و گاه با آزادی حضورم جنگیدند و گاه قربانی غرورم نمودند و گاه بازیچه خواهشاتم کردند

- اما حقیقت بودنم را و نقش عمیق کنده کاری شده هستی‌ام را بر برگ برگ روزگار هرگز! منکر نخواهند شد

- من مادر نسل انسان‌ام من حوایم، زلیخایم، فاطمه‌ام، خدیجه‌ام مریمم من درست همانند رنگین کمان رنگ‌هایی دارم روشن و تیره و حوا مثل توست ای آدم اختلاطی از خوب و بد و خلقتی از خلاقی که مرا درست همزمان با تو افرید

- پس بیاموز تا سجده کنی درست همانطور که فرشتگان در بهشت بر من سجده کردند بیاموز که من نه از پهلوی چپ اتبلکه استوار، رسا و هم تراز با تو زاده شدم بیاموز که من مادر این دهرم و تو مثل دیگران زاده من!

[1] Queen of Sheba

شما دو انتخاب دارید

جری[1] مدیر یک رستوران است. او همیشه در حالت روحی خوبی به سر می‌برد. هنگامی که شخصی از او می‌پرسد که چگونه این روحیه را حفظ می‌کند، معمولا پاسخ می‌دهد: «اگر من کمی بهتر از این بودم دوقلو می‌شدم».

هنگامی که او محل کارش را تغییر می‌دهد بسیاری از پیشخدمت‌های رستوران نیز کارشان را ترک می‌کنند تا بتوانند با او از رستورانی به رستوران دیگر همکاری داشته باشند. چرا؟

برای اینکه جری ذاتا یک فرد روحیه دهنده است. اگر کارمندی روز بدی داشته باشد، جری همیشه هست تا به او بگوید که چگونه به جنبه مثبت اوضاع نگاه کند.

مشاهده این سبک رفتار واقعا کنجکاوی مرا تحریک کرد، بنابراین یک روز به سراغ او رفتم و پرسیدم: من نمی‌فهمم! هیچکس نمی‌تواند همیشه آدم مثبتی باشد. تو چطور اینکار را می‌کنی؟

جری پاسخ داد، هر روز صبح که از خواب بیدار می‌شوم و به خودم می‌گویم، امروز دو انتخاب دارم. می‌توانم در حالت روحی خوبی باشم و یا می‌توانم حالت روحی بد را برگزینم.

---

[1] Jerry

من همیشه حالت روحی خوب را انتخاب می‌کنم هر وقت که اتفاق بدی رخ می‌دهد، می‌توانم انتخاب کنم که نقش قربانی را بازی کنم یا انتخاب کنم که از آن رویداد درسی بگیرم.

هر وقت که شخصی برای شکایت نزد من می‌آید، می‌توانم انتخاب کنم که شکایت او را بپذیرم و یا انتخاب کنم که روی مثبت زندگی را مورد توجه قرار دهم. من همیشه روی مثبت زندگی را انتخاب می‌کنم.

من اعتراض کردم «اما این کار همیشه به این سادگی نیست» جری گفت «همین طور است»

کل زندگی انتخاب کردن است. وقتی شما همه موضوعات اضافی و دست و پاگیر را کنار می‌گذارید، هر موقعیتی، موقعیت انتخاب و تصمیم‌گیری است.

شما می‌توانید انتخاب کنید که چگونه به موقعیت‌ها واکنش نشان دهید. شما انتخاب می‌کنید که افراد چطور حالت روحی شما را تحت تاثیر قرار دهند.

شما انتخاب می‌کنید که در حالت روحی خوب یا بدی باشید. این انتخاب شماست که چطور زندگی کنید.

چند سال بعد،

من آگاه شدم که جری تصادفا کاری انجام داده است که هرگز در صنعت رستوران داری نباید انجام داد

او درب پشتی رستورانش را باز گذاشته بود.

و بعد ؟؟؟

صبح هنگام، او با سه مرد سارق روبرو شد آنها چه می‌خواستند؟

در حالیکه او داشت گاوصندوق را باز می‌کرد، به علت عصبی شدن دستش لرزید و تعادلش را از دست داد.

دزدان وحشت کرده و به او شلیک کردند. خوشبختانه، جری را سریعا پیدا کردند و به بیمارستان رساندند.

پس از ۱۸ ساعت جراحی و هفته‌ها مراقبت‌های ویژه جری از بیمارستان ترخیص شد در حالی که بخش‌هایی از گلوله‌ها هنوز در بدنش وجود داشت.

من جری را شش ماه پس از آن واقعه دیدم.

هنگامی که از او پرسیدم که چطور است، پاسخ داد، «اگر من اندکی بهتر بودم دوقلو می‌شدم. می‌خواهی جای گلوله را ببینی؟»

من از دیدن زخم‌های او امتناع کردم، اما از او پرسیدم هنگامی که سرقت اتفاق افتاد در فکرت چه می‌گذشت.

جری پاسخ داد، «اولین چیزی که از فکرم گذشت این بود که باید درب پشت را می‌بستم»

«بعد، هنگامی که آنها به من شلیک کردند همان طور که روی زمین افتاده بودم، به خاطر آوردم که دو انتخاب دارم: می‌توانستم انتخاب کنم که زنده بمانم یا بمیرم. من انتخاب کردم که زنده بمانم».

پرسیدم: «نترسیده بودی»

جری ادامه داد، «کادر پزشکی عالی بودند. آنها مرتبا به من می‌گفتند که خوب خواهم شد».

اما وقتی که مرا به سوی اتاق اورژانس می‌بردند و من در چهره دکترها و پرستارها وضعیت را می‌دیدم، واقعا ترسیده بودم.

من از چشمان آنها می‌خواندم «این مرد مردنی است».

«می‌دانستم که باید کاری کنم»

پرسیدم «چکار کردی»

جری گفت «خوب، آنجا یک پرستار تنومند بود که با صدای بلند از من می‌پرسید آیا به چیزی حساسیت دارم یا نه»

من پاسخ دادم «بله»

دکترها و پرستاران ناگهان دست از کار کشیدند و منتظر پاسخ من شدند.

یک نفس عمیق کشیدم

و پاسخ دادم «گلوله»

در حالی که آنها می‌خندیدند گفتم:

من انتخاب کردم که زنده بمانم. لطفا مرا مثل یک آدم زنده عمل کنید نه مثل مرده‌ها.

به لطف مهارت دکترها و البته به خاطر طرز فکر حیرت انگیزش، جری زنده ماند

من از او آموختم که هر روز شما این انتخاب را دارید که از زندگی خود لذت ببرید و یا از آن متنفر باشید.

طرز فکر تنها چیزی است که واقعا مال شماست و هیچکس نمی واند آن را کنترل کرده و یا از شما بگیرد.

بنابراین، اگر بتوانید از آن محافظت کنید، سایر امور زندگی ساده‌تر می‌شوند.

حال شما دو انتخاب دارید:

۱. می‌توانید این داستان را نادیده بگیرید.

۲. می‌توانید آن را به فرد دیگری انتقال دهید که به آن توجه کند.

امیدوارم که شماره ۲ را انتخاب کنید. من که این کار را کردم.

شکل گیری یک پارادایم

چگونه یک پاردایم شکل می‌گیرد؟

گروهی از دانشمندان ۵ میمون را در قفسی قرار دادند. در وسط قفس یک نردبان و بالای نردبان موز گذاشتند.

هر زمانی که میمونی بالای نردبان می‌رفت دانشمندان بر روی سایر میمون‌ها آب سرد می‌پاشیدند.

پس از مدتی، هر وقت که میمونی بالای نردبان می‌رفت سایرین او را کتک می‌زدند.

پس از مدتی دیگر هیچ میمونی علی‌رغم وسوسه‌ای که داشت جرات بالا رفتن از نردبان را به خود نمی‌داد.

دانشمندان تصمیم گرفتند که یکی از میمون‌ها را جایگزین کنند.

اولین کاری که این میمون جدید انجام داد این بود که بالای نردبان برود که بلافاصله توسط سایرین مورد ضرب و شتم قرار گرفت.

پس از چندبار کتک خوردن میمون جدید با این که نمی‌دانست چرا اما یاد گرفت که بالای نردبان نرود.

میمون دومی جایگزین گردید و همان اتفاق تکرار شد.

سومین میمون هم جایگزین شد و دوباره همان اتفاق (کتک خوردن) تکرار گردید. به همین ترتیب چهارمین و پنجمین میمون نیز عوض شدند.

آن چیزی که باقی مانده بود گروهی متشکل از ۵ میمون بوده که با این که هیچ گاه آب سردی بر روی آن‌ها پاشیده نشده بود، میمونی را که بالای نردبان می‌رفت را کتک می‌زدند.

اگر امکان داشت که از میمون‌ها بپرسند که چرا میمونی که بالای نردبان می‌رود را کتک می‌زنند شرط خواهیم بست که جواب آن‌ها این خواهد بود:

«من نمی‌دانم، این اتفاقی‌ست که اطرافمان می‌افتد»

این جواب به نظر شما آشنا نمی‌آید؟

فرصت ارسال این متن را برای اطرافیانتان از دست ندهید چون ممکن است از خودشان بپرسند که چرا ما همیشه به کاری که انجام می‌دهیم ادامه داده علی‌رغم این که راه دیگری نیز وجود دارد.

آلبرت اینشتین می‌گوید «تنها برای دو چیز نمی‌توان حدی تصور نمود؛ جهان و حماقت بشر. البته در خصوص مورد اول زیاد مطمئن نیستم.»

گروه ۹۹

پادشاهی که بر یک کشور بزرگ حکومت می‌کرد، باز هم از زندگی خود راضی نبود. اما خود نیز علت را نمی‌دانست. روزی پادشاه در کاخ قدم می‌زد. هنگامی که از آشپزخانه عبور می‌کرد، صدای ترانه‌ای را شنید.

به دنبال صدا، پادشاه متوجه یک آشپز شد که روی صورتش برق سعادت و شادی دیده می‌شد. پادشاه بسیار تعجب کرد و از آشپز پرسید: چرا این‌قدر شاد هستی؟ آشپز جواب داد: قربان، من فقط یک آشپز هستم، تلاش می‌کنم تا همسر و بچه‌ام را شاد کنم، ما خانه‌ای حصیری تهیه کرده‌ایم و به اندازه‌ی کافی خوراک و پوشاک داریم، بدین سبب من راضی و خوشحال هستم.

پس از شنیدن سخن آشپز، پادشاه با نخست وزیر در این مورد صحبت کرد. نخست وزیر به پادشاه گفت: قربان، این آشپز هنوز عضو گروه ۹۹ نیست. اگر او به این گروه نپیوندد، نشانگر آن است که مرد خوش بینی است. پادشاه با تعجب پرسید: گروه ۹۹ چیست؟

نخست وزیر جواب داد: اگر می‌خواهید بدانید که گروه ۹۹ چیست، باید کاری انجام دهید، یک کیسه با ۹۹ سکه‌ی طلا جلوی در خانه‌ی آشپز بگذارید، به زودی خواهید فهمید که گروه ۹۹ چیست.

پادشاه بر اساس حرف‌های نخست وزیر فرمان داد یک کیسه با ۹۹ سکه‌ی طلا را جلوی در خانه‌ی آشپز قرار دهند.

آشپز پس از انجام کارها به خانه بازگشت و جلوی در کیسه را دید. با تعجب کیسه را به اتاق برد و باز کرد. با دیدن سکه‌های طلایی ابتدا متعجب شد و سپس از شادی آشفته و شوریده گشت. آشپز سکه‌های طلایی را روی میز گذاشت و آنها را شمرد. ۹۹ سکه؟ آشپز فکر کرد اشتباهی رخ داده است. بارها طلاها را شمرد. ولی واقعا ۹۹ سکه بود. او تعجب کرد که چرا تنها ۹۹ سکه است و ۱۰۰ سکه نیست. فکر کرد که یک سکه‌ی دیگر کجاست؟

شروع به جستجوی سکه‌ی صدم کرد. اتاق‌ها و حتی حیاط را زیر و رو کرد. اما خسته و کوفته و ناامید به این کار خاتمه داد. آشپز بسیار دل شکسته شد و تصمیم گرفت از فردا بسیار تلاش کند تا یک سکه‌ی طلایی دیگر به دست آورد و ثروت خود را هر چه زودتر به یک صد سکه‌ی طلا برساند.

آن شب تا دیروقت کار کرد. به همین دلیل صبح روز بعد دیرتر از خواب بیدار شد و از همسر و فرزندش انتقاد کرد که چرا او را بیدار نکرده‌اند. آشپز دیگر مانند گذشته خوشحال نبود و آواز هم نمی‌خواند. او فقط تا حد توان کار می‌کرد. پادشاه نمی‌دانست که چرا این کیسه چنین بلایی بر سر آشپز آورده است و علت را از نخست وزیر پرسید.

نخست وزیر جواب داد: قربان، حالا این آشپز رسما به عضویت گروه ۹۹ درآمده است. اعضای گروه ۹۹ چنین افرادی هستند، آنان زیاد دارند اما راضی نیستند، تا آخرین حد توان کار می‌کنند تا بیشتر به دست آورند، می‌خواهند هر چه زودتر یک‌صد سکه را از آن خود کنند و این علت اصلی نگرانی‌ها و دردهای آنهاست.

آنها به همین سادگی شادی و رضایت را از دست می‌دهند و اعضای گروه ۹۹ نامیده می‌شوند.

موفقیت «بدست آوردن چیزی است که دوست داریم و خوشبختی دوست داشتن چیزی است که به دست آورده‌ایم».

رئیس دنیا

به شما (انسان ساده، معمولی، بازاری، دانشمند، محقق، سیاسی) این امکان را می‌دهند که یک رئیس برای دنیا انتخاب کنید که بتواند دنیا را به بهترین وجه رهبری کرده، صلح، ترقی و خوشبختی برای بشریت به ارمغان بیاورد.

بین این سه داوطلب کدام را انتخاب می‌کنید؟

قبل از آن یک سوال:

شما مشاور و مددکار اجتماعی هستید... زن حامله‌ای می‌شناسید که هشت فرزند دارد. سه فرزند او ناشنوا، دو فرزند کور و یکی عقب مانده هستند. در ضمن این خانم خود مبتلا به مرض مهلک سیفیلیس[1] است. از شما مشورت میخواهد که آیا سقط جنین بکند یا خیر... با تجارب زندگی که دارید به ایشان چه پیشنهاد می‌کنید؟

خواهید گفت کورتاژ[2] کند؟

---

[1] **سیفلیس** یا **سفلیس**: (Syphilis) نوعی بیماری آمیزشی است که از باکتری ترپونما پالیدوم ناشی می‌شود. اولین بار فریتز شادین و اریش هوفمان (Fritz Richard Schaudinn and Erich Hoffmann) در سال ۱۹۰۵ باکتری‌ای را که باعث این بیماری می‌شود، یعنی ترپونما پالیدیوم را شناسایی کردند. سیفلیس می‌تواند در یکی از این چهار مرحله اولیه، ثانویه، نهفته و سوم ظاهر شود.

[2] **کورتاژ** (Curettage) یک عمل جراحی شامل بافت‌برداری به وسیله قاشقک (تراشیدن) است. کورتاژ یکی از شیوه‌های سقط جنین (Abortion) بوده است و به همین دلیل مجازاً به همین معنی به کار می‌رود.

فعلا برویم سراغ سه نامزد ریاست بر جهان

شخص اول:

او با سیاستمداران رشوه خوار و بد نام کار می‌کند، از فالگیر، غیب گو و منجم مشورت می‌گیرد. در کنار زنش دو معشوقه دارد. شدیدا سیگاری بوده و روزی هم ده لیوان مشروب (مارتینی) می‌خورد.

شخص دوم:

از دو محل کار اخراج شده، تا ساعت ۱۲ ظهر می‌خوابد، در مدرسه چند بار رفوزه شده. در زمان جوانی تریاک می‌کشیده و تحصیلات آنچنانی ندارد. ایشان روزی هم یک بطر ویسکی می‌خورد، بی تحرک و چاق است.

شخص سوم:

دولت کشورش به ایشان مدال شجاعت داده. گیاه خوار بوده و دارای سلامتی کامل است. به سیگار و مشروب اکیدا دست نمی‌زند و در گذشته هیچگونه رسوایی ببار نیاورده.

به چه کسی رای می‌دهید؟

- کاندید اول: فرانکلین دلانو روزولت[1]
- کاندید دوم: وینستون چرچیل[2]

---

[1] Franklin Delano Roosevelt
[2] Sir Winston Leonard Spencer-Churchill

- کاندید سوم: آدولف هیتلر[1]

چه درسی می‌گیریم؟

راستی خانم حامله فراموش نشود!

اگر به آن خانم پیشنهاد سقط جنین دادید همان بس که لودویگ فان بتهوون[2] را به کشتن دادید!

پس چه درسی گرفتیم؟ پیش داوری خوراک روزمره ما انسان‌ها... از بزرگترین اشتباهات بشر است!

---

[1] Adolf Hitler
[2] Ludwig van Beethoven

گزیده‌ای از بوف کور (صادق هدایت)

بوف کور مشهورترین اثر صادق هدایت نویسنده معاصر ایرانی، رمانی کوتاه و از شاهکارهای ادبیات سده ۲۰ است.[1]

این رمان به سبک فراواقع نوشته شده و تک‌گویی یک راوی است که دچار توهم و پندارهای روانی است. این کتاب تاکنون از فارسی به چندین زبان از جمله انگلیسی و فرانسه ترجمه شده‌است.[2] گلچین کوچکی از متن این کتاب:

بخش هایی از داستان بوف کور صادق هدایت:

در زندگی زخم‌هایی هست که مثل خوره در انزوا روح را آهسته در انزوا می‌خورد و می‌تراشد.

این دردها را نمی‌شود به کسی اظهار کرد، چون عموما عادت دارند که این دردهای باورنکردنی را جزو اتفاقات و پیش آمدهای نادر و عجیب بشمارند و اگر کسی بگوید یا بنویسد، مردم بر سبیل عقاید جاری و عقاید خودشان سعی می‌کنند آنرا با لبخند شکاک و تمسخر آمیز تلقی بکنند. زیرا بشر هنوز چاره و دوائی برایش پیدا نکرده و تنها داروی آن فراموشی به توسط شراب و خواب مصنوعی به وسیله افیون و مواد مخدره است. ولی افسوس که تاثیر این گونه داروها موقت است و به جای تسکین پس از مدتی بر شدت درد می‌افزاید.

---

[1] The Blind Owl (1936) is Sadegh Hedayat's magnum opus and a major literary work of 20th century Iran.

[2] This novel written in the style surreal monologue narrator is a psychological illusion, and illusions. The book has now been translated from Persian into several languages including English and French.

آیا روزی به اسرار این اتفاقات ماوراء طبیعی، این انعکاس سایه روح که در حالت اغما و برزخ بین خواب و بیداری جلوه می‌کند کسی پی خواهد برد؟

من فقط به شرح یکی از این پیش آمدها می‌پردازم که برای خودم اتفاق افتاده و به قدری مرا تکان داده که هرگز فراموش نخواهم کرد و نشان شوم آن تا زنده‌ام، از روز ازل تا ابد تا آنجا که خارج از فهم و ادراک بشر است زندگی مرا زهرآلود خواهد کرد. زهر آلود نوشتم، ولی می‌خواستم بگویم داغ آن را همیشه با خودم داشته و خواهم داشت.

من سعی خواهم کرد آنچه را که یادم هست، آنچه را که از ارتباط وقایع در نظرم مانده بنویسم، شاید بتوانم راجع به آن یک قضاوت کلی بکنم؛ نه،فقط اطمینان حاصل بکنم و یا اصلا خودم بتوانم باور بکنم. چون برای من هیچ اهمیتی ندارد که دیگران باور بکنند یا نکنند. فقط می‌ترسم که فردا بمیرم و هنوز خودم را نشناخته باشم، زیرا در طی تجربیات زندگی باین مطلب برخوردم که چه ورطه هولناکی میان من و دیگران وجود دارد و فهمیدم که تا ممکن است باید خاموش شد، تا ممکن است باید افکار خودم را برای خودم نگهدارم و اگر حالا تصمیم گرفتم که بنویسم، فقط برای اینست که خودم را به سایه‌ام معرفی کنم. سایه ای که روی دیوار خمیده و مثل این است که هرچه می‌نویسم با اشتهای هر چه تمام‌تر می‌بلعد. برای اوست که می‌خواهم آزمایشی بکنم: ببینم شاید بتوانیم یکدیگر را بهتر بشناسیم. چون از زمانی که همه روابط خودم را با دیگران بریده‌ام می‌خواهم خودم را بهتر بشناسم.

افکار پوچ! باشد، ولی از هر حقیقتی بیشتر مرا شکنجه می‌کند. آیا این مردمی که شبیه من هستند، که ظاهرا احتیاجات و هوا و هوس مرا دارند برای گول زدن من نیستند؟ آیا یک مشت سایه نیستند که فقط برای مسخره کردن و گول زدنمن بوجود آمده‌اند؟

آیا آنچه که حس می‌کنم، می‌بینم و می‌سنجم سرتاسر موهوم نیست که با حقیقت خیلی فرق دارد؟

من فقط برای سایه خودم می‌نویسم که جلو چراغ به دیوار افتاده است، باید خودم را بهش معرفی بکنم...

در این دنیای پست پر از فقر و مسکنت، برای نخستین بار گمان کردم که در زندگی من یک شعاع آفتاب درخشید، اما افسوس، این شعاع آفتاب نبود، بلکه فقط یک پرتو گذرنده، یک ستاره پرنده بود که به صورت یک زن یا فرشته به من تجلی کرد و در روشنایی آن یک لحظه، فقط یک ثانیه همه بدبختی‌های زندگی خودم را دیدم و به عظمت و شکوه آن پی بردم وبعد این پرتو در گرداب تاریکی که باید ناپدید بشود دوباره ناپدید شد. نه، نتوانستم این پرتو گذرنده را برای خودم نگهدارم.

سه ماه نه، دو ماه و چهار روز بود که پی او را گم کرده بودم، ولی یادگار چشم‌های جادویی یا شراره کشنده چشمهایش در زندگی من همیشه ماند. چطور می‌توانم او را فراموش بکنم که آنقدر وابسته به زندگی من است؟

نه، اسم او را هرگز نخواهم برد، چون دیگر او با آن اندام اثیری، باریک و مه آلود، با آن دو چشم درشت متعجب و درخشان که پشت آن زندگی من آهسته و دردناک

می‌سوخت و می‌گداخت، او دیگر متعلق با این دنیای پست درنده نیس. نه، اسم او را نباید آلوده به چیزهای زمینی بکنم.

بعد از او من دیگر خودم را از جرگه آدم‌ها، از جرگه احمق‌ها و خوشبخت‌ها به کلی بیرون کشیدم و برای فراموشی به شراب و تریاک پناه بردم. زندگی من تمام روز میان چهار دیوار اتاقم می‌گذشت و می‌گذرد. سرتاسر زندگیم میان چهار دیوار گذشته است...

«نمی‌خواهم احساسات حقیقی را زیر لفاف موهوم عشق و علاقه و الهیات پنهان بکنم چون هوزوارشن ادبی[1] به دهنم مزه نمی‌کند».

---

[1] هزوارش یا هوزوارشن واژه‌ای پهلوی و به معنای شرح و تفسیر نمودن است و در اصطلاح به واژه‌هایی در خط پهلوی گفته می‌شود که شکل آرامی (عربی) آنها در کتاب‌ها، سفال نوشته‌ها، اسناد، کتیبه‌ها و ... نوشته می‌شد اما در هنگام خواندن، معادل معنایی فارسی آنها به کار می‌رفت؛ به عنوان مثال واژه «مِن» که عربی است، نوشته شده و «از» که معنای فارسی آن است خوانده می‌شده است. علت این کار، به کارگیری الفبای آرامی برای نگارش متون در دوره شاهنشاهی هخامنشیان است. پس از سرنگونی دولت کلده توسط کورش (529 ق. م)، بابل که محل زندگی آرامیان بود، به جمع ساتراپ‌ها (استان‌های) ایران افزوده گشت و «دولت هخامنشی زبان آرامی را به عنوان زبان رسمی خود به کار گرفت و آن را در همگی دوران کشور داری خود، در همه سرزمین‌های زیر فرمان خود به کار برد و کاتبان آرامی را در کارهای دبیری و منشی‌گری در ایران گماشت؛ پس از فروریزی فرمانروایی هخامنشیان، زبان آرامی به هستی خود در میان ایرانیان ادامه داد. در آغاز سده سوم پیش از میلاد، نوشتن به خط آرامی رو به فراموشی گذاشت و به جای آن نوشتن به زبان‌های ایرانی، برخی از واژگان زبان خود را به کار می‌بردند. ←

← آنان خود واژه یا ریشه آن، حرف اضافه، ضمایر و برخی نام‌ها را که کاربردشان در زبان فراوان بود و نگارش آرامی آنان برای ایشان ساده‌تر می‌نمود، وارد زبان پهلوی کردند.»

«اما همانگونه که روش دبیران آرانی زبان دوره هخامنشی درهنگام ترجمه نامه‌ها بود، هرگز این کلمات به صورت اصلی خود تلفظ نمی‌شدند، بلکه معادل ایرانی آنها در هر زبان به تلفظ درمی‌آمد. بعدها که دبیران و کاتبان ایرانی تلفظ اصلی این هزوارش‌ها را نمی‌دانستند، فقط شکل این کلمات را به خاطر می‌سپردند.»

تعداد این هزوارش‌ها بنا به روایت ابن ندیم هزار واژه است اما بنا به نقل دکتر آموزگار در کتاب خود، «از میان آنها عملا در حدود سیصد هزوارش در کتاب‌های پهلوی به کار رفته است.»

برای نمونه ملکا نوشته می‌شد و شاه خوانده می‌گشت. ابن مقفع می‌گوید که اگر کسی بخواهد گوشت بنویسد، lxm نوشته و gōsht می‌خواند و نان را bsrh نوشته و نان می‌خواندند. در تمام متن‌های پهلوی هزار و دویست هزوارش شناخته شده‌اند. هزوارش یک عادت خطی است و نه یک عادت زبانی از این رو با وام واژه تفاوت دارد. برای علت یا دلیل وجود هزوارش در نوشته‌های پهلوی حدس‌های گوناگونی زده‌اند. یکی از این حدس‌ها این است که از آنجا که سنت دبیری خاص آرامیان بوده است بسیاری این واژه‌ها در نوشتار وارد شده‌اند اما از آنجا که اربابان این دبیران آرامی نمی‌دانستند این واژه‌ها هنگام برخوانی از بهر ایشان به فارسی برگردانده می‌شدند. دیگر گمان این است که اهل ادب و قلم که به ممارست قلم و ادب ارتیاض یافته بودند، برای فضل فروشی و ساختن نوعی زبانِ زرگری میان خودشان واژه‌های آرامی را وارد زبان پهلوی می‌کرده‌اند و چه بسا دشواری‌های بی معنای خط پهلوی نیز علتی جز آن نداشته. جالب اینجاست که در نوشتن این کلمات، اگرچه از ریشه آرامی استفاده می‌شد، ولی پسوندهای فارسی به بن این کلمه‌ها افزوده شده و ریختی ترکیبی از آرامی و پهلوی به خود می‌گرفت. به عنوان مثال برای نوشتن کلمه «آمدن» از هزوارش آن یعنی « َ یأتون» استفاده می‌کردند و به آن علامت مصدری فعل یعنی «تن» را می‌افزودند و کلمه «یأتونتن» را می‌ساختند:

یأتون (ریشه آرامی) +َتن (علامت مصدری فارسی) = یأتونتن (آمدن)

«بارها به فکر مرگ و تجزیه ذرات تنم افتاده بودم، به طوری که این فکر مرا نمی‌ترسانید برعکس آرزوی حقیقی می‌کردم که نیست و نابود بشوم، از تنها چیزی که می‌ترسیدم این بود که ذرات تنم در ذرات تن رجاله‌ها برود. این فکر برایم تحمل ناپذیر بود گاهی دلم می‌خواست بعد از مرگ دست‌های دراز با انگشتان بلند حساسی داشتم تا همه ذرات تن خودم را به دقت جمع‌آوری می‌کردم و دو دستی نگه می‌داشتم تا ذرات تن من که مال من هستند در تن رجاله‌ها نرود».

تنها چیزی که از من دلجویی می‌کرد امید نیستی پس از مرگ بود. فکر زندگی دوباره مرا می‌ترسانید و خسته می‌کرد. من هنوز به این دنیایی که در آن زندگی می‌کردم انس نگرفته بودم، دنیای دیگر به چه درد من می‌خورد؟ حس می‌کردم که این دنیا برای من نبود، برای یک دسته آدم‌های بی‌حیا، پررو، گدامنش، معلومات فروش چاروادار[1] و چشم و دل گرسنه بود برای کسانی که به فراخور دنیا آفریده شده بودند و از زورمندان زمین و آسمان مثل سگ گرسنه جلو دکان قصابی که برای یک تکه لثه دم می‌جنبانید گدایی می‌کردند و تملق می‌گفتند.

آیا سرتاسر زندگی یک قصه مضحک، یک متل باور نکردنی و احمقانه نیست؟ آیا من فسانه و قصه خودم را نمی‌نویسم؟ قصه فقط یک راه فرار برای آرزوهای ناکام

---

[1] چاروادارِی پیشه نگاهداری و کرایه‌دهی از جانوران چهار پای بارکش است. چاروا ریخت دیگری از واژه چهارپا است.

چاروادار (چهارپادار) کسی است که خر و استر و یابو به مسافر کرایه دهد و خود نیز همراه ستور باشد. برخی از چاروادارها با ستور خود بارکشی کرده و وجهی دریافت می‌کنند.

واژه‌های کمابیش مترادف با چاروادار عبارت‌اند از: خرکچی، ستوربان، مکاری، مکری.

است. آرزوهایی که به آن نرسیده‌اند. آرزوهایی که هر متل‌سازی مطابق روحیه محدود و موروثی خودش تصور کرده‌است.

در زندگی زخم‌هایی هست که مثل خوره در انزوا روح را آهسته در انزوا می‌خورد و می‌تراشد...

شب‌های چهارشنبه

آذردخت بهرامی می‌نویسد:

همه را لای آلبوم می‌گذارم. تقریبا مطمئنم تا ایشان تشریف می‌برند دوش بگیرند، جنابعالی البته پس از باز کردن کشوها و بررسی مارک لوازم آرایش و عطر و اسپری‌های من، و دیدن کشو لباس زیرهایم و حتی بررسی سایز و مدل آن‌ها، یک راست می‌روید سراغ قفسه‌ی آلبوم‌ها و مسلما همین آلبوم را از میان آلبوم‌های دیگر انتخاب می‌کنید؛ چون از همه‌ی آلبوم‌ها ضخیم‌تر است...

اگر دقت کنید، عکس پایینی، من هستم با شاخه‌ی درخت. آن هم که دراز کشیده، لابد خیلی بهتر از من می‌شناسیدش. همان روز بود که برای اولین بار آمد خانه‌مان. به مادرم گفته بودم بعد از ناهار، ساعت دو سه می‌آیم. نشان به آن نشان که بعد از کوه رفتیم سینما، شام هم کباب خوردیم؛ کنار خیابان، لب جو! راستی اگر شما بودید حاضر می‌شدید لب جو، نان داغ با کباب داغ بخورید؟ ولی ما خوردیم؛ دو لپی هم خوردیم؛ خیلی بهمان چسبید. مهران اما توی ماشین نشست. می‌ترسید شاگردانش ببینند. از بچه‌های دانشگاه فقط مهران تدریس می‌کرد. خانه که برگشتم، ساعت یازده شب بود. مهرداد و شهاب و پروین هم آمدند خانه‌مان، شفاعت. مهرداد که نمی‌خواست بیاید؛ شهاب و پروین راضی‌اش کردند. یک راست رفتیم اتاق من. مامان و بابا هم آمدند. مامان که رفت چای بریزد، بابا هم به بهانه‌ی آوردن زیر سیگاری از اتاق خارج شد. بعد مهرداد و شهاب بلند شدند و گشتی در اتاقم زدند و مثل همه‌ی خبرنگارهای دیگر، همه جزئیات اتاقم را زیر و رو کردند. نام کفش‌هایم را از روی جعبه‌ها خواندند. آن موقع هر بیست و سه جفت کفشم اسم

داشتند: کفش پیاده روی، کفش پیاده روی زیر باران، کفش پاشنه تخم سگی، چکمه‌ی آب حوض کشی، کوهنوردی، چلاغم کن ولی قدم را بلند کن، و بالاخره کفش خودکشی! بقیه‌اش را یادم نیست. البته شما که غریبه نیستید، من فقط قبل از ازدواج در آن واحد بیست و سه جفت کفش داشتم. این آقا مهرداد شما، اصلا به فکرش نمی‌رسد آدم باید کفشش را بسته به لباسی که پوشیده عوض کند....

این نامه را هم برای این نوشتم که بدانید آن قدرها که فکر می‌کنید، خنگ نیستم. حالا دیگر شما هم خیلی چیزها درباره‌ی من و مهرداد می‌دانید و در جای‌جای خانه مرا می‌بینید. اگر روی تختخواب بخوابید، به یاد حرف من می‌افتید و مواظب سرتان می‌شوی تا به گل میخ پرده نخورد. اگر مقابل تابلو خیانت بایستید، به یاد من می‌افتید. اگر کارت تبریک‌های خودتان را که به پانل نصب شده ببینید، یاد من می‌افتید. مهرداد اگر دنبال کنترل تلویزیون بگردد، شما می‌دانید در آشپزخانه است و اگر گوشی تلفن را نیافت، می‌دانید در اتاق خواب است. اگر مهرداد ساعتش را گم کند شما پیدایش می‌کنید، و اگر کلید انباری را خواستید، لااقل شما می‌دانید در جیب کاپشنش است. شما همه‌ی این کارها را با به یاد آوردن من انجام خواهید داد. شما حتی اگر کابوس هم ببینید، به یاد من می‌افتید. اصلا شاید در کابوس‌تان، من هم باشم. حالا من در خلوت‌تان هم هستم. می‌بینید؟ همه‌ی جوانب کار را سنجیده‌ام و از میان همه‌ی محاسبات صددرصدی‌ام، فقط دو درصد حدس می‌زنم که این نامه را نیابید؛ نیم درصد حدس می‌زنم که نیایی، فقط یک هزارم درصد احتمال می‌دهم اصلا رابطه‌ای بین شما دو نفر نباشد!

Men and Mountains

Short is the little time which remains to thee of life. Live as on a mountain. (Marcus Aurelius)

You cannot stay on the summit forever

You have to come down again.

So why bother in the first place?

Just this:

What is above knows what is below, but what is below does not know what is above.

One climbs, one sees. One descends, one sees no longer, but one has seen.

There is an art of conducting oneself in the lower regions by the memory of what one saw higher up.

When one can no longer see, one at least can still know. (Rene Daumal)

If you cannot understand that there is something in man which responds to the challenge of this mountain and goes out to meet it, that the struggle is the struggle of life itself upward and forever upward, then you won't see why we go.

What we get from this adventure is just sheer joy. And joy is, after all, the goal of life.

We do not live to eat and make money. We eat and make money to be able to enjoy life. That is what life means and what life is for. (George Leigh Mallory, English mountaineer).

On the mountain, people become better. You are closer to God and paradise. (Ulrich Inderbinen, Swiss mountain guide at 103 years old).

If the conquest of a great peak brings moments of exultation and bliss, which in the monotonous, materialistic existence of modern times nothing else can approach, it also presents great dangers.

It is not the goal of grand alpinism to face peril, but it is one of the tests one must undergo to deserve the joy of rising for an instant above the state of crawling grubs.

On this proud and beautiful mountain, we have lived hours of fraternal, warm, and exalting nobility.

Here for a few days we have ceased to be slaves and have really been men. It is hard to return to servitude. (Lionel Terray, French mountaineer).

If you are going to climb a mountain, you have to have the feeling that it's worth dying for.

If you're going to climb any mountain… the mountain of this life, the mountain of accomplishment, the mountain of obstacles, of difficulty… it has to be worth braving the wind and cold and storm, symbolic of adversities.

But alone on the mountain top, you feel so close to God. His voice is so loud it's almost like it's thundering. You get a real "high" on top of a mountain. It's a thrill (David Brandt Berg).

The mountains will always be there; the trick is to make sure you are too. Hervey Voge, 20th century American mountaineer.

New year's wishes

What shall I wish you?

Treasures of earth?

Songs in the springtime?

Pleasures of mirth?

Flowers on your pathway, Skies ever clear?

Would this ensure you a happy new year?

What shall I wish you?

What can be found Bringing you sunshine

All year round?

Where is the treasure, Lasting and dear, that shall ensure you?

A happy new year?

Faith that increases, walking in light; Hope that's abounding, Happy and bright; Love that is perfect, Casting out fear;

These shall ensure you a happy new year.

Peace in the Savior, Rest at His feet, Smile of His Countenance Radiant and sweet.

This will ensure you a happy new year! (Frances Ridley Havergal, adapted).

A young lady

A young lady was waiting for her flight in the boarding room of a big airport.

As she had to wait for hours, she decided to buy a book and to spend her time. She bought,a packet of cookies too.

She sat down on a armchair, in the VIP room of the airport, to rest and read in peace.

Beside the armchair where the packet of cookies were kept,a man sat down, opened his magazine and started reading.

When she ate the first cookie, the man took one also. She felt infuriated but didn't say anything. She just thought:

"What a nerve! If I was in the mood I would punch his eye so that he does not forget this daring!"

To each cookie she ate, the man ate another one.

That was letting her fume up with rage but she couldn't react.

When only one cookie remained, she thought: "ah... What will this abused man do now?"

Then, the man, divided the last cookie through the middle, giving her the other half.

Ah! That was too much!

She was too angry!

Then, she caught her book, caught her things and headed to the boarding place.

When she sat down on her seat, inside the plane, she looked into her purse to take her eyeglasses, and, for her surprise, her packet of cookies was there, untouched,closed!

She felt so ashamed!! She realized that she was the wrong one...

She had forgotten that her cookies were kept in her purse.

The man divided his cookies with her, without feel infuriated, nervous or mad...

...while she was very mad, thinking that he was dividing her cookies . And there was no more time to explain herself... Nor to apologize!"

There are 4 things that u can't recover...

The stone...

...after shot!

The word... palavra...

...after pronounced!

The ocasion...

... after lost!

The time...

...after gone!

The search for peace

"Glory to God in the highest..."

...angels proclaimed to shepherds on the

first Christmas Eve, "and on earth peace, goodwill toward men" (Luke 2:14).

Although peace has been the goal of mankind for thousands of years—and the desire for peace is

never so great as it is at Christmas, it seems that our ability to find or establish peace continues to elude us.

Today bloody hostilities continue. As Pete Seeger's well-known folk song from the 1960s asked,

"Where have all the flowers gone?

… When will they ever learn?

When will they ever learn?"

True peace on every level, from international conflicts to our personal lives, has become more difficult than ever to achieve.

In the Bible, the word "peace" means much more than the absence of conflict.

It carries with it the connotation of health and well-being.

In the Old Testament, two Hebrew words, shalom (peace) and shalem (health or full), contained this concept of the word.

Peace included inner (spiritual, emotional) peace, health, abundance, harmony with life on every level, even "in the midst of storm," when life's problems seem to snuff out any kind of peace.

In the New Testament, the word eirene in the original Greek means "peace," both figurative and literal, and it is used over 100 times. For example, the expression "go in peace" means "stay warm and eat well" (James 2:16).

On the night before His crucifixion, Jesus said to His disciples:

"Peace I leave with you; my peace I give unto you. … Let not your heart be troubled, neither let it be afraid" (John 14:27).

As in the Old Testament, peace means much more than the mere "absence of conflict" in society.

It means a very real inner sense of well-being that originates with God and is given as a precious commodity to each of us who receive the "Prince of Peace," Jesus, without whom there simply is no peace.

This means peace for you personally, both in your own personal life and in your relations with others.

The peace of God which passes all understanding is very real and practical.

You can receive it today; there's no need to wait for man's fragile peace, which never lasts anyway.

Even when the world is in turmoil, you can have peace in your own heart through the Prince of Peace, Jesus Christ.

Even though war and chaos may be on the outside, you can get rid of it on the inside.

He is your peace.

Your help comes from Him.

In Him is your confidence.

You must put your confidence in Him, the soundest base in the world Jesus!

This Christmastime, Jesus offers to every soul on earth true peace, unfailing comfort, and eternal life and love.

That's what Christmas is all about!

The wonder of Christmas

For unto us a Child is born, unto us a Son is given; and the government will be upon His shoulder.

And His name will be called Wonderful, Counselor, Mighty God, Everlasting Father, Prince of Peace. (Isaiah 9:6)

Jesus Christ was born in the humblest of circumstances, but the air above was filled with the hallelujahs of the heavenly hosts.

His lodging was a cattle pen, but a star drew distinguished visitants from afar to do Him homage.

His birth was contrary to the laws of life. His death was contrary to the laws of death.

He had no wheat fields or fisheries, but He could feed 5,000 people and have bread and fish to spare.

He walked on no beautiful carpets, but He walked on water.

Yet no miracle He performed is so wonderful or inexplicable as His love for you and me.

Out of the ivory palaces, in to this world of woe, Only His great eternal love Made my Savior go. (Henry Barraclough, 1891-1983)

MERRY CHRISTMAS!

The Wise Way…

Paradoxical Commandments

People are often unreasonable, illogical and self-centered;

Forgive them anyway.

If you are kind, people may accuse you of selfish, ulterior motives;

Be kind anyway.

If you are successful, you will win some false friends and some true enemies;

Succeed anyway.

If you are honest and frank, people may cheat you;

Be honest and frank anyway.

What you spend years building, someone may destroy overnight;

Build anyway.

If you find serenity and happiness, others may be jealous;

Be happy anyway.

The good you do today, people will often forget tomorrow;

Do good anyway.

Give the world the best you have, and it may never be enough;

Give the world the best you've got anyway. in the final analysis, it is all between you and God;

It was never between you and them anyway.

PLEASE PASS THIS MESSAGE ON!

Enjoy...

The following ads[1] are from a press campaign run by the Church of Singapore. By all accounts, the campaign was a roaring success.

Enjoy ...

Please don't drink and drive. You're not quite ready to meet me yet.

Could you imagine the price of air if it were brought to you by another supplier?

When you're weary, feeling small.

When tears are in your eyes, I well dry them all. (Simon and Garfunkel)

Ditto.

What do I have to do to get your attention?

Take out an ad in the paper?

Earthlings, don't treat me like an alien.

I was thinking of making the world black and white.

Then I thought... naaah.

If you miss the sunrise I made for you today. I'll make you another one tomorrow.

How can you possibly be a self-made man?

I specifically recall creating you.

If you think the Mona Lisa is stunning. You should look at my masterpiece.

In the mirror.

Don't forget your umbrella.

I might water the plants today.

---

[1] Advertise

I think you're the most beautiful person in the world.

Okay, so I'm biased.

Tell the kids I love them.

Let's meet at my house Sunday before the game.

C'mon over and bring the kids.

What part of "Thou shalt not..." Didn't you understand?

We need to talk.

Keep using my name in vain, I'll make rush hour longer.

Loved the wedding, invite me to the marriage.

That "Love thy neighbor" thing... I meant it.

I love you and you and you and you and you and...

Will the road you're on get you to my place?

Follow me.

Big bang theory, you've got to be kidding.

My way is the highway. Need directions?

You think it's hot here?

Have you read my

1. Best seller? There will be a test.

Do you have any idea where you're going?

(And my personal favorite...)

Don't make me come down there.

Introduction:

Søren Aabye Kierkegaard Danish philosopher and thinker says "good book Your read."

You now have a book in your hands not only in the field of self-help book is exquisite and unique. But also, to contact the issues you appear in official sympathy and friendship so resourceful in finding solutions will help you.

The present book by itself and not do anything alone. If you really want to get there you must take your time and think enough. In this case, a very precious jewel achieved have to know. Guide map that will lead you to a better future. Sketches precious you have to help you find your life is built.

Me to dare Yours speak with experience. years ago, of the fault anything I had lost. I had no family, no job, no shelter. Almost no money left for me. had no help also. I was wandering around the country. Should have the answers found out that my life can tolerate.

I went to the public library and sit to read, because both free and was warm and comfortable. From Plato read to the great writers of our time. Where should I have gone wrong and what can I do, so achieve bless.

We live in a world of astounding. Everything is changing quickly. Every day is someone who speaks your happiness and success. But a lot of faith and innovations that are created just as quickly disappear. And when we see rising fog and clouds that are transforming the lives of thousands of unborn.

Do you really want a better life are? If you want read this book carefully. The book, "I can, you can too" is the most precious thing you have, read it. Read and re-read and then his lessons into practice in pairs. Is very simple, everything depends on you.

Abraham Lincoln from the habit of reading books, from people who met with them and the events of his life taught it. They gave him the idea and hope.

You can use from the ideas and thinking power. Just from the talent, knowledge and personality your fighting force to be successful,

wealthy and happy life use. This book shows you how to way to be successful and overcome to the problems.

Augustine "Og" Mandino scientific prominent personality expert in motivation and author of the book "The Greatest Salesman in the World" that is best-selling books on sale and vendors. This book has been translated into fourteen languages and has sold three million copies and several other best-selling books, including those who changed my life by reading books and the introduction to this book is a detailed description of his own writings.

Among the most eminent specialists in the motivation of Denis E. Waitley, author of two major books "The Seeds of Greatness Treasury" and "Psychology of Success: Developing Your Self-esteem" Exquisite books and he is alive forever changed my life. Napoleon Hill forefront of me and I was forced to respect. You're a constant source of inspiration at this time. The biggest "secret" is that no secret in work.

W. Clement Stone Said "appropriate messages find their lives and to evaluate them. Get started. To navigate to the desired routes will reply to all the questions your mind. "

For detailed citations, quotes the book concludes with the author's name and year of publication effect. This is to enable the reader to find more references in the bibliography. So, dates are always written not related to time and as we'll see later.

You know you've made to a holy life, a life of purposeful, meaning and direction. You have been sent to this world for a purpose. This objective requires that walk to the new experience of life, a different state of mind, a different understanding of yourself and those around and different relationship with the world.

A manifestation of the will of God and his love within you, deep within yourselves, and put in the depths below your intellect; Will not love that cannot harness it and not to dominate. You cannot use it to earn money and ambition and power. Only you can surrender to him. You can just follow him, learn from it and what you will do to re-establish your life, you make your mind again, to create a healthy back, re-establish focus in your life and re-establish a set of priorities for their

excellence, and with them greater opportunity to connect with others to create.

Augustine "Og" Mandino American writer says something astonishing happens, at least I know this very well.

ACKNOWLEDGEMENTS

This book equally belongs to both of us. I wrote it but she has say more precisely and to each page. To each word is added it. I love her very much and I wish I could find a good word for describe our partnership.

When I had taken the wrong way Shahnaz Mahlujian with resourcefulness helped me a lot to take on the right track. Maybe I myself finally arrived to this way but from did me a favor thank you kindly. Also has provided some very useful suggestions.

My affectionately towards Shahnaz Mahlujian, since took power with her books I was familiar and I saw how interesting and fluently writes.

Me in my own life, of the Blessings the great professors and even saints, and maybe avatars[1] also have been benefited. However, Shahnaz is a great teacher. Due to the enormous capacity to listen and affection has unconditional, can cooking food with him and spoke with him.

I am very happy and proud that I met with Mohammad Heydari and accepted the partnership in this book.

When he was traveling for presenting herself essays suggested to me they partnership in writing a book I was very pleased ... It was impossible for me to believe a little bit... When the exploratory visit returned. Stipulate a meeting and our partnership was confirmed and ok for me was a certain pride ... That myself thirteenth book I wrote in partnership with my darling Mohammed. In the hope of further partnership and better books.

I am honored to invite you to make this book part of your life, because you and this book, you have deserved this link!

As the generations passed from generation to generation become more corrupt. When it comes to worship the evil that power. Huff for they are is huff and self-esteem tend to be good, from being stop. Finally, when no human wickedness, not to get angry, or there is no sense of shame, Zeus also destroy them. And with all this even then, only ordinary people to stand up and rulers who have wronged them under the tide, It may be that resourcefulness.

---

[1] Hindus believe truth whenever the shortcomings and injustice threaten to destroy the world, God from the mercy in the awe of the man comes to earth.

Greek mythology about the Iron Age

Every time I look in history,

skeptic ... But if

Before the comment history, I am optimistic.

Jan Christiaan Smuts

On the one hand, the human being is fighting with his fellows is similar to a variety of diseases from animals. But on the other hand, among the thousands kind of fighting, just being who is ruinous fighting ... Humans are the only type that is mass murder, only patch in their community.

Jan Tinbergen

With the best wishes and one of the world rose _ Mohammad Heydari and Shahnaz Mahlujian 2016

Author Foreword:

"Read to gain!"

Do you think this sentence is that a stereotype? Or a religious belief? No. This book will show you the true meaning of it. That means that you and I every day and all day all those who request it have something to gain. Because we never abandon the pursuit of a little over 24 hours. Perhaps aware of this issue, perhaps we forget that we have requested. But the performance of this vast unconscious mechanism that describes the quality of our daily lives.

Our era is the era of anxiety. Almost all of us in society have access to television and through splendid images of objects we see life. The images strongly with what people experience in their daily lives in the conflict.

Poor and hungry in everyone's mind is the image of a child that her face is glued to the glass pastry shops. Is pathetic? He seems poor pathetic image is yes, but not this poor child. He can make requests sweet. If such a sentence will anger you have, wait. Before such a reaction to the satisfaction of the authors of the book the way you want it locked Mohammad Heydari and Shahnaz Mahlujian prove their promises. The authors guarantee that their method is effective and if it is not satisfied with the new shape of your life back to normal.

Whether you someone who has everything in life except a sense of satisfaction, can a person who has tried every way to religious practices, Psychology, hypnosis seminars, workshops, group work, feels sensitive position with an outcome that comes with success and failure or stagnation is not? The message in this book is suitable for you.

Since each person's experience connects him to the present time is no coincidence that the term Carl Gustav Jung used and Say that this phenomenon is concurrency, allowing you to get this book. You are now in the best moment of his life to the best adventures are maybe sometimes envy might greedily choice available to you.

WARNING: The "buyer be aware"

By reading this book and apply it to all the pretexts that as a chance to read or accident and finish our work called we say goodbye to a blame game of Russian Roulette[1]. Judge, shame, hurt we say goodbye and we take ahead the way to a better life.

It factors in the lives of most people. These are infections that accompany them are inevitable in life and The sense causing of dissatisfaction, conflict and revenge, and the life and progress for all of us who live on this planet at risk. On the other hand, wiser sense causing of, the feeling of happiness and satisfaction in life are emotions that are reflections of all those who have contact with them and spread them to us.

With everyone to some extent and in some way affect our relationship. These people make you feel about yourself? If you answer that suggests that this effect is sincerely and good enough, that's enough. I am inviting you to comply with its intellectual stimulation to this book and discover its secrets. The first is that explains the mystery that reveals the emotions which are now behaving like the way you deal with it is twofold. The big secret was discovered that information in the first Teutsch, Joel Marie and Teutsch, Champion (Ph.D.) and neglected to share with you about yourself and offer some simple techniques and effectiveness.

"James J. Julian, Director of the Holistic Health Medical Department and Julian Research Foundation"

---

[1] A kind of game of chance deals.

About Authors:

1. **Mohammad Heydari:**

   Mohammad Heydari, an Iranian researcher and writer on 1992/August/14, was born and raised in Tehran, Iran.

   Mohammed on 2011/September/23 in Payame Noor University (PNU) was entered bachelor degree (Undergraduate) and could on 2014/July/21 with submit his thesis with the titled by (The relationship between employee commitment and organizational policies) In the field of Business Administration with thesis laude degree graduated. Then, on 2014/September/23 in Payame Noor University (PNU) was entered master degree (Postgraduate) and could on 2016/March/12 with submit his thesis with the titled by (Impact on Quality of Service Commitment Through an Intermediary Role Organizational Citizenship Behavior "Case Study: Standard Organization Industrial Research of Iran") In the field of Business Administration in international business orientation with thesis laude degree defended his thesis and graduated.

   During his studies, he was one of the most hard-working, motivated, and apt student so that research and articles his was presented in national and international conferences and international journals in different countries and Payame Noor University (PNU) introduced him as an elite student researcher. He has been yet able to published more than thirty-five articles and managed to get numerous international certificates from prestigious academies, such as; "Euro Science Certificate from England, eQual assurance Certificate from Australia, DNW international certification from Austria, Oxford Cert Universal Academy, Georgian International Academy of Science from Georgia, Business Transformation Intl (BTI) certification from Canada, Australian Universal Academy certification from Australia, Educational Course for 16 hours in knowledge and research areas certification from Istanbul university and et cetera…"

   He began writing with the publication book by titled (An analytical perspective to commitment and quality of service in Iranian organizations, ARNA Publication, Tehran, Iran, ISBN: 978-600-356-

408-4) in the 2015 year and currently busy Is the authoring of various books.

Mohammad has so far published 2 other books with the following titles:

"An analytical perspective to commitment and quality of service in Iranian organizations, Method of Editing Scientific Essays"

In the 2016 year, as the applicant youngest student was admitted to the National University for Ph.D. candidate in the entrance exam but has decided to leave Iran for personal reasons and to pursue Ph.D. and postdoctoral research period emigrated to abroad. Mohammad Heydari now is a doctoral student in China country.

About Authors:

2. **Shahnaz Mahlujian:**

Shahnaz Mahlujian, an Iranian writer on 1961/September/19, was born in Tehran, Iran. Shahnaz has left Iran at age 3, was raised in abroad and completed his studies in America.

His father was a judge and her mother Ph.D. in chemistry. Shahnaz has so far published 12 other books with the following titles:

"Betrayed a friend, The glory and love, Sahar, Happiness, love forever 1, love forever 2, Rise of love, Thirty (Adventure of late Morteza Pashaei), Scandalous love, I am love, White siren, Organization management poisoned"

Shahnaz was entered to Boston University and could bachelor degree (Undergraduate) In the field of clinical psychology graduated. Then, in Boston University was entered master degree (Postgraduate) and could in the field of clinical psychology graduated.

I can, you can too

Authored by:

Mohammad Heydari
and
Shahnaz Mahlujian